기도로
세계를
움직이라

TOUCH THE WORLD THROUGH PRAYER
by Wesley L. Duewel

Copyright ⓒ by 1986 by Wesley L. Duewel
Originally published in English as Touch the World Through Prayer
by Zondervan Corporation L.L.C., Nashville, TN, USA.

All rights reserved.

This Korean translation edition ⓒ 1988, 2001, 2013
by Word of Life Press, Seoul, Republic of Korea.

Published by arrangement with the Zondervan Corporation L.L.C., a division of
HarperCollins Christian Publishing, Inc. through rMaeng2, Seoul, Republic of Korea.

이 한국어판의 저작권은 알맹2 에이전시를 통하여
Zondervan 과 독점 계약한 생명의말씀사에 있습니다. 신저작권법에 의하여
한국 내에서 보호 받는 저작물이므로 무단 전재와 무단 복제를 금합니다.

기도로 세계를 움직이라

ⓒ 생명의말씀사 1988, 2001, 2013

1988년 7월 20일 1판 1쇄 발행
2001년 8월 25일　　　21쇄 발행
2001년 11월 5일 2판 1쇄 발행
2011년 10월 25일　　　11쇄 발행
2013년 8월 5일 3판 1쇄 발행
2024년 10월 10일　　　9쇄 발행

펴낸이 ｜ 김창영
펴낸곳 ｜ 생명의말씀사

등록 ｜ 1962. 1. 10. No.300-1962-1
주소 ｜ 서울시 종로구 경희궁1길 6(03176)
전화 ｜ 02)738-6555(본사) · 02)3159-7979(영업)
팩스 ｜ 02)739-3824(본사) · 080-022-8585(영업)

기획편집 ｜ 신현정, 전보아
디자인 ｜ 송민재
인쇄 ｜ 영진문원
제본 ｜ 다온바인텍

ISBN 978-89-04-18107-0 (03230)

저작권자의 허락없이 이 책의 일부 또는 전체를
무단 복제, 전재, 발췌하면 저작권법에 의해 처벌을 받습니다.

기도로
세계를
움직이라

웨슬리 듀웰 지음 ✚ 김지찬 옮김

추천사

웨슬리 듀웰 박사의 영감이 넘치는 이 책은 전개가 논리적이며, 풍성한 설명과 예화, 설득력 있는 성경 구절을 담고 있다. 이 책을 읽고 나면 당신도 기도를 통해 세계를 움직일 수 있다는 사실을, 아니 세계를 변화시킬 수 있다는 사실을 인정할 것이다.

25년간 인도 선교사였으며 동양선교회 OMS International 회장과 복음주의 해외선교 협의회 Evangelical Foreign Missions Association 회장을 지낸 듀웰 박사는 기도의 사람이다. 그는 일생 동안 그리스도와 동행하면서 많은 유익과 영적 진리를 이끌어냈으며 극적인 기도 응답을 많이 체험했다.

듀웰 박사가 기도와 성령, 복음 전도, 영적 각성에 관해 쓴 많은 글에서 우리는 그가 일생 동안 기도에 부담감을 가지고 있었다는 사실을 엿볼 수 있다. 더욱이 그는 교회의 회개와 기도, 영적 부흥에 기여할 목적으로 〈부흥〉지 Revival Magazine 를 창간하고 편집을 맡기도 했다. 이러한 점에서는 우리도 듀웰 박사와 같은 짐을 지고 있다.

대학생선교회 CCC에 전념해 온 34년 동안, 기도는 매우 중요한 역할을 담당했다. 하나님이 범세계적인 대학생선교회 사역에 우리 부부를 부르셨을 때,

우리는 가장 먼저 24시간 기도체인을 조직했다. 물론 이것은 지금도 전 세계에서 시행되고 있다. 듀웰 박사와 마찬가지로 우리는 하나님의 자녀에게 주어진 최대 능력이 "기도"이며 "너희가 얻지 못함은 구하지 아니하기 때문이요"(약 4:2)라는 말씀이 진리라고 확신한다.

실제적인 제안과 신앙을 북돋아주는 체험으로 가득한 이 감동적인 책은 초신자에게는 간단한 제안을, 성숙한 신자에게는 깊이 있는 가르침을 제공한다. 이 책에 있는 기도 원리와 영적 부흥의 원칙을 제대로 적용한다면 전 세계에 영적 각성과 부흥을 일으키는 데 큰 도움이 될 것이다.

아마 이 책을 읽고 인생에서 최고의 만족을 안겨줄 중보기도라는 모험을 시작하려고 결심하는 독자도 있을 것이다. 그렇다면 이보다 더 좋은 일은 없다. 그렇다. 우리는 기도로 세계를 움직일 수 있다!

_빌 브라이트 부부 Bill & Vonette Bright

CONTENTS

추천사   4
서문   8

1부 기도의 특권과 필요성
1장 하나님이 명하신 기도   14
2장 말할 수 없이 큰 우리의 능력   19
3장 예수님 이름으로 기도할 수 있는 권세   32
4장 엘리야도 우리와 똑같은 사람이었다   40
5장 우리도 기도 용사가 될 수 있다   47
6장 보좌 위에 앉으신 기도 동역자   58
7장 우리 안에 거하시는 기도 동역자   65
8장 눈에 보이지 않는 기도 촉진자   72

2부 기도의 능력과 무기
9장 기도로 하나님의 보좌를 움직일 수 있다   84
10장 기도는 무엇이든지 가능하게 한다   89
11장 우리 왕께서 하늘의 열쇠를 주신다   95
12장 십자가를 통해 기도의 권위를 소유하다   103
13장 믿음의 명령을 사용하라   110
14장 기도는 그리스도께서 하나님임을 입증한다   124
15장 사탄을 굴복시키고 결박하다   133

3부 다양한 기도

16장 하나님의 비상기도 네트워크 … 146
17장 눈물로 씨를 뿌리는 기도 … 159
18장 깊은 기도로 이끄는 금식 기도 … 167
19장 지속적인 기도 … 176
20장 오랜 시간 홀로 드리는 기도 … 190
21장 중보기도 … 202
22장 합심기도 … 207
23장 기도에 힘을 더해 주는 찬양 … 211
24장 말씀과 함께 하는 기도 … 218

4부 기도의 가능성

25장 하나님의 길을 예비하다 … 230
26장 어떻게 주의 길을 예비할 수 있을까 … 236
27장 영적 부흥을 체험하고 나누라 … 244
28장 기도의 본보기, 예수님과 바울 … 255
29장 기도로 세계를 수확하라 … 262
30장 기도는 결코 사라지지 않는다 … 269
31장 가장 크고 영원한 투자, 기도 … 278

부록_기도 목록 작성법 … 287

서문

　세계 추수를 위한 지금의 기도는 그 어느 때보다 큰 효과를 거둘 수 있다. 하나님은 자녀들이 풍성하게 수확할 수 있도록 절대적인 주권으로 시대의 조류를 조정하시기 때문이다. 우리가 기도와 순종을 우선순위로 삼기만 한다면, 바로 지금이 이 세상 최대의 수확기가 될 수 있을 것이다. 모든 그리스도인이 선교사로 부름 받은 것은 아니다. 모든 그리스도인이 하나님 나라의 일에 엄청난 재정을 지원하도록 부름 받은 것도 아니다. 그러나 그리스도인이 기도를 통해 이룰 수 있는 성취는 그야말로 한계가 없다.
　세계 인구 성장을 연구하는 통계학자들에 따르면 예수님이 살아 계시던 당시 세계 인구는 약 2억 5천만 명이었다. 그런데 그로부터 약 1,800년이 지난 1850년경에는 지구의 인구가 10억으로 늘어났으며, 그로부터 80년 뒤인 1930년에는 20억을 넘어섰고, 30년밖에 더 지나지 않은 1960년에는 무려 30억으로 늘어났다. 그 후로는 10여 년마다 약 10억씩 인구가 증가하였다. 인구가 이렇게 급속도로 증가하는 상황에서 그리스도를 전해야 할 대상이 수십억에 달한다고 생각하면 우리는 이 엄청난 수치 앞에 할 말을 잃게 된다. 그렇다면 어떻게 해야 이 많은 사람을 그리스도께로 인도할 수 있을까?

그 방법은 오직 기도를 통해 추수의 양을 늘리는 길뿐이다.

서방 세계는 물질 만능주의라는 거짓 신이 실패했다는 사실을 깨닫기 시작하고 있다. 또한 일본의 자살률 증가가 보여주듯이 극동의 나라들도 이런 사실을 깨닫고 있다. 문제 해결책으로 물질적인 부를 획득하는 데 혈안이 되어 있는 제3세계도 장차 시간이 흐르면 "재산이 많아지면 먹는 자들도 많아진다"(전 5:11 참고)는 사실을 더욱 절실하게 깨달을 것이다. 호전적인 이슬람 세력의 급증은 물질 만능주의 사상의 실패가 몰고 온 환멸을 단적으로 보여주는 증거다.

중국에서 영적으로 그토록 엄청나게 수확할 수 있는 이유 중 하나는 바로 사람들이 환멸과 공허를 느끼는 공산주의에 있다. 중국에서 나타난 놀라운 영적 수확은 세계 역사상 단기간에 거둔 수확으로서는 최대일지도 모른다. 물론 이렇게 큰 수확을 할 수 있었던 데는 성도의 신실한 삶과 증거, 고난, 중국 안팎에서 계속된 기도, 방송 선교가 중요한 역할을 담당했음은 부인할 수 없다.

또한 교육과 물질주의라는 거짓 신들에게 환멸을 느낀 사람도 수백만에 이른다. 이들은 몇몇 옛 종교로 회귀하기 위한 혁명과 같이 과격한 반응을 보이고 있다.

오늘날 사람들은 그 어느 때보다 마음이 공허하고 환멸로 가득 차 있다. 그들의 신이 실패했기 때문이다. 우리는 그들이 찾고 있는 해답이 바로 예수님이라는 사실을 안다. 주님을 위해 이 세상을 추수하기에 지금보다 더 적절할 때가 어디 있겠는가!

역사 이래 지상 최대의 영적 수확을 할 수 있는 시기가 있다면, 바로 지금이다. 또한 그리스도의 임박한 재림이 선교와 기도에 절박성을 부여하는 때가 있다면, 지금이 그때다. 선교사가 되어 직접 선교 현장에 뛰어들지는 못하지만 기도를 통해 전 세계의 선교 사역에 동참할 수 있는 때가 있다면, 그때는 바로 지금이다. 여러 선교 협회와 선교 방송, 복음주의 단체를 지지하는 복음주의 성도가 기도를 통해 사탄의 세력을 차단하고 주님의 길을 예비할 수 있는 기회가 있다면, 바로 지금이 그 기회다.

우리는 더욱 또렷한 나팔 소리로 기도로의 부르심을 알려야 한다. 또한 주님을 섬기면서 세계의 영적 수확과 영적 부흥을 위해 기도하는 다른 그리스도인들과 연합하여 기도하는 일에 힘써야 한다. 지금은 여호와께서 우리를 그분의 동역자로 쓰시기 위해 준비해 놓으신 바로 그날이다.

  그리스도인들이 그리스도께서 그토록 바라시는 기도 용사가 되기로 결심하는 데 이 책이 일익을 담당하길 기도하며 이 책을 썼다. 영광스럽게도 우리는 모두 기도 용사가 될 가능성이 있다. 그러므로 믿는 마음으로 기도에 힘쓰자. 기도하는 시간은 하나님의 선물이다. 기도할 때 하나님은 당신과 나를 부르실 것이다.

1부

기도의 특권과 필요성

1장 하나님이 명하신 기도

하나님은 우리가 전 세계에 영향력을 행사하게 하는 놀라운 계획을 갖고 계신다. 이 계획은 선택된 소수가 아닌 우리 모두를 위한 것이다. 지금부터 그 하나님의 계획이 무엇인지 살펴보자.

빌리 그레이엄 목사가 전 세계 어디에서 설교하든 우리는 기도를 통해 늘 그의 곁에 설 수 있다. 그가 수만 명에게 복음을 전하는 바로 그 순간, 그를 축복할 수도 있고 격려할 수도 있으며 힘을 북돋아줄 수도 있다. 더욱이 기도를 통해 우리는 라틴아메리카의 복음화를 위해 애쓴 루이스 팔라우, 복음을 노래하는 조지 셰어와 함께할 수도 있다.

기도를 통해 우리는 세계 오지 끝까지도 선교사와 동행할 수 있다. 기도를 통해 자선바자회를 성공적으로 끝마칠 수 있으며, 열대 정글 속에서 주님의 사역을 할 수도 있다. 또한 육신의 양식뿐 아니라 생명의 떡에 굶주려 있는 수백만의 헐벗은 사람들에게 영의 양식을 제공할 수도 있다. 기도를 통해 우리는 세계 어느 교회든 어느 집회에서든 복음을 전하는 전도자의 사역을 도울 수 있다. 나는 기도를 통해 멀리 떨어진 하나님의 사람들과 함께 있는 것처럼 느낀 적이 한두 번이 아니다.

기도를 통해 우리는 고통으로 울부짖는 아이를 두 팔로 안을 수 있다. 지금도 어느 병실에선가 열을 이기지 못하고 힘겨워하는 환자에게 예수 그리스도의 치유의 사랑을 전하여 그 고통을 덜어줄 수 있다.

우리가 진정으로 원한다면, 하나님은 그분의 사역에 진정한 동반자가 될 수 있는 길을 열어놓으셨다. 우리가 진심으로 원하기만 한다면 그분은 우리의 존재 자체가 다른 이들에게 한없이 중요해질 수 있는 방법도 준비해 놓으셨다.

역사를 돌아보면 뛰어난 기도 위인을 여러 명 찾아볼 수 있다. 우리는 그들을 잊어서도, 그들이 기도를 통해 세계 역사를 뒤바꾸어 놓았다는 사실을 망각해서도 안 된다.

예수님의 동생 야고보는 갓 태어난 교회들을 위해 인생 후반기를 기도하는 데 바쳤다. 우리는 야고보를 주신 하나님께 감사해야 한다. 야고보의 장례를 준비하던 사람들의 말에 따르면, 그의 무릎은 오랜 기도로 굳어져 마치 낙타 무릎 같았다. 그래서 야고보는 "낙타 무릎"이라는 별명을 갖게 된 것이다. 우리는 부패할 대로 부패한 세상에 진정한 영적 각성이 일어나길 기도한 사보나롤라를 주신 데 대해서도 감사해야 한다. 또한 아메리카 인디언 선교사로 섬기며 평생 눈물과 기도로 일관한 브레이너드를 보내신 것도 감사해야 한다. 그 밖에 20세기 최고의 기도 용사인 인도 선교사 "기도하는 하이드"를 허락하신 것에도 감사하지 않을 수 없다.

그러나 하나님은 소수의 기도 위인에게만 의존하지는 않으신다. 하나님은 인류의 구원과 축복, 그리고 오늘날 각국에 있는 그리스도의 익은 곡식을 추수하는 일을 위해 우리처럼 평범한 그리스도인이 기도하면서 강건해지기를 원하시며, 그렇게 되도록 계획하셨다.

그리스도께서는 교회를 세우시고 세계 곳곳에 그의 나라를 확장시키는 일에 우리의 꾸준한 개인기도를 의지하신다. 우리는 날마다 기도를 통해 중요한 역할을 담당하고 변화를 일으킬 수 있다.

하나님은 특정한 날, 특정한 경우에 비상기도가 필요하실 때면 우리처럼 평범한 그리스도인의 기도를 사용하신다. 임시적이지만 특별한 이 역할을 맡길 때, 하나님은 평소 신실하고 끈질기게 기도에 힘쓰던 하나님의 자녀 가운데서 한 사람을 택하신다.

날마다 몇 시간씩 기도해야 하나님의 기도 군대에 들어갈 수 있는 것은 아니다. 감사하게도 하나님은 그렇게 기도할 수 있는 사람과 실제로 그렇게 기도하는 사람을 우리에게 주셨다. 하나님은 우리 상황과 계획, 우리의 가정, 우리가 직장에서 맡고 있는 여러 책임을 잘 알고 계신다. 단지 우리가 전혀 새로운 차원의 기도 생활을 시작하기를 원하시는 것뿐이다. 우리가 무슨 일을 하든, 어떤 사람이든 상관없이 하나님은 우리에게 가슴 떨릴 정도로 새롭고 효과적인 기도 생활을 시작할 것을 요구하고 계신다.

내가 하룻밤 사이에 당신을 위대한 영의 사람으로 바꾸어 놓을 수는 없다. 단지 성경에 제시된 대로 위대한 영의 사람이 될 가능성을 알려주고 싶을 뿐이다. 우리는 새로운 기도의 능력을 소유할 수 있다. 그리고 그리스도의 계획에서 중요한 역할을 담당할 수도 있다. 우리는 하나님이 원하시는 대로 기도의 사람이 될 수 있다. 우리가 원하기만 한다면 얼마든지 기도의 사람이 될 수 있다. 자, 한번 도전해 보고 싶지 않은가?

우리를 위한 하나님의 놀라운 계획

하나님은 우리 모두에게 큰 기대를 걸고 계신다. 과거와 비교할 때 오늘날에는 아무리 평범한 사람도 다른 사람에게 큰 영향력을 끼칠 수 있다. 빌리 그레이엄은 예수님이 사신 때보다는 이 시대를 사는 것이 좋다고 말했다. 전적으로 동감한다. 오늘날의 평범한 그리스도인은 다른 어느 시대의 평범한 그리스도인보다 하나님을 위해 더 큰 영향력을 행사할 수 있기 때문이다.

지금은 그야말로 멋진 시대다. 어느 시대보다 많은 그리스도인이 살고, 세계 각처로 교회가 확산되고 있으며, 주일마다 더 많은 언어로 그리스도를 찬양하고, 전보다 더 많은 민족과 사람에게 하나님의 말씀이 증거되고 있다. 더욱이 오늘날은 복음 사역자가 그 어느 때보다 많으며, 지역 교회는 물론 성경을 가르치는 기관과 단체가 그 어느 시대보다 많다.

  게다가 대중매체를 통해 우리는 과거 어느 누구도 상상할 수 없었을 만큼 빠르게 하나님의 사역을 진전시킬 수 있다. 세계 끝이라도 빠른 시일 안에 갈 수 있고, 더 많은 언어로 복음을 나눌 수 있으며, 기도의 일꾼을 모집하고 효과적으로 훈련할 수 있는 수단도 그 어느 때보다 많다. 원하기만 한다면 세계 어디라도 도달할 수 있다. 이 시대에 가장 부족한 것은 인적 자원이나 재정이 아니다. 지금 우리에게 가장 필요한 것은 바로 "기도"다. 복음 사역자가 늘지 않고 그들에 대한 재정 지원이 늘지 않는다 해도 우리가 기도를 늘리기만 한다면, 복음 사역의 결과는 눈에 띄게 배가될 것이다.

  기도는 교회가 지닌 가장 큰 재산이다. 또한 우리가 주의 길을 예비할 수 있는 가장 효과적인 수단이다. 우리는 어떤 방법보다 기도를 통해 많은 사람에게 큰 영향력을 행사할 수 있다. 그리스도의 일을 감당할 때에도 기도를 통해서 더 큰 역할을 할 수 있다. 기도는 우리가 해야 하는 유일한 일은 아니지만, 우리가 할 수 있는 최대의 일이다. 그래서 흔히 "사탄은 하나님의 가장 연약한 자녀들이 무릎 꿇는 것을 두려워한다"고 말한다. 그렇다면 모든 그리스도인이 기도의 역할을 의미심장하게 받아들이고 꾸준히 기도할 때, 그것도 수백만의 성도가 한마음이 되어 기도할 때, 어떤 일이 일어날지 한번 상상해 보라. 이러한 기도 군대의 일원이 되고 싶지 않은가?

지금은 무릎을 꿇어야 할 때

  하나님의 시계는 지금 그리스도의 재림을 카운트다운하며 급속히 달려가고 있는지도 모른다. 하나님이 세상과 인간을 창조하신 큰 계획은 아담의 타락 이후 죄와 사탄이 오랫동안 이 세상을 지배해 온 탓에 그 실현이 연기되고 좌절되어왔다. 그러나 성경에 따르면 하나님이 그리스도의 재림을 미루시는 것은 이 세상이 회개하기를 기다리시기 때문이 아니라 우리가 이 세상을 회개시키길 기다리고 계시기 때문이다(벧후 3:9). 그리스도의 재림 이전에 일어나야 할 많은 사건과 표적 가운데 아직 성취되지 않은 한 가지를 추측해 볼 때, 이런 사실은 더욱 확실해지는 것 같다. "이 천국 복음이 모든 민족에게 증언되기 위하여 온 세상에 전파되리니 그제야 끝이 오리라"(마 24:14).

하나님 생각에 어떤 것이 세상 끝까지 복음이 전파되는 것인지 우리는 알 수 없다. 그러나 오늘날은 방송 전파를 통해 세계 곳곳에 복음을 발사하고 있다. 선교사들의 발걸음이 미치지 않은 수많은 선교 지역에도 방송 전파가 날아들고 있다. 사실 중국의 거의 모든 지역과 마을에는 이런 식으로 복음이 전파되고 있다. 러시아와 알바니아, 이슬람 지역에 거주하는 사람들도 그들의 언어나 그들이 어느 정도 이해할 수 있는 말로 전해지는 기독교 메시지를 청취하고 있다고 알려져 있다.

그러나 복음을 모든 사람에게 전달하는 것만으로는 충분하지 않다. 가장 중요한 문제는 그 메시지를 이해하고 받아들이게 하는 것이다. 여기서 관건이 되는 것이 바로 기도다. 성령은 하나님의 백성이 간구할 때 주어진다(눅 11:13). 자신을 위해서 구할 때뿐 아니라 남을 위해 구할 때도 마찬가지다. 따라서 오늘날 모든 선교 사역은 성령님이 능력 있게 역사해 주시길 간구하는 우리 기도에 달려 있다.

다시 말해서 세계 복음화의 열쇠, 즉 그리스도께서 다시 오실 길을 준비하는 관건은 바로 당신과 나의 기도일지도 모른다. 그리스도의 재림이 늦어지는 주된 이유가 기도 부족에 있다면, 하나님이 그 어느 때보다 오늘날 기도의 능력이 발휘되도록 특별 조치를 취하셨다 해도 놀랄 일이 아닐 것이다.

2장 말할 수 없이 큰 우리의 능력

하나님은 우리에게 어느 때나 그분 앞에 나아갈 수 있는 자유를 허락하셨다. 우리는 단순히 하나님과 대화를 나눌 수 있는 자격을 공식적으로 인정받은 것이 아니다. 하나님과 대화를 나누도록 초청받은 것이다. 하나님은 우리가 먼저 대화를 시작하길 기다리신다. 하나님은 인간을, 특히 그 자녀들을 극진히 사랑하시기 때문에 언제든지 우리를 만나주겠다고 약속하셨다. 하나님이 우리에게 허락하신 이 놀라운 능력에는 적어도 7가지 중요한 요소가 들어 있다.

1. 하늘 보좌에 나아갈 수 있는 능력

하나님의 자녀인 우리는 원할 때면 언제든지 우주의 절대자이신 하나님과 접촉할 수 있는 특권이 있다. 우리는 천사나 천사장들처럼 기도를 통해 하나님이 계신 곳에 직접 나아갈 수 있다. 하나님의 초청장을 기다리지 않아도 된다. 이미 초청장을 받았기 때문이다. 우리는 미리 하나님과 약속할 필요도 없다. 언제든 즉시 하나님께 나아갈 수 있다. 하나님은 아무리 바빠도 우리 기도를 들으신다. 아무리 분주해도 우리에게 응답하신다.

나는 엘리자베스 여왕을 만나기 전에 다음과 같은 요구를 들었다. "절대 먼저 말을 걸어서는 안 됩니다. 여왕께서 말을 건네시기 전까지 기다리십시오. 그리고 여왕의 특권은 무엇이든지 인정하십시오. 대답할 때 꼭 '폐하'라는 말을 붙이십시오." 그러나 우주의 주인이신 하나님과 대화할 때는 이와 정반대다. 예수님은 "너희는 기도할 때에 이렇게 하라 아버지여"라고 말씀하셨다(눅 11:2). 하나님의 이름을 더럽히지 않기 위해 절대로 생략해서는 안 되는 공식 명칭이 따로 있는 것도 아니고, 우리 기도를 더 거룩하게 하거나 확실하게 응답받기 위해 특별히 권장하는 표현이 따로 있는 것도 아니다. 반드시 사용해야 하는 공식적인 말투가 있지도 않다.

우리는 하나님의 자녀로서 기도를 통해 그분 앞에 나아갈 수 있다. 천사가 우리를 소개할 때까지 기다리지 않아도 된다. 하나님 앞에서 잘 보이려고 애쓰거나, 무엇을 말할지 주의 깊게 준비하지 않아도 된다. 있는 그대로 하나님 앞에 나아가서 마음의 문을 열고 느끼는 그대로, 원하는 그대로 그분께 아뢰기만 하면 된다. 더 거룩한 기도 자세가 따로 있는 것이 아니다. 우리는 하나님의 자녀라는 사실을 기억하라. 하나님은 우리를 보길 기뻐하고 즐거워하신다.

2. 하나님과 협력할 수 있는 능력

하나님은 많은 것을 우리와 협력하여 성취하기로 결정하셨다. 바울은 하나님이 복음을 전파하는 거룩한 동역자로 우리를 택하셨음을 거듭 강조한다. 그는 우리에게 하나님과 협력하여 일할 책임이 있다는 사실을 밝히고 있다. 하나님의 모든 명령에 순종하는 것은 매우 시급한 일이지만, 환경의 제약이 많기 때문에 즉각 순종하는 것이 그리 수월하지만은 않다. 때로는 전문적인 기술이나 훈련이 부족하기도 하다. 그러나 기도를 통해서라면 늘 하나님과 협력할 수 있다.

우리는 어떤 장소, 어떤 시간, 어떤 문제에서든 기도를 통해 하나님과 협력할 수 있다. 우리는 기도하도록 창조되었다. 하나님과 협력할 수 있는 자유와 특권, 공적인 지위를 소유한 것이다. 우리는 하나님과 협력하도록 선택된 백성이다.

더욱이 하나님은 "세계가 다 내게 속하였나니 …… 너희가 내게 대하여 제사장 나라가 되며"라고 말씀하셨다(출 19:5-6). 이사야 선지자는 "오직 너희는 여호와의 제사장이라 일컬음을 받을 것이라"고 말했다(사 61:6). 예수님은 무슨 이유에서 우리를 하나님을 섬기는 "제사장"으로 삼으셨는가?(계 1:6) 모든 그리스도인이 "거룩한 제사장", "왕 같은 제사장"이라고 불리는 이유가 무엇인가?(벧전 2:5, 9)

하나님이 우리를 "제사장"이라고 부르신 목적은 하나님을 경배하고 찬양하게 하기 위해서다. 그러나 하나님이 우리를 제사장으로 부르신 데에는 더 큰 이유가 숨겨져 있다. 우리는 "왕 같은 제사장"이 되어야 한다. 그리스도께서는 오늘날 기도를 통해 이 세상을 통치하신다. 그리스도께서 인간을 위해 지금도 계속 중보기도를 드리고 계시듯이, 우리도 남을 위한 기도에 동참하여 그리스도와 함께 이 땅을 다스릴 수 있다(히 7:25). 우리는 하늘 보좌에 나아갈 수 있는 공식 채널이 있기 때문에 그리스도의 중보기도 사역에 동참할 수 있는 것이다.

그런데 그리스도께서 지금도 중보기도를 드리고 계시다면 도대체 우리가 왜 중보기도를 해야 하는가? 우리의 작은 기도가 그리스도의 능력 있는 중보기도에 무슨 보탬이 된단 말인가? 하나님은 자녀들이 그리스도의 중보와 통치 사역에 동참하여 그분의 영원한 계획을 이루는 것을 기뻐하신다. 하나님의 사역과 다른 사람을 위한 중보기도에 시간을 할애하지 않는다면, 우리는 하나님이 우리를 부르신 특별한 사명대로 살지 않는 것이다. 우리는 라디오나 텔레비전, 신문에 나오는 뉴스를 기도 요청으로 받아들일 수 있다. 부패한 세계를 보며 가슴 아파하시는 하나님의 아픔을 함께 느낄 만큼 깨어 있을 수 있다. 기도야말로 하나님의 동역자가 될 수 있는 최고의 길이다.

3. 사탄에 대항하여 이길 수 있는 능력

사탄은 하나님과 인간의 최대 적이다. "근신하라 깨어라 너희 대적 마귀가 우는 사자같이 두루 다니며 삼킬 자를 찾나니 너희는 믿음을 굳건하게 하여 그를 대적하라"(벧전 5:8-9).

사탄은 세상의 모든 악을 배후에서 조종하는 괴수다. 사탄의 왕국은 타락한 천사와 귀신, 죄인들로 이루어져 있다. 사탄은 그리스도의 사역과 사역자들을 방해하고 낙심시키기 위해 한시도 쉬지 않고 애쓰고 있다. 그는 가능한 모든 방법을 동원하여 그리스도를 대적하고 있다. 사탄이 지닌 여러 이름 가운데 하나가 "파괴자"다. 사탄은 인간, 가정과 국가, 하나님의 계획과 사역을 파괴하려고 온 힘을 다한다.

사탄은 귀신이라 불리는 수많은 더러운 영과 함께 악을 꾀한다. 더러운 영들은 그들이 거하는 사람들을 괴롭히는 힘을 지닌 것처럼 보인다. 사탄은 때로 자연을 다스리기도 하고 기적을 행하여 그것이 마치 하나님의 일인 양 속일 수 있는 것처럼 보이기도 한다(살후 2:9-10). 사탄은 큰 권세와 악한 권력을 소유하고 있기 때문에 천사장 미가엘조차도 사탄을 꾸짖어달라고 하나님께 요청할 정도다(유 9절).

그렇다면 평범한 그리스도인은 어떻게 사탄을 대적할 수 있을까? 이렇게 막강한 대적을 억제하고 통제하며 패배시킬 수 있는 분은 오직 하나님뿐이다. 그러나 성경은 우리처럼 평범한 그리스도인도 사탄을 대적하고 패배시킬 수 있다고 분명하게 선언하고 있다.

✚ **유혹에 넘어가서는 안 된다.** 예수님은 하나님의 말씀으로 유혹을 이기는 법을 직접 보여주셨다(마 4:1-11). 베드로에게는 "시험에 들지 않게 깨어 기도하라"(마 26:41)고 당부하셨다.

✚ **믿음에 굳게 서야 한다.** 성경은 "마귀를 대적하라 그리하면 너희를 피하

리라"(약 4:7)고 약속한다. "대적하다"라고 번역된 이 헬라어는 "대항하여 서다"라는 뜻이 있다. 그리스도께서 우리와 함께하시면 우리는 마귀를 대적할 수 있다.

✚ **기도해야 한다.** 기도는 우리의 최대 무기며, 그리스도의 임재를 드러낸다. 우리가 기도할 때 사탄과 귀신들은 겟세마네 동산의 폭도처럼 뒷걸음친다(요 18:6). 기도는 하나님의 약속을 움켜잡아 우리와 악의 세력 사이에 담을 세운다. 기도는 하나님의 천사들로 하여금 우리를 도우러 급히 내려오게 하는 능력이 있다(왕하 6:15-17, 단 10:13, 히 1:14). 사탄의 계획을 완전히 무효화시키고, 사탄의 어떤 세력이 공격해 와도 능히 견뎌내게 하는 것도 바로 기도다.

에베소서 6장에서 바울은 영적 전투를 다음과 같이 묘사한다.

우리의 씨름은 혈과 육을 상대하는 것이 아니요 통치자들과 권세들과 이 어둠의 세상 주관자들과 하늘에 있는 악의 영들을 상대함이라(12절).

바울은 11절에서 사탄의 간계에 대적해야 할 필요성을 언급한 후 우리가 사탄과 치르는 전쟁에서 입어야 할 영적인 전신갑주를 하나씩 열거한다. 그러나 전신갑주로 중무장한다고 해도 싸우는 방법을 모르면 아무 소용이 없다. 바울은 사탄과 싸우는 방법을 두 가지로 설명한다. 하나는 성령의 검, 즉 하나님의 말씀으로 싸우는 것이고, 다른 하나는 기도로 싸우는 것이다.

기도는 하나님이 사탄을 무찌르고 패배시킬 수 있는 방법으로 우리에게 주신 최고의 전략이다. "모든 기도와 간구를 하되 항상 성령 안에서 기도하고"(엡 6:18).

성령님이 기도를 통해 우리에게 큰 능력을 부어주시기 때문에 사탄의 통제력이 깨지고, 사탄의 방해는 무력해지며, 사탄의 일이 무너지는 것이다. 그리스도께서는 사탄의 일을 멸하려고 이 땅에 오셨다(요일 3:8). 그리스도께서는 갈보리에서 사탄의 일을 멸하는 것을 가능케 하셨으며, 그리스도의 신부인 교회의 기도를 통해 이 일을 실행에 옮기고 계신다. 그렇기 때문에 하나님의 백성이 하나님의 군대도 되는 것이다.

하나님의 백성이 하나님의 군대로서 맡은 거룩한 역할을 받아들인다면, 기도를 우선순위로 삼고 성령의 인도와 기름 부음을 받아 서로 중보기도에 힘쓴다면, 사탄이 패배하고 이 땅에 영적 각성이 일어나는 모습을 목격할 수 있을 것이다. 영적으로 가장 큰 수확을 할 수 있을 것이다.

무릎을 꿇으라. 세계 복음화가 가속될 것이다. 무릎을 꿇으라. 그리스도의 승리가 분명하게 드러날 것이다.

4. 자연 법칙을 초월할 수 있는 능력

기도는 "자연 법칙"을 초월할 수 있다. 인간이 절체절명의 위기에 놓였을 때, 기도는 하나님의 기적적인 응답을 불러일으킬 수 있다. 이것이 사실이 아니라면 우리는 많은 문제 상황에서 기도할 필요가 없다. 우리가 기도할지라도 하나님이 하실 수 있는 일이 제한되어 있다면, 기도는 하나님과 유희를 즐기거나 인간의 요구를 가지고 장난하는 것에 지나지 않을 것이다. 그리고 결국은 우리 스스로를 속이는 꼴이 되고 말 것이다. 그러나 기도는 결코 그런 것이 아니다. 하나님이 실제로 존재하시는 것만큼이나 기도는 실제적이다. 그 기도가 하나님 나라를 확장하는 데 도움이 되고 하나님 뜻에 일치한다면, 하나님이 하실 수 없는 일은 이 세상에 아무것도 없다. 기도는 하나님의 능력을 끌어내는 수단이다.

그리스도는 우주의 창조주이자 보존자시다(요 1:3, 골 1:16-17). 그분은 계획의 하나님이며, 통일성과 능력의 하나님이다. 하나님이 우주를 다스리시는 평범한 방식을 우리는 자연 법칙이라 부른다. 하나님은 하위 법칙이 상위 법칙에 지배받도록 우주를 계획하시고 그렇게 창조하셨다. 예를 들면, 힘의 법칙은 일시적으로는 중력의 법칙을 초월할 수 있다. 우리가 공을 던지면 힘의 법칙에 따라 공은 날아가는 힘이 다할 때까지 계속 날아갈 것이다. 날아갈 때는 마치 중력에서 벗어난 것처럼 보이지만, 결국에는 중력의 힘에 압도당해 땅에 떨어지고 만다.

하위 법칙은 상위 법칙의 목적에 기여하고 상위 법칙과 조화를 이루며, 상위 법칙이 하위 법칙을 초월하는 것이 보통이다. 유기체와 생명체를 지배하는 법칙은 물질을 지배하는 법칙을 초월할 수 있다. 또한 심리학의 법칙이 이 법칙을 초월할 수 있다. 도덕 법칙은 물리학의 법칙을 초월하며, 영의 법칙은 이 모든 것을 초월한다. 하나님은 영이시다. 따라서 하나님은 모든 피조물을 초월하신다. 하나님은 절대적으로 자유로우신 분이며, 만물을 창조하시고 유지하시며 다스리시는 분이다. 하나님의 법칙은 그분의 창조적 지성을 표현한 것일 뿐이기 때문에 하나님은 어떤 법칙에도 제한받지 않고 초월하시며, 절대적으로 자유로우시다. 그러나 하나님은 평소에는 그분의 법칙에 따라 그분이 창조하신 세상을 운영하기로 결정하셨다. 법칙을 초월하는 경우에도 그 법칙을 깨뜨리거나 파괴하는 것이 아니라, 단지 고도의 목적을 위해 일시적으로 그 법칙을 대치하는 것뿐이다.

하나님이 특별한 의지를 드러내셔서 통상적인 역사 방식(자연 법칙)을 초월하실 때, 우리는 그것을 "이적"이라고 부른다. 그러나 하나님께는 이적도 또 다른 역사 방식일 뿐이다. 그래서 예수님은 이적들을 "일들"(works, 헬라어로는 에르가[erga]. 요 9:4, 10:25, 32, 38 참조)이라고 부르셨다.

우리가 기도할 수 있는 이유는 하나님이 전능하시고 만물을 주권적으로 통치하시는 분이기 때문이다. 하나님은 영원한 목적과 계획을 갖고 계신다. 자신의 도덕적, 영적 목적과 영원한 계획을 성취하시기 위해서 그분은 그 어떤 정상적인 역사 방식도 초월하실 수 있다. 따라서 기도에는 하나님의 영원한 계획과 협조하여 그분의 이적적인 능력을 이끌어낼 수 있는 가능성이 내재되어 있는 것이다. 하나님이 항상 이적을 보증하시지는 않는다. 그러나 그분의 영광을 위해서, 그분 뜻에 맞는 기도에는 항상 문을 열어놓고 계신다. 기도는 인간이 곤궁에 빠졌을 때 하나님의 이적적인 능력을 끌어낼 수 있다. 하나님이 그렇게 정하셨다.

5. 천사의 도움을 받을 수 있는 능력

이 시대는 초자연적인 것이라면 무엇이든 의심한다. 그렇기 때문에 그리스도인 가운데에는 천사에 관한 성경의 가르침을 별로 달가워하지 않는 사람도 있다. 그러나 성경은 "모든 천사들은 섬기는 영으로서 구원받을 상속자들을 위하여 섬기라고 보내심이 아니냐"(히 1:14)라고 분명히 못 박고 있다. 우리는 천사들이 어떤 방식으로 하나님의 자녀들을 섬기는지 다 알지는 못한다. 그러나 성경은 이에 대해 몇 가지를 분명히 밝히고 있다.

- ✚ **천사는 하나님의 자녀들을 보호한다.** 천사는 밤새워 기도한 야곱을 보호했고(창 32:1), 기도의 사람 엘리사를 보호했다(왕하 6:17).
- ✚ **천사는 하나님의 자녀들을 구해낸다.** 천사는 베드로를 감옥에서 구해냈다(행 12:1-11). 바울에게도 나타나서 그와 배에 탄 모든 사람이 구원받을 것이며 "하나님께서 너와 함께 항해하는 자를 다 네게 주셨다"고 선포했다(행 27:23-24).
- ✚ **천사는 하나님의 자녀들에게 메시지를 전달한다.** 이를 보여주는 성경의 실례는 많다. 천사들은 목자들에게 메시지를 전달했고(눅 2:9-13), 그리스도께서 부활하셨을 때 여인들에게 소식을 전했으며(마 28:2-7), 기도 응답으로 고넬료에게 메시지를 전해 주었다(행 10:1-7). 천사들은 사고(思考)를

통해 우리에게 좋은 아이디어가 떠오르게 한다.

+ **천사는 육체의 힘을 회복시켜준다.** 천사들은 겟세마네 동산에서 그리스도께 힘을 북돋아주었다(눅 22:43). 보통 천사들이 하나님의 자녀들을 돕는 것은 눈에 보이지 않지만 매우 실제적이다. 그리스도인들의 전기를 보면 가시적으로든 불가시적으로든 천사들이 도와준 실례가 많이 있을 것이다.

인도에서 사역할 때, 섬기는 천사들이 나를 돕는다는 것을 여러 번 느낀 적이 있다. 한번은 위험을 느껴 가던 길에서 방향을 바꾼 적이 있는데 나중에 알고 보니 그렇게 하지 않았다면 반기독교 폭도와 마주칠 뻔했다. 나를 향해 아우성치는 폭도 사이를 두려워하지 않고 걸어간 적도 있다. 그들은 나를 손끝 하나 건드리지 못했다. 그때 나는 하나님이 친히 나를 보호하고 계신다고 느꼈다. 이 두 사건에서 나는 지구 반대편에 사는 그리스도인들이 비록 내 상황을 전혀 몰랐을지라도 그 순간 위험에 처한 나를 위해 기도하고 있었다는 사실을 뒤늦게야 깨달았다.

하나님이 권면하시는 대로 우리 임무를 다하고 기도하면, 하나님이 자녀들을 보호하시기 위해 기쁜 마음으로 역사하신다. 우리는 하나님의 약속을 소유하고 있고 하나님의 돌보심을 요구할 권리도 갖고 있다. 특히 빈민굴이나 위험한 선교지 같은 곳에서 하나님의 일을 하는 종들에게 천사들을 보내 보호해 달라고 하나님께 간청할 수 있는 특권이 있다. 그러한 특권을 발휘하기를 주저하지 말라.

6. 산을 옮길 수 있는 능력

성경에서 산은 종종 능력과 안정성을 상징한다. 또한 산은 난관과 문제, 방해거리를 상징하기도 한다. 따라서 우리가 주의 길을 예비하기 위해서는 굽은 길은 곧게 하고 산들은 평탄케 해야 한다. 그래야 비로소 여호와의 영광이 나타난다(사 40:3-5, 눅 3:4-6). 하나님의 강력한 영이 역사하면 그 어떤 방법으로도 꿈적하지 않던 산들이 아무것도 아닌 것처럼 되고 만다(슥 4:6-7). 이 일을 하실 수 있는 유일한 분인 성령님은 거대한 산들을 낮춰 빠르게 전진할 수 있는 대로와 고속도로로 만드실 수 있다(사 49:11).

예수님은 이 구약의 예를 제자들에게 여러 번 가르치셨다. 제자들이 고통 당하는 소년에게서 귀신을 쫓아내지 못했을 때, 예수님은 겨자씨만 한 믿음만 있어도 "이 산(넘을 수 없는 큰 난관이나 문제를 상징)을 명하여 여기서 저기로 옮겨지라 하면 옮겨질 것이요 또 너희가 못할 것이 없으리라"(마 17:20)고 말씀하셨다. 그러고 나서 이런 극적인 능력은 기도와 금식으로만 발휘될 수 있다고 덧붙이셨다(21절, KJV).

또한 예수님이 무화과나무를 저주하시자 시들어버리는 모습을 보고 제자들이 그 능력에 놀라자 "만일 너희가 믿음이 있고 의심하지 아니하면 이 무화과나무에게 된 이런 일만 할 뿐 아니라 이 산더러 들려 바다에 던져지라 하여도 될 것이요 너희가 기도할 때에 무엇이든지 믿고 구하는 것은 다 받으리라"(마 21:21-22)고 말씀하셨다. 마가도 동일한 사건을 기록하면서 다음과 같이 예수님의 말씀을 전했다. "그러므로 내가 너희에게 말하노니 무엇이든지 기도하고 구하는 것은 받은 줄로 믿으라 그리하면 너희에게 그대로 되리라"(막 11:24).

하나님은 그분의 자녀들이 어려움이라는 산에 직면했을 때 그 산을 옮기길 기대하신다(11장을 참조하라). 하나님은 우리가 그 산에 막혀 멈추어 서기를 원치 않으신다. 그것들을 도전으로 받아들이고 하나님의 큰 영광을 위하여 대로로 변화시키든지, 아니면 시야에서 완전히 없어지도록 바다에 빠지게 하든지 둘 중 하나를 택하길 기대하신다. 예수님은 우리가 그러한 난관의 산 앞에 봉착했을 때 믿기만 하면 그러한 일들이 충분히 가능하다고 못 박으신다. 이적을 행하시는 분은 성령님이다. 이 일은 우리 힘이나 능력으로 되지 않는다(슥 4:6).

오늘날 그리스도의 교회와 선교 사역 앞에는 수백 개의 산이 앞을 가로막고 있다. 우리는 대부분 자신의 지혜와 솜씨, 노력을 의지하기 때문이다. 이런 상황에서는 금식하며 기도하는 길 말고 다른 묘책이 없다.

기도에는 산을 옮길 수 있는 능력, 산을 대로로 변화시키는 능력이 있다. 성령님은 우리의 기도를 격려하기 원하실 뿐 아니라 우리 앞을 가로막는 산을 제거해 주시길 진심으로 원하신다.

7. 축복할 수 있는 능력

성경은 하나님이 축복의 하나님이라고 말한다. 하나님의 말씀은 약속으로 가득 차 있으며, 하나님은 그 약속을 성취하길 원하신다. 징계하고 처벌하기 원하시는 경우를 제외하고 하나님은 그분의 백성, 특히 순종하는 그분의 자녀들을 축복하길 원하신다. "그(예수)가 두루 다니시며 선한 일을 행하시고" (행 10:38).

예수님과 마찬가지로 우리도 할 수 있는 한 다른 이들에게 축복을 베풀어야 한다. 그분의 제자인 우리는 남을 축복하는 선행으로 명성이 나 있어야 한다(마 5:16, 엡 2:10). 선한 사업을 많이 하고(딤전 6:18), "모든 선한 일을 행하기에 온전한" 인물이 되어야 한다(딤후 3:17).

그리스도인이 축복을 중개할 수 있는 가장 좋은 방법은 기도다. 우리에게는 달리 접촉할 수 없는 자들을 위해 기도할 수 있는 기회가 있다. 국가와 교회의 지도자부터 가난하고 궁핍하며 고통당하는 자에 이르기까지 모든 사람을 기도를 통해 축복할 수 있다. 자주 얼굴을 대하는 가족과 친구부터 한번 만났거나 소식만 듣는 사람에게까지 우리는 하나님의 축복을 대행하는 자가 될 수 있다. "나를 위해 기도해 주세요"라는 사람들의 요청은 실제로 축복과 도움을 구하는 요청이다.

그리스도인인 우리는 다른 사람을 축복하는 삶을 살아야 한다. 어디를 가든 끊임없이 남을 위한 중보기도로 일관한다면, 우리는 진정한 축복과 격려, 권면의 원천이 될 수 있을 것이다. 시간과 기회가 허락하는 한, 우리는 모든 사람에게 축복을 베풀어야 한다(갈 6:10). 우리의 존재 자체가 늘 다른 이들에게 축복이 되어야 한다. 그러나 이것은 우리가 주변 모든 사람에게 하나님의 축복이 임하길 신실하게 간구할 때에 비로소 가능하다. 스톤월 잭슨 장군은 이렇게 말했다.

나는 하나님의 축복을 간구하기 전에는 물을 한 컵도 마시지 않고, 봉투 봉인 밑에 한 소절이라도 기도를 적지 않고는 편지를 붙이지 않으며, 하늘을 향해 내 생각을 간략하게 올려 보내지 않고는 우편함에서 편지를 꺼내지 않고, 들어오고 나가는 후보생들을 위해 1분이나마 간구하지 않고는 교실을 옮기지 않는 습관을 들이려고 애쓰고 있습니다.

17세기에 존경받던 영국 의사 토마스 브라운 경은 끊임없이 축복의 기도를 드린 사람으로 유명하다.

나는 더 많이 기도하고, 항상 기도하며, 조용한 곳이면 어디든, 그곳이 집이든 대로든 신작로든 기도하기로 결심했다. 그렇게 해서 이 도시의 모든 길과 신작로가 내가 하나님을 결코 잊지 않았다고 입증할 수 있게끔, 조용한 곳은 어디서나 기도하기로 작정했다. …… 지나가는 길에 교회가 보이면 그곳에서 하나님이 진정으로 경배 받으시고 그 안의 영혼들이 구원받기를 기도하기로 작심했다. 나는 날마다 내 환자들과 다른 의사들의 환자들을 위해 기도하기로 결심했다. 게다가 어느 가정을 방문하든지 "하나님의 평안이 이곳에 거하소서"라고 축복하고, 설교를 들은 후에는 하나님의 진리와 하나님의 종에게 그분의 축복이 임하기를 간구하기로 마음먹었다. 그 밖에도 아름다운 여인을 보면 하나님의 창조 솜씨를 찬양하고, 하나님이 그 여인의 마음을 아름답게 하셔서 안과 밖이 일치하길 간구하며, 불구자를 보면 온전한 영혼을 주셔서 점차 부활의 아름다움을 갖게 해달라고 간청하기로 작정했다.

하나님은 아브라함을 축복하시고, 축복의 근원이 되게 하겠다고 약속하셨다(창 12:2). 이것은 모든 그리스도인의 체험이 되어야 한다. 하나님이 우리를 더 축복하실수록 우리도 남을 더 축복해야 한다. 기도는 축복에 이르는 정도(正道)이며, 남에게 축복을 베풀 수 있는 가장 좋은 수단이다. 기도는 남을 축복할 수 있는 능력으로 하나님이 주신 선물이다. 우리 모두 매일을 축복의 중보기도로 채우고 하나님이 우리에게 허락하신 크신 능력을 부여잡도록 하자!

3장 예수님 이름으로 기도할 수 있는 권세

예수님은 공생애 마지막 주간, 즉 대속의 죽음과 부활이 있기 직전에 특별히 제자들에게 기도를 가르치셨다. 이 심오한 가르침의 최대 핵심은 그 후로 제자들이 무엇을 구할 때면 예수님의 이름으로 간청하게 되었다는 것이다. 이 세상 어느 지도자도 추종자들에게 이처럼 놀라운 권세를 준 사람이 없다. 예수님의 영광과 나라의 확장을 위해 이 권세를 사용하려면 다음 세 가지 질문에 대답할 수 있어야 한다.

첫째, 유대 사상에서 "이름"은 무엇을 의미하는가?

둘째, 예수님의 이름으로 기도한다는 것은 무슨 의미인가?

셋째, 우리가 기도할 때 예수님의 이름을 가장 효과적으로 사용할 수 있는 방법은 무엇인가?

유대 사상에서 이름이 갖는 의미

그리스도 당시 이름이 지닌 의미는 세 가지였다.

첫째, 이름은 그 사람 자체를 의미했다. 예수님의 이름을 찬양하는 것은 예수님을 찬양하는 것이다. 예수님의 이름을 사랑하는 것은 예수님을 사랑하는 것이다. 따라서 예수님의 이름을 욕되게 하는 것은 예수님을 욕되게 하는 것과 같다.

둘째, 이름은 그 사람에 대해 알고 있는 모든 것을 대표했다. 모세는 하나님께 더욱 가까이 나아가기를 갈망하면서 하나님의 영광을 보여달라고 간청했다. 이때 하나님은 인간은 하나님을 만나고는 살 수 없다고 대답하셨다. 하나님의 영광은 육신이 견뎌내기에 엄청나기 때문에 그 영광을 보면 살 수 없다는 것이다. 그 대신 하나님은 그분을 부분적으로 계시해 주겠다고 약속하셨다. 그러고서 모세를 바위틈에 두시고 손으로 덮으신 다음 그 앞을 지나가시고 손을 치우셔서 하나님이 지나가신 뒤 남아 있는 영광을 모세가 볼 수 있게 하셨다. 이같이 하시면서 하나님은 그분의 이름, 두 문장에 달하는 긴 이름을 선포하셨다. "여호와라 여호와라 자비롭고 은혜롭고 노하기를 더디하고 인자와 진실이 많은 하나님이라 인자를 천대까지 베풀며 악과 과실과 죄를 용서하리라 그러나 벌을 면제하지는 아니하고"(출 34:6-7).

하나님을 아는 것은 그 이름이 대표하는 모든 것을 아는 것이다. 그분의 이름을 이해하는 것은 그분을 보는 것이다.

예수님의 이름은 우리가 성경과 개인 체험을 통해 예수님에 대해 아는 모든 것을 대표한다. 그분의 이름은 예수님의 변화시키는 능력과 사랑과 긍휼을, 위선에 대한 예수님의 증오를, 우리가 그분처럼 거룩해지기를 바라는 소망을 포함한다. 또한 그분의 영광, 우주 창조, 성육신, 대속의 죽음과 부활, 재림에 대한 우리의 지식도 포함한다.

셋째, 예수님의 이름은 그분의 적극적인 임재를 뜻했다. 초대 그리스도인들에게 "예수 이름으로" 모이는 것(마 18:20)은 오늘날과 마찬가지로 예수님이 친히 그들 가운데 함께하심을 뜻했다. "예수 이름으로" 보냄 받았다는 것과 "예수 이름으로" 모든 일을 행한다는 것(골 3:17)은 예수님의 성품을 드러내고 그분의 권위로 행동하는 것을 뜻했다. 오늘날 우리가 "예수 이름으로" 행동한다고 말하는 것은 혼자서 행동한다는 뜻이 아니다. 눈에는 보이지 않지만 예수님이 우리 곁에서 함께 행하신다는 뜻이다.

예수님의 이름으로 기도한다는 의미

예수님의 이름으로 기도할 수 있으려면 몇 가지 중요한 개념을 염두에 두어야 한다.

우리가 "예수님 안에" 있어야만 예수님 이름으로 기도할 수 있다. "너희가 내 이름으로 무엇을 구하든지 내가 행하리니 이는 아버지로 하여금 아들로 말미암아 영광을 받으시게 하려 함이라 내 이름으로 무엇이든지 내게 구하면 내가 행하리라"(요 14:13-14).

돌아가시기 직전, 예수님은 제자들에게 동일한 주제로 말씀하시면서 다음과 같이 상기시키셨다. "너희가 내 안에 거하고 내 말이 너희 안에 거하면 무엇이든지 원하는 대로 구하라 그리하면 이루리라 …… 나를 떠나서는 너희가 아무것도 할 수 없음이라"(요 15:7, 5). 요한복음 14장과 15장에서 예수님은 "내 안에"in me라는 표현을 모두 9번 사용하셨다. 여기서 "예수 안에" 있다는 말은 다음과 같은 뜻을 지닌다.

✚ 예수님과 영적인 연합을 이룬다는 뜻이다(15:4-7).

✚ 포도나무에 붙어 있다는 뜻이다(15:4).

✚ 예수님의 사랑 안에 거한다는 뜻이다(15:9-10). 사랑은 요한복음 13-16장에서 중요한 주제다. 사랑은 상호적이어야 한다. 사랑을 받으면 마땅히 이에 반응을 보여야 한다. 예수님의 새 계명은 사랑하라는 것이다(13:34, 15:17). 예수님의 다른 자녀들을 사랑하지 못한다면 우리는 예수님을 사랑할 수 없다(13:34). 우리가 사랑한다면 예수님 안에 거하게 될 것이다(15:10).

✚ 예수님이 우리 안에 사신다는 뜻이다(14:20, 15:4-5).

✚ 성령님이 내주하신다는 뜻이다(14:15-18).

✚ 그리스도의 말씀이 우리 안에 거하신다는 말이다(15:7).

이같이 "그리스도 안에" 있어야만 예수님의 이름으로 기도할 수 있다.

예수님의 본성을 닮아가는 것이다. 요한복음 13장에서 예수님은 제자들의 발을 씻기시면서 종의 본을 보이셨다. 진리를 안다면 행해야 한다(13:17). 우리가 그리스도의 모습을 드러내면서 그분의 뜻을 행하길 즐겨한다면 그리스도 예수의 이름으로 기도할 수 있다.

예수님을 위해 기도하는 것이다. 우리는 예수님이 원하시는 것을 원해야 하며, "당신의 뜻이 이루어지이다"(마 6:10)라는 주님의 기도 정신으로 간구해야 한다. 예수님은 겟세마네 동산에서 그런 마음으로 기도하셨다. 우리는 예수님의 뜻이 이루어지도록 적극적이고 능동적으로 기도해야 한다. 예수님의 이름으로 기도한다는 것은 그분의 완전한 승리가 세상 가운데 분명하게 드러나길 간구한다는 것이다.

예수님의 이름을 신원 보증으로 사용하는 것이다. "내가 진실로 진실로 너희에게 이르노니 나를 믿는 자는 내가 하는 일을 그도 할 것이요 또한 그보다 큰 일도 하리니 이는 내가 아버지께로 감이라 너희가 내 이름으로 무엇을 구하든지 내가 행하리니 이는 아버지로 하여금 아들로 말미암아 영광을 받으시게 하려 함이라 내 이름으로 무엇이든지 내게 구하면 내가 행하리라"(요 14:12-14).

우리가 기도로 성부 하나님께 나갈 때, 예수님은 우리의 신용 보증이 되신다. 사탄이 우리를 가로막고 방해하려고 할 때 예수님의 이름을 사용하여 완전한 승리를 거두자.

갈보리의 승리를 우리 것이라고 주장하는 것이다. 사탄은 이미 패배한 적이다. 예수님이 사탄과 많은 악한 귀신을 공개적으로 이기셨기 때문이다(골 2:15). 사탄은 일종의 찬탈자다. 우리를 두렵게 하고 협박하려고 애쓰지만 그는 이미 최후의 전투에서 패했다. 그러므로 우리는 예수님의 이름으로 기도하여 십자가에서 이기신 그리스도의 승리를 내 것으로 현실화해야 한다.

예수님을 하나님께 기름 부음 받은 자, 즉 우리의 선지자, 제사장, 왕으로 인정하는 것이다. 선지자로서 예수님은 우리의 상담자이자 안내자이시다. 제사장으로서 그분은 우리의 중보자이시다. 예수님은 우리 기도에 "아멘"이라고 하신다(계 3:14). "하나님의 약속은 얼마든지 그리스도 안에서 예가 되니 그런즉 그로 말미암아 우리가 아멘 하여 하나님께 영광을 돌리게 되느니라"(고후 1:20). 왕으로서 예수님은 우리의 절대적인 주인이시다. 예수님의 이름으로 기도한다는 것은 우리 기도에 대한 그분의 선지자적 인도를, 우리 기도에 대한 그분의 제사장적 중재를, 우리 기도에 대한 그분의 왕적인 응답을 요구한다는 뜻이다.

예수님의 모든 권세로 기도하는 것이다. 예수님은 그분의 이름으로 큰일을 성취할 수 있도록 하나님께 기도하고 간청할 수 있는 권세를 우리에게 위임해 주셨다. 우리는 예수님의 이름으로 사탄과 그의 모든 사악한 간계, 귀신들을 꾸짖을 수 있다. 이것이 바로 우리 힘이자 능력이며, 승리다.

기도할 때 예수님의 이름을 사용하는 방법

하나님은 우리가 기도로 나아오기를 기대하고 기다리신다. 우리가 지은 죄는 용서받았다. 우리는 하나님의 자녀이기 때문이다. 우리는 더 이상 종이 아니다. 예수님의 친구이며 공식적인 기도 동역자다. 그러므로 예수님의 이름으로, 그분의 이익을 대변하며 그분의 권세를 가지고 은혜의 보좌 앞에 나아가자. 우리는 중재자로 공식 임명되었다. 그렇다면 이 놀랍고 위대한 이름을 어떻게 사용해야 할까?

+ **예수님의 이름이 무엇을 대표하는지 기억하라.** 예수님의 이름은 예수님 자신과 그분의 목적, 그분의 명예와 권위, 즉 그분의 모든 것을 대표한다.
+ **예수님 이름의 고귀함을 깨닫고 기뻐하라.** 예수님의 이름은 그분의 모든 아름다움과 온갖 사랑스러움을 나타낸다. 예수님의 은혜, 특히 우리에게 베푸신 그분의 인자를 기억하라. 예수님의 이름은 우리와, 우리가 기도하는 자들을 향한 예수님의 끊임없는 인격적인 사랑을 대표한다.
+ **예수님의 이름을 자주 불러 사랑을 표현하라.** 사랑하는 사람이 이름을 불러주면 누구나 좋아한다. 예수님은 우리를 그 누구보다 사랑하신다. 그분은 우리가 그분의 이름을 부를수록 좋아하신다. 전에 주님의 이름을 아무리 많이 불렀더라도 주님은 우리가 사랑으로 그 이름을 부르는 것을 늘 좋아하신다. 예수님의 이름을 고백하는 것은 진정한 찬양의 제사다.
+ **예수님의 이름을 믿으라.** 예수님은 우리가 그분의 이름을 믿는 믿음으로 기도하기를 원하신다(요일 3:23). 예수님의 이름은 우리에게 기대감을 일으키고, 믿음에 확신을 더하며, 기쁨이 충만하게 한다(롬 15:13, 벧전 1:8). 예수님의 이름을 믿는 신앙은 이적적인 응답을 가져온다(행 3:16).
+ **예수님의 이름으로 구하라**(요 14:13-15, 15:6-7, 16:26-27). 우리가 하나님과 연합되었음을 확신하라. 예수님이 원하시는 것을 기도하고, 예수님께 영광 돌릴 만한 것을 위해 기도하라. 예수님의 이름으로 우리의 유업이 우리 것이 되도록 주장하라. 한마디로, 예수님의 이름으로 구하라.
+ **예수님 이름의 권세를 이용하라.** 예수님의 이름에는 예수님의 계획과 프로그램을 승인하는 권세가 있으며, 사탄을 격퇴하고 패배시키는 능력

이 있다. 예수님은 기도 가운데 사용할 수 있도록 그분의 이름을 우리에게 주셨다. 사탄을 대적하고 그리스도의 뜻을 확장시키는 데 절대적인 권세가 있는 예수님의 이름을 확실히 사용하라.

✚ **예수님의 이름으로 기도를 거룩하게 하라.** 기도 중에 예수님의 이름을 사용하면 기도를 거룩하게 할 수 있다. 예수님의 이름으로 간구의 성격과 동인을 거룩하게 지킬 수 있다. 예수님의 이름으로 기도하면서 이기적이고 육신적으로 기도할 수는 없기 때문이다. 예수님의 이름은 모든 영광이 예수님께 돌려져야 할 것을 요구하며, 우리가 순종하고 성실할 것을 기대한다.

✚ **예수님의 이름을 사용하여 예수님과 동역자가 되라.** 그리스도는 성부의 보좌 우편에서 우리를 위해 대언하시는 우리의 대제사장이시다(벧전 3:22, 롬 8:34, 엡 1:20-23). 우리는 그리스도의 중재 사역에 동참할 수 있으며, 예수님의 이름으로 기도하여 그분과 함께 일하는 기도의 동역자가 될 수 있다.

✚ **예수님의 이름을 존중하라.** 하나님은 우리가 예수님의 이름에 영광을 돌리길 원하신다. 우리가 예수님의 이름으로 기도하면 예수님은 성부께 영광을 돌릴 수 있다(요 14:13-14). 하나님은 예수님을 가장 높이시고 모든 이름 위에 뛰어난 이름을 주셨다(빌 2:9). 따라서 우리가 예수님의 이름으로 기도하면 그 이름에 영광을 돌릴 수 있게 된다.

✚ **예수님의 이름으로 사탄을 꾸짖으라.** 심지어는 천사들도 예수님의 이름으로 사탄과 귀신들을 꾸짖는다. 사탄에게 예수님이 누구신지 상기시키라. 십자가에서 일어난 그리스도의 승리와 부활을 상기시켜서 사탄은 이미 패배한 자임을 다시 깨닫게 하라. 사탄에게 우리와 예수님의 관계를 밝히고 예수님이 그 이름을 통해 우리에게 어떤 권세를 주셨는지 상기시키라.

✚ **예수님의 이름을 피난처로 사용하라.** "여호와의 이름은 견고한 망대라 의인은 그리로 달려가서 안전함을 얻느니라"(잠 18:10). 예수님의 이름을 사용할 수 있는 특권이 있음을 기뻐하라. 우리 자신과 우리가 기도하는 사람들, 특히 위험 속에서 주의 사역에 힘쓰는 선교사들을 위해 하나님께 거룩한 천사들의 보호와 도움을 요청할 수 있는 특권이 우리에게 있음을 감사하라.

✚ **예수님의 이름으로 모든 일을 하라.** "또 무엇을 하든지 말에나 일에나 다 주 예수의 이름으로 하고 그를 힘입어 하나님 아버지께 감사하라"(골 3:17). 예수님의 이름의 영광을 위하여 살라. 예수님의 이름으로 기도하라. 예수님의 이름으로 섬기라. 예수님의 이름을 믿으라. 예수님의 이름으로 영광을 돌리라. 예수님의 이름을 들고 어디를 가든지 승리하도록 하라. 예수님의 이름이 우리 기도에 끼치는 큰 혜택을 생각하고 기뻐하라.

우리는 예수님의 이름을 통해 놀라운 특권과 권세를 소유하게 되었다. 그 이름으로 우리는 우리 기도에 초자연적인 차원을 더하게 되었다. 예수님의 이름은 우리 앞에 있는 모든 방해물을 제거하는 능력이 있으며, 우리에게서 온갖 어둠을 몰아내는 권세가 있다. 예수님의 이름은 하늘의 온갖 자원을 여는 열쇠다. 예수님의 이름 안에서 기뻐하고 즐거워하라! 그분의 이름으로 옷 입으라! 예수님의 이름에 있는 모든 권세로 하나님께 기도하는 법을 배우라!

4장 엘리야도 우리와 똑같은 사람이었다

성경 인물들에 관한 기사들은 매우 선택적이고 요약적이다. 히브리서 11장에 열거된 위대한 신앙 본보기들을 비롯하여 성경에 언급된 신앙의 본보기들은 우리에게 큰 유익을 주지만, 때로는 그들이 우리와 다른 특별한 성도이거나 차원이 다른 영적 엘리트일 것이라고 생각하게 된다. 오늘날에는 그런 위대한 신앙 용사들이 없는 것을 이상하게 생각한 적은 없는가?

하나님이 우리에게 도전하고 격려하기 위해서 사용하시는 성경 구절이 있다.

> 이 약속은 너희와 너희 자녀와 모든 먼 데 사람 곧 주 우리 하나님이 얼마든지 부르시는 자들에게 하신 것이라 하고(행 2:39).

> 엘리야는 우리와 성정이 같은 사람이로되(약 5:17).

성경 역사 속 위대한 신앙 용사들에 관한 보배와도 같은 말씀들은 매우 진실하다. 이 신앙 용사들이 바로 우리와 똑같은 사람이었다는 사실도 절대적 진리다.

모세만큼 중보기도로 많은 것을 성취한 자가 또 있을까? 모세는 성경의 처음을 장식하는 모세오경을 기록했다. 하나님이 모세에게 성경을 이루고 있는 약속을 주시고 그것을 기록하라고 명하실 때까지 모세는 의지할 만한 성경이 없었다. 모세는 사랑과 인내, 기도와 순종의 표본이다. 그는 우상 숭배를 좋아하고 의심 많은 완악한 무리를 노예 상태에서 구원해내어 한 국가를 이루었다. 우상 숭배를 떠나 여호와만 섬기도록 가르치고, 애굽을 탈출하여 광야 생활 40년을 거쳐 가나안으로 이끌었다. 모세는 그 어떤 인간보다 가깝게 하나님을 알았다(신 34:10).

모세는 최고의 지성을 소유한 당대 세계 최고 지도자였다. 그러나 그는 전과자였다. 게다가 가정에 문제가 있었고, 여러 번 반복되는 반역을 겪어야 했으며, 심지어는 목숨이 위태로울 만큼 큰 위험에 빠지기도 했다. 또한 모세는 모든 능력이 소진되는 듯한 경험을 여러 번 겪었다. 한계에 이른 적도 많고, 어떻게 해야 좋을지 모를 궁지에 빠진 적도 여러 번이었다. 그리고 적어도 한 번, 사역 후반부에 하나님을 크게 실망시킨 적도 있다. 모세는 맡은 역할에 탁월했지만 가족은 그를 시기했다. 조력자인 형 아론이 모세를 실망시켰는가 하면, 아내도 그를 이해하지 못하고 제대로 돕지 못했다. 우리는 모세의 자녀들 이름을 다시 들어볼 수 없었다. 모세는 우리와 똑같은 사람이었다. 그러나 그는 기도할 줄 아는 사람이었다!

엘리야도 평범한 인간이었다. 엘리야는 피곤하고 낙심하여 포기하려고 했다. 몹시 낙망한 나머지 죽고 싶어하기도 했다. 엘리야에게는 격려하거나 위로해 줄 아내나 형제도 없었다. 그는 고독했고, 경멸당했으며, 배반당했고, 무시당했다. 선지자의 역할을 제외하고는 결코 성공한 인물이 아니었다. 엘리야는 인간의 죄성을 가진 자였다. 그러나 능력 있는 기도로 역사에 우뚝 솟은 위대한 신앙 용사였다.

청년 시절, 다윗은 존경도, 인정도 받지 못했다. 장인은 원수가 되어 그를 찾아 죽이려고 온갖 애를 썼다. 아내 미갈은 여호와에 대한 그의 사랑을 이해하지 못했다. 측근 신하들도 영적인 데는 관심이 없었다. 더욱이 다윗은 (비록 나중에 깊이 회개했으나) 매우 비극적인 죄를 범했다. 그러나 하나님은 다윗을 친한 친구로 여기셨고 "내 마음에 맞는 사람"(행 13:22)이라고 칭하셨다. 그 이유는 무엇인가? 다윗의 기도 생활 때문이다. 다윗은 하나님과 끊임없이 교제하는 기도 생활을 제외하고는 우리와 똑같은 사람이었다.

베드로는 어떤가? 베드로는 그야말로 인간적인 사람이다. 진지했으나 직설적이었기 때문에 그 입으로 인해 여러 번 곤란을 겪어야 했다. 베드로는 예수님께 위대한 고백을 한 지 몇 분이 채 지나지 않아 제자들 가운데 그 누구보다 무서운 책망을 들었다. 그러나 베드로는 예수님의 가장 가까운 기도 동역자였다. 직설적인 어부 베드로가 기도의 사람이 될 수 있었다면 우리도 그렇게 될 수 있다.

바울은 강철같이 엄격하고 의지가 굳센 사람이었다. 그는 굉장히 많이 사역했고 고통당했으며 괴로움을 받았다. 자상하고 경건하면서도 강렬한 질투심으로 그가 세운 교회들과 새로운 교인들을 사랑했다. 바울은 타협할 줄 모르는 사람이었으며 동역자와 조력자가 매우 필요한 사람이었다. 과연 누가 그런 바울과 한 팀이 되어 일하고 싶어할까? 그러나 이 세상의 어느 그리스도인이 바울과 같은 축복의 발자취를 남겼는가? 바울은 누구보다 열심히 사역했고, 누구보다 많은 고통을 당했으며, 초대 교회의 어느 지도자보다 뜨겁게 사랑했다. 바울보다 더 큰 하나님의 사람이 어디 있는가! 동시에 바울보다 더 인간적인 사람이 어디 있는가! 사실 많은 점에서 바울은 우리와 같지 않다. 그러나 어떤 점에서 바울은 우리와 똑같은 사람이었다.

바울은 최고의 선교사이자 최고의 신학자였으며, 교회 역사상 가장 많은 교회를 설립한 사람이었다. 바울이 중보기도의 용사가 아니었다면, 실제로 그만큼 성취할 수 없었을 것이다. 또한 그만큼 고통당하지도 않았을 것이며, 그만큼 많은 교회를 세울 수도 없었을 것이다. 바울은 밤낮을 가리지 않고 기도했다. 수많은 그리스도인과 그가 세운 교회들을 위해 울며 기도했고, 그가 방문한 모든 교회를 위해 금식하며 기도했다.

하나님의 역사를 살펴보면, 바울은 개인 전도나 설교를 통해 성취한 일보다 기도를 통해 성취한 일이 더 많았다. 바울의 글은 기도에서 나왔고, 기도로 가득 차 있다. 바울은 끊임없이 격렬한 기도 전쟁을 치른 용사라는 사실을 제외하고는 우리와 똑같은 사람이었다. 기도 전쟁을 통해 승리한 그리스도인이 있다면, 바로 바울일 것이다!

무릎 꿇으라, 승리할 것이다

데이비드 리빙스턴, 존 녹스, 존 웨슬리, 이들은 모두 하나님의 용사였다. 그런데 오늘날 어떤 사람들은 그들의 전기를 다시 쓰고 싶어한다. 그래서 되도록 이 위대한 신앙 영웅들의 단점을 모조리 지적하려 한다. 그들은 불완전했지만 하나님은 그들을 사용하셨다. 그러므로 하나님은 우리도 사용하실 수 있다. 궁극적으로 그들을 그토록 유명하게 만든 것은 그들의 위대한 역할 때문이 아닐지도 모른다.

기도에 가장 뛰어난 위인으로 리빙스턴을 꼽을 수 있다. 그는 무릎을 꿇고 기도하다가 세상을 떠났다.

존 녹스는 엄격하고 굽힐 줄 모르는 지도자였으나 무릎을 꿇고 기도하여 스코틀랜드를 위한 영적인 싸움에서 승리할 수 있었다. 스코틀랜드를 구원한 것은 그의 설교나 행동이 아니라 그의 기도였다.

존 웨슬리는 행복한 가정생활을 누리지 못했다. 그러나 그는 마음의 성결을 가르쳐 영국을 하나님께로 발칵 뒤집어놓았다. 웨슬리는 말을 타고 100킬로미터씩 여행하며 하루에도 여러 번 설교했다. 54년 동안 그는 해마다 약 8,000킬로미터를 말을 타고 여행했다. 총 47만 킬로미터를 여행한 셈인데, 이 길이는 지구를 12바퀴나 돈 것과 같다. 웨슬리는 54년 동안 매주 평균 15번 설교했으며 그 밖에도 수많은 강연과 연설을 했다. 그는 확성기 시설도 없이 1-3만 명의 군중을 모아놓고 옥외에서 설교한 적도 있다.

일반 역사가들도 웨슬리의 사역 결과로 영국이 크게 변화하여 프랑스 혁명과 같은 제2의 피의 혁명을 막을 수 있었다고 평가할 정도로 웨슬리를 극찬한다. 그러나 그렇다고 해서 존 웨슬리가 실수가 없었던 것은 아니다. 그도 실수를 범했다. 그러나 웨슬리는 진정 기도 용사였다. 그는 "하나님이 하시는 일은 기도에 응답하는 것이다"라고 말했다. 누군가는 웨슬리에 대해 이같이 말했다. "그는 기도를 가장 중요한 일과로 생각했다. 나는 그가 골방에서 나올 때 얼굴이 평온하다 못해 환히 빛나는 것을 여러 번 보았다." 웨슬리는 날마다 하루에 2시간씩 기도했다.

모가 난 마르틴 루터도 무척 인간적이었으나 기도의 사람이었다. 그는 이렇게 말했다. "나는 내 기도가 사탄보다 강하다고 생각한다. 그렇지 않았다면, 나는 이미 오래전에 딴 길로 갔을 것이다. 그랬더라면 사람들은 나를 통해 일하시는 하나님의 크신 역사를 보지 못했을 것이다. 내가 단 하루라도 기도를 소홀히 했다면 신앙의 힘을 많이 상실했을 것이다."

사람들은 흔히 루터를 가리켜 "하나님께 간구한 것은 무엇이나 소유할 수 있었던 사람"이라고 칭한다. 사람들이 귀신들린 소녀를 데리고 왔을 때 루터는 소녀의 머리에 손을 얹고 기도했다. 그랬더니 그 소녀가 나았다. 루터의 강력한 치유의 기도가 많은 사람을 죽음 직전에서 살려냈다.

멜란히톤의 눈은 멈춰 있었다. 그는 듣지도 말하지도 못하는 것처럼 보였다. 아무도 알아보지 못했고, 음식도 전혀 먹지 못했다. 루터는 그의 모습을 보고 하나님께 강력하게 기도하기 시작했다. 멜란히톤의 손을 잡고 이렇게 말했다. "필립, 힘을 내게. 자네는 죽지 않을 걸세……. 죽이기도 하시고 살리기도 하시는 주님을 신뢰하게." 루터가 말하는 동안 필립 멜란히톤이 조금씩 움직이더니 다시 호흡하기 시작하면서 원기를 회복했다.

루터와 많은 사람에게 사랑받던 지도자 미코니우스가 결핵 말기로 누워 죽어가고 있었다. 이에 루터가 기도했다. "하나님, 제가 살아 있는 동안 그가 죽었다는 소리를 듣지 않게 하소서." 그리고 루터는 미코니우스에게 다음과 같이 편지를 썼다. "하나님이 자네를 나보다 오래 살게 하실 걸세. 나는 이 일로 열심히 기도하고 있네. 분명코 하나님이 내 기도를 들어주실 것이라고 믿네. 아멘." 후에 미코니우스는 루터의 편지를 읽는 순간 그리스도께서 "나사로야, 나오너라"고 말씀하시는 것 같았다고 술회했다. 결국 미코니우스는 병이 나았고 루터보다 오래 살았다.

하나님의 위대한 일꾼들은 우리와 똑같은 사람이었다. 그러나 그들은 모두가 기도의 용사들이었다. 우리는 기도한 만큼 위대한 인물이 되지 않을 수도 있다. 그러나 하나님과 동행한다면 어떤 난관이 있어도 위대한 기도의 사람이 될 수 있다. 가장 위대한 중보기도자는 하나님 말고는 아무도 모른다.

그러나 한 가지 주의할 것이 있다. 하나님이 보시기에 위대한 사람이 되고 싶은 강렬한 야망이 있는 사람은 결코 위대한 사람이 될 수 없다. "네가 너를 위하여 큰 일을 찾느냐 그것을 찾지 말라"(렘 45:5). 사람들에게 무시당할 각오, 때로는 칭찬받다가도 곧 잊힐 마음의 각오, 인간의 기준에 비추어 실패자라는 소리도 들을 마음의 준비가 되어 있을 때, 비로소 우리는 세례 요한처럼 "주 앞에 큰 자"(눅 1:15)가 될 수 있다.

영적으로 위대한 인물이 되려면 성령 충만한 삶을 살아야 하고, 겸손히 하나님과 동행해야 하며, 성부와 계속 교제해야 하고, 성자, 성령과 친밀하게 교통해야 한다. 하나님은 지금 위대한 중보기도자들을 찾고 계신다. 오늘날 중보는 잊힌 역할이 되고 말았다. 중보기도는 하나님과 피상적으로 동행하는 대부분의 그리스도인들에 의해 평가 절하되고 있다.

모세가 위대한 중보자가 될 수 있었다면, 우리도 하나님이 크게 쓰시는 인물이 될 수 있다. 엘리야가 위대한 기도 용사가 될 수 있었다면, 우리도 기도 용사의 부대에 들어갈 수 있다. 다윗이 간음과 살인이라는 추악한 죄를 딛고 일어서서 하나님의 마음에 맞는 자가 될 수 있었다면, 우리도 하나님의 달콤

한 교제와 중보기도에 전념할 때 하나님의 사랑을 받을 수 있다.

우리는 마르틴 루터처럼 하루 중 가장 좋은 시간을 3시간씩 내서 기도할 수 없을지 모른다. 그렇게 할 수 있는 사람은 많지 않을 것이다. 존 웨슬리처럼 하루를 여는 첫 2시간을 기도하면서 보낼 수 없을지 모른다. 그렇게 할 만한 사람이 많지는 않기 때문이다. 그렇다면 우리는 무엇을 할 수 있을까? 조지 워싱턴 대통령은 날마다 새벽 4시에 일어나 기도했다. 우리도 다른 사람보다 먼저 일어나 짧은 시간이나마 집중적으로 기도할 수는 있을 것이다. 존 녹스처럼 "하나님, 제게 스코틀랜드를 주십시오. 그러지 않으시려거든 제 생명을 거두어주소서"라고 울면서 밤새 마룻바닥에 엎드려 기도할 수 없을지 모르지만, 조금씩 남을 위해 중보기도할 수는 있다.

우리는 하나님 은혜에 힘입어 새롭고 구체적인 방법으로 기도에 우선권을 두는 삶을 시작할 수 있다. 또한 좋은 기도 습관을 들일 수도 있다. 시간을 잘 활용하여 정기적으로 기도 시간을 가질 수도 있고, 하나님을 향해 갈급해 있다면 하루 중 특정한 시간을 기도하는 데 쓸 수도 있다.

새로운 차원의 기도를 시작할 수 있는 길이 있다. 위대한 기도 용사도 처음부터 중보기도의 거장으로 기도를 시작한 것은 아니다. 한 단계씩 기도 훈련을 거듭하면서 기도 생활을 발전시킨 것이다. 그들은 계속 하나님의 얼굴을 구하는 법을 배워갔다. 또한 기도 대가를 치르는 법을 하나씩 배워나갔다. 그리하여 강한 기도 용사가 된 것이다.

하나님은 우리를 새로운 기도 단계로 부르신다. 오늘 하나님의 초대를 받아들이라. 하나님과 새로운 동행을 체험하라. 오늘부터 약간의 시간을 기도에 할애하라. 지금 당장 기도 목록을 작성해 보라. 엘리야나 다른 기도 용사들도 우리와 똑같은 사람이었다. 진심으로 원한다면 우리도 바쁜 일과 속에서, 그리고 꽉 짜인 일정 속에서 얼마든지 지금보다 많이 기도할 수 있는 짬을 낼 수 있다. 이제 그렇게 해볼 마음이 생기지 않는가?

5장 우리도 기도 용사가 될 수 있다

하나님이 쓰시는 능력 있는 중보기도자를 종종 "기도 용사"라고 부른다. 위대한 기도는 악의 세력과의 전쟁을 요구하기 때문이다. 하나님은 그분의 모든 자녀가 기도 용사가 되기를 원하신다. 스스로 "기도에 강한 사람이 될 수 있을까"라고 의심해 본 적이 있는가? 기도의 약점을 잘 알아서 "과연 하나님의 기도 용사가 될 수 있을까" 하며 낙심한 적이 있는가? 용기를 가지라. 하나님이 우리를 진정한 기도 용사로 인정하실 때까지 우리는 기도의 삶을 개발해 나갈 수 있다.

하나님은 계속 사탄의 세력과 교전하신다. 아담과 하와 이후 오늘날까지 사탄은 이 세상과 인류를 위한 하나님의 영원한 계획을 지연시키거나 좌절시키기 위해 애쓰고 있다. 앞으로도 결코 그 목적을 포기하지 않을 것이다. 요한계시록에서 우리는 하나님이 이 세상을 창조하신 본래 목적을 만족시킬 새 하늘과 새 땅과 새 예루살렘을 볼 수 있다. 사탄은 하나님의 계획을 이길 수 없음을 알고 있다. 그런데도 에덴동산 이후 지금까지 사탄은 하나님의 목적이 성취되는 것을 방해하기 위해 가능한 모든 방법을 동원하고 있다. 사탄은 갈보리에서 패배했다. 그러나 곡과 마곡의 전쟁에서 최후로 패배할 때까지 계속 집요하게 싸움을 걸어올 것이다(계 20:7-10).

또한 하나님은 그 백성 하나하나를 위한 특별하고 개별적인 계획을 갖고 계신다. 물론 이 계획은 하나님의 주권적인 전체 계획과 조화를 이루도록 짜여 있다. 사탄은 주로 하나님의 자녀들을 공격하고 방해하는 방법과 구원받지 못한 인간들을 유혹하고 상처를 입히며 저주하려는 방법으로 하나님을 공격한다. 이러한 사탄의 공격은 영적 전투, 즉 천사들의 전투와 우리의 기도 전투를 통해서만 무산시킬 수 있다.

하나님은 우리가 하나님을 위해, 그리고 사탄과 죄에 대항하기 위해 항상 주도권을 잡으려는 전투적인 정신 자세를 유지하길 원하신다. 하나님은 우리가 늘 영적으로 깨어 있어서 특별한 임무를 맡길 때는 언제라도 달려갈 수 있는 자세를 취하길 바라신다. 즉, 우리는 기도 전쟁의 방법들을 알고 있어야 하며 항상 깨어 있어야 한다.

사탄은 기도 전투에 참여하려는 모든 노력을 적극적으로 방해한다. 사탄은 이런 자기희생적인 기도를 싫어하는 많은 그리스도인의 거부감에 의존한다. 많은 그리스도인이 자신보다 성숙한 두세 사람의 그리스도인과 함께 기도하기를 좋아한다. 그러면서도 겟세마네 동산의 베드로나 야고보, 요한처럼 단 한 시간도 기도할 줄 모른다. 기도에 부담감이 거의 없거나 그런 부담감에 어떻게 응답해야 하는지 모르는 그리스도인도 많다. 그러나 하나님은 우리가 자유롭게 기도하고 다양한 기도를 깊이 체험하기를 원하신다.

모든 기도가 중요하지만 최고 수준의 기도인 기도 전투는 기도 용사들에게 크게 의존한다. 기도 전투는 지속적인 기도를 넘어선다. 아마추어 기도자 만 명 가운데 한 명꼴로 진정한 기도 용사가 있을 것이다. 그런데 꼭 그래야만 하는 것은 아니다. 하나님이 깨어 있는 기도 용사로 훈련시키고 사용하시도록 흔쾌히 자신을 내맡길 마음의 준비가 되어 있는가? 세계 복음화에는 중대한 영적 전쟁이 뒤따른다. 모든 영적인 진보를 사탄이 방해하고 있기 때문이다. 영적인 정복은 늘 꾸준한 기도와 반복적인 기도 전쟁에 의존한다. 일하려고 애쓰기보다는 기도하는 그리스도인이 되라.

기도 용사가 될 준비 완료!

하나님은 자녀들을 위해 영적인 전신갑주를 예비해 놓으셨다. "너희가 주 안에서와 그 힘의 능력으로 강건하여지고 …… 하나님의 전신갑주를 입으라"(엡 6:10-11). 하나님의 전신갑주는 진리의 허리띠, 의의 호심경, 평안의 복음의 신, 믿음의 방패, 구원의 투구, 성령의 검, 즉 하나님 말씀으로 이루어져 있다(14-17절).

왜 우리에게 전신갑주를 주셨는가? 사탄과 전투하여 그를 패배시켜야 하기 때문이다. "마귀의 간계를 능히 대적하기 위하여 하나님의 전신갑주를 입으라 우리의 씨름은 혈과 육을 상대하는 것이 아니요 통치자들과 권세들과 이 어둠의 세상 주관자들과 하늘에 있는 악의 영들을 상대함이라"(엡 6:11-12). 바울은 "상대하여"against라는 말을 여러 번 사용했다. 우리는 사탄이 우리에게 대항하는 만큼 자주 사탄에게 대항하는가?

이 모든 장비를 갖추고 우리는 어떻게 싸울 것인가? "모든 기도와 간구를 하되 항상 성령 안에서 기도하고 이를 위하여 깨어 구하기를 항상 힘쓰며 여러 성도를 위하여 구하라"(엡 6:18). 영적 전투에 관해 성경은 사탄과의 전투에서 승리할 수 있는 최대 무기가 기도라고 가르친다. 그런데 우리는 모두 기도할 수 있지 않은가! 이 세상 끝까지 여행하지 않아도 된다. 영적 전투의 전선은 바로 우리가 있는 이곳이다. 우리는 지구 반대편에서도 이길 수 있고, 우리가 있는 바로 이곳에서도 승리할 수 있다.

기도 전쟁의 성격상, 우리는 한순간 특정한 상황에서 하나님이 얼마나 많은 사람을 깨우치셔서 기도하게 하시는지 알 수 없다. 성령님은 예고하지 않으시고 급박하게 기도를 요구하셔서 기도의 부담을 느끼게 하실 때도 있다. 어쩌면 우리는 성령님이 특별한 상황이나 특정 인물을 위해 기도하는 임무를 맡긴 유일한 인물일지도 모른다. 또는 상황의 심각성 때문에 우리 말고도 몇 명에게 더 기도를 부탁하셨는지도 모른다. 어떤 경우에는 기도가 필요한 사람과 특별한 관계이거나 그를 잘 알고 있다는 사실 때문에 우리가 성령님의 가장 중요한 기도 동역자가 될 수도 있다.

매우 오랫동안 기도해야 하는 상황도 있다. 사탄이 오랫동안 진을 치고 악한 영들을 특별히 집결시켜 한 인물이나 일단의 사람들에게 대항하는 경우도 있다. 이때 승리하려면 우리가 지속적으로 기도해야 한다.

특정한 상황에서 기도 전선에 홀로 서 있든 여러 명 가운데 하나이든 간에, 우리의 기도는 항상 하나님의 계획에서 전략적인 중요성을 지닌다.

기도 전쟁에서 승리할 수 있는 비결

기도 전쟁은 하나님께 그분의 뜻을 행하는 것을 도와달라고 구걸하는 것도, 우리의 필요성이 매우 크다는 사실을 하나님께 확신시키는 것도 아니다. 기도 전쟁은 사탄을 패배시켜 쫓아내고 그의 포로 된 자들을 해방시키는 일에 그리스도와 협력하는 것이다. 또한 사탄의 요새에 대항하여 전진하면서 그 세력을 파괴하고 쫓아내는 것이다. 사탄은 그리스도께서 목숨까지 바치며 사랑하신 인간들을 지배하거나 종으로 삼을 권리가 없는 찬탈자다. 사람들을 억압하고 괴롭히며 유혹하고 협박하여 자신의 종으로 삼을 권리가 없다. 사탄은 이미 갈보리에서 완전히 패배했다(10장을 보라). 하나님의 천군과 비교해 볼 때 사탄의 악한 영들은 규모뿐 아니라 세력에서도 열세에 놓여 있다. 기도 전쟁이란 사탄의 간계와 귀신의 세력을 누른 갈보리의 승리를 실행에 옮기는 것이다.

기도의 주도권을 잡으라. 하나님은 이스라엘을 애굽에서 보호하기 위해서가 아니라, 인도해내기 위해 모세를 부르셨다. 하나님이 모세를 부르신 것은 적국들에게서 이스라엘을 보호하기 위해서가 아니라, 적국을 공격하여 패배시키기 위해서였다. 하나님은 가나안과 화해하기 위해서가 아니라, 가나안을 침공하고 정복하기 위해서 여호수아를 보내셨다. 오순절에 성령님이 강림하신 것은 교회를 축복하고 편안하게 하기 위해서가 아니라, 교회를 무적의 용사로 만드시기 위해서였다.

영적 전쟁에서 우리의 무기는 수비용이 아니라 공격용이라고 바울은 말한다. "우리의 싸우는 무기는 육신에 속한 것이 아니요 오직 어떤 견고한 진도 무너뜨리는 하나님의 능력이라 모든 이론을 무너뜨리며 하나님 아는 것을 대적하여 높아진 것을 다 무너뜨리고 모든 생각을 사로잡아 그리스도에게 복종하게 하니"(고후 10:4-5).

사탄이 우리 길을 막기 위해 방해의 산을 장애물로 놓을 때, 우회로를 만들어서는 안 된다. 사탄에게 도전하여 사탄이 놓은 산을 바다에 빠뜨려야 한다(마 17:20). 예수님이 도우러 오실 때까지 그저 "요새를 지키는 것"에 만족해서는 안 된다. 우리는 음부의 문까지도 뒤흔들어놓아야 한다(마 16:18).

하나님께 전투 정신을 구하라. 어떤 필요를 위해 기도해야 할지 가르쳐달라고 간구하라. 하나님께 구원받지 못한 자들이 눈멀고 상실하고 노예가 된 자신의 상태를 깨닫게 해달라고 간청하라. 죄인들을 사랑하시는 하나님의 간절한 열망과 죄인들을 멸하는 죄에 대한 미움, 교회와 하나님 나라와 영적 수확에 대한 하나님의 열정을 느낄 수 있게 해달라고 하나님께 간구하라.

하나님께 기도하면서 새로운 기쁨과 기대를 품게 해달라고 간구하라. 그리스도께서 승리하시고 사탄이 패배하는 모습을 볼 수 있는 거룩한 담대함을 구하라. 하나님의 약속이 성취되고 사탄이 수치를 느끼는 모습을 볼 수 있는 믿음을 더해 달라고 하나님께 기도하라. 성령의 능력으로 우리 마음에 거룩한 불이 일게 해달라고 간청하라. 그리고 우리의 나약한 기도가 꾸준하고 강해질 수 있도록 능력을 베풀어달라고 간구하라. 그뿐 아니라 하나님의 뜻이 하늘에서 이루어진 것같이 땅에서도 이루어질 수 있도록 간절히 지속적으로 기도하는 법을 가르쳐달라고 기도하라. 우리 마음에 기도해야 할 특정 상황을 가르쳐달라고 끈질기게 기도하라. 우리 기도에 갈보리의 권세와 오순절의 능력, 하나님의 이름의 전능하심을 덧입혀달라고 간구하라.

지금은 하나님의 이적적인 능력이 계시되고, 하나님의 목적이 성취되며, 하나님의 적들이 쫓겨나가는 모습을 볼 때다. 이미 갈보리에서 승리는 성취되었다. 사탄과 음부의 모든 귀신은 이미 전쟁에서 졌다는 사실을 알고 있다. 예수 그리스도의 이름으로 그들에게 과감히 대항하라.

모든 것을 성령의 능력으로 행하라. 성령님은 그리스도를 대표할 뿐 아니라 그리스도가 갈보리에서 성취하신 승리를 실제로 우리에게 가져다주시기 위해 이 땅에 오셨다. 성령님은 우리 앞에서 사탄을 쫓아내기 위해 이 땅에 임하셨다. 사탄에 대항하라. 성령님이 우리 믿음을 굳건하게 하시고 그리스도께서 우리에게 부여하신 권세를 뒷받침해 주실 것이다. 그때 사탄은 우리 앞에서 도망치느라 정신이 없을 것이다(약 4:7).

성령님이 우리를 충만케 하시고 우리 기도를 인도하시며, 우리가 사탄의 포로들을 구해내기 위해 사탄의 영역을 침공한다면, 성령님이 우리와 함께하시고 우리 입술에 그리스도의 권세가 함께하도록 해주실 것이다. 우리는 결코 기도 전쟁터에 홀로 버려지지 않았다. 성령님이 우리 위에 계시고 우리를 통해 기도하실 것이다.

거룩한 믿음으로 사탄을 대항하고 결박하며 패배시키라. 결코 사탄을 지나치게 의식하지 말라. 적에게 압도당하지 말라. 사탄에 대해 계속 말하지 말라. 필요할 때는 사탄에게 대항하고, 떠나라고 과감히 명령하라. 그러나 초점은 늘 하늘 보좌 위에 앉으신 그리스도께 맞추라. 우리 기도를 통해 만물이 그리스도의 발아래 무릎 꿇을 날이 앞당겨질 수 있다.

사탄이 역사하는 징조가 보일 때는 언제나 대항하라. 그리고 사탄이 하나님의 자녀를 공격할 때는 과감히 반격하라. 예수 그리스도의 이름으로 사탄을 꾸짖으라. 사탄에게 우리와 예수 그리스도의 뒤로 물러나라고 명령하라. 예수님께 사탄을 꾸짖어달라고 요청하라(슥 3:1-2). 주님은 사탄의 일을 멸하려고 이 땅에 내려오셨다(요일 3:8). 하나님의 전능하신 능력에 힘입어 예수 그리스도의 이름으로 사탄의 흑암 세력을 결박하라. 우리가 세상에서 매는 것은 무엇이나 하늘에서 인정되고 실행되며 매일 것이다(마 16:19). 그 일이 어떻게 이루어질까 염려하지 말라. 단지 믿기만 하고 음부에서 온 강한 자를 결박하라(눅 11:21). 하나님은 믿음의 명령을 내리는 자를 도우시기 위해 수많은 천군 천사를 대기시켜놓고 계신다.

사탄 앞에서 떨지 말라. 사탄의 권세에 도전하라. 사탄이 우는 사자처럼 일어날 때 몸을 움츠리지 말라. 예수 그리스도의 이름의 권세를 움켜잡으라. 그리하면 늙은 사자는 꼬리를 다리 사이로 감추고 옛 뱀처럼 사라질 것이다(계 12:9).

하나님의 말씀으로 영혼을 흠뻑 적시라. 하나님의 말씀을 늘 먹어 영적 건강을 유지하는 것이 무엇보다 중요하다. 성령님이 언제 우리를 일깨워 특별 기도나 기도 전투에 참여하라고 권면하실지 모르기 때문이다. 하루에 성경 몇 구절 읽는 것으로는 영적 건강을 유지할 수 없다. 하루 한 장도 영적인 영양 섭취로는 부족하다. 경건 서적도 성경을 대신할 수는 없다. 하나님의 말씀을 대신할 수 있는 것은 아무것도 없다.

기도 전투나 오랜 기도를 시작할 때 항상 하나님 말씀을 깊이 섭취하라. "그러므로 믿음은 들음에서 나며 들음은 그리스도의 말씀으로 말미암았느니라"(롬 10:17). 하나님의 말씀에 흠뻑 젖으라(자세한 내용은 15장을 참조하라).

기도 전투를 할 때, 하나님의 약속들을 인용하거나 읽으라. 가능하다면 우리의 승리를 보장해 주는 한두 가지 특별한 약속들을 사용하라. 하나님이 그렇게 인도하신다면 사탄이 들을 수 있도록 큰소리로 그 약속을 선포하라. 성경 안에서 가장 강한 이름은 "예수"다. 사탄과 귀신들, 그들을 추종하는 세력은 예수님의 이름을 들을 때 도망친다. 예수 그리스도의 이름의 권세에 의해 귀신들이 수천만 번 쫓겨나갔음을 기억하라.

기도 전쟁에서 "성령의 검 곧 하나님의 말씀을 가지라"(엡 6:17)는 구절은 매우 격려가 된다. 성령님은 기도 가운데 하나님의 말씀을 사용하는 것을 지지하실 뿐 아니라 그렇게 하도록 능력을 베풀어주신다. 성경을 가슴에 대고 기도하고 싶을 때도 있고, 손에 들고 하나님께 간청하고 싶을 때도 있고, 하나님의 약속이 들어 있는 성경 구절을 손가락으로 가리키면서 하나님께 호소할 수도 있다. 이것은 하나님의 말씀으로 사탄을 패배시킬 때 영적인 영역에서 우리가 하고 있는 일을 상징적으로 보여주는 것일 뿐이다. 예수님이 채찍을 만들어 성전에서 장사꾼들을 쫓아내신 것처럼, 하나님의 뜻을 가로막는 모든 귀신을 말씀으로 쫓아내고 하나님의 백성을 보호하라.

찬양으로 사탄을 쫓아내라. 전투에서 병사들이 승리를 안겨다주는 무기는 무엇이든 사용하듯이, 영적인 전투에서 성령님은 때때로 우리의 기도 접근 방법을 바꾸신다. 성령님은 우리의 입술이 하나님에 대한 찬양으로 가득 차도록 인도하실 때가 있다. 사탄은 찬송 소리를 들으면 좌절한다. 예수님의 이름을 두려워하기 때문이다. 주님을 찬양하라!

"성도들은 영광 중에 즐거워하며 그들의 침상에서 기쁨으로 노래할지어다 그들의 입에는 하나님에 대한 찬양이 있고 그들의 손에는 두 날 가진 칼이 있도다 …… 그들의 왕들은 사슬로, 그들의 귀인은 철고랑으로 결박하고 기록한 판결대로 그들에게 시행할지로다 이런 영광은 그의 모든 성도에게 있도다"(시 149:5-6, 8-9).

좌우에 날선 검인 하나님 말씀(히 4:12)을 손에 들고 입술로는 하나님을 찬양할 때, 지옥의 모든 귀신은 우리 앞에서 도망한다. 이스라엘 백성이 찬양할 때 여호와께서 (아마도 천사들을) 매복시키신 것처럼, 우리가 여호와를 찬양하면 하나님은 사탄을 공격할 군사들을 매복시키신다.

다른 이들에게 기도를 부탁하라. 하나님의 기도 용사들의 기도가 필요할 만큼 영적으로 어려운 상황이 많다. 주님이 합심하여 기도하라고 특별히 명령하신 것도 그런 이유 때문이다(마 18:19). 합심기도하면 영적 힘이 배가된다. 하루에 3천 명이 회개한 사건은 120명의 성도가 열흘 동안 합심하여 기도한 결과였다(행 1:14). 기도하는 장소가 흔들리고 하나님이 큰 은혜와 능력, 수확을 허락하신 것도 수백 명이 합심하여 기도한 후였다(행 4:23-33, 5:12-18). 베드로가 천사의 도움으로 감옥에서 구출되고 "하나님의 말씀이 흥왕하여 더한" 것도 예루살렘 교회가 진심으로 합심하여 기도한 후의 일이다(행 12:24).

국제 동양선교회는 1941년에 인도에서 사역을 시작했다. 처음 25년간 땀과 눈물로 힘들게 일하고 기도와 금식으로 복음 사역에 전력을 기울였으나 해마다 평균 1-2개의 지교회만 늘어날 뿐이었다. 1964년에 휴가를 얻어 비행기로 태평양을 횡단하면서 나는 인도에서 영적으로 더 많이 수확하려면 어떤 일을 더 할 수 있을지 생각하며 기도했다. 그때 나는 성령님의 인도하심으로 하루에 15분씩 인도와 우리 사역을 위해 기도해 줄 동역자를 1,000명 이상 구했다.

수년 전 어느 날, 나는 사역을 보고하기 위해 선교회 상급 간부들과 함께 인도의 알라하바드로 돌아왔다. 우리는 한 사람씩 돌아가며 하나님이 얼마나 크신 능력으로 역사하셨는지 나누었다. 그중 한 사람이 나를 보며 말했다. "듀웰 사힙(Sahib, 인도인이 유럽 남자에게 쓰는 존칭_편집자), 우리는 모두 우리가 지금까지 생각한 것 이상의 열매를 보고 있습니다."

"주님을 찬양합시다!" 내가 외쳤다.

그러나 그는 "듀웰 사힙, 놀라셨습니까?"라고 되물었다.

"물론입니다. 주님을 찬양합시다!"

그러자 그는 이렇게 말했다. "당신은 미국에 가서 우리를 위해 하루에 15분씩 기도해 주는 동역자들을 얻지 않았습니까? 그런데 무엇 때문에 놀라시는 것입니까?"

"고맙습니다, 조지. 제게는 그 사실을 상기시켜줄 사람이 필요했습니다. 하나님이 기도에 응답하신 것인데 우리가 무엇 때문에 놀라겠습니까!"

지금 교회는 300개에 이르며 신자는 25,000명, 해마다 25개 이상의 새 교회가 세워지고 있다. 그 비결은 영적 수확을 위해 합심하여 기도하는 1,000명의 기도 용사가 있기 때문이다.

영적인 저항이 강할수록 우리 앞에 놓인 산을 옮겨야 하는 과업은 더욱 어려워진다. 사탄이 참호를 깊이 팔수록 사탄을 쫓아낼 기도 용사를 더 많이 모집해야 한다. 물론 이때는 예상보다 더 많은 기도 시간이 들지도 모른다. 그러나 하나님이 천국에 계신 것이 확실한 것처럼 우리가 도중에 포기하지만 않는다면 때가 되었을 때 분명히 수확하게 될 것이다(갈 6:9).

사탄이 패배할 때까지 계속 기도하라. 얼마나 오랫동안 기도 전쟁을 계속해야 하는가? 우리가 승리할 때까지다. 하나님이 우리에게 기도의 부담감을 주셨다면 그 전투는 우리의 전투가 아니라 바로 하나님의 전투다. 전투가 여러 날, 심지어 여러 달 넘게 계속된다면, 우리가 느끼는 기도 부담이 늘 같지는 않을 것이고, 기도에 투자하는 시간도 항상 같지는 않을지도 모른다. 그러나 어찌되었든 우리는 계속 기도에 전념할 수 있을 것이다. 다가오는 응답으로 인해 하나님을 찬양하면서 그분의 약속 위에 계속 굳게 설 수 있을 것이다.

우리는 얼마나 오래 기도해야 하는가? 하나님이 기도의 임무를 맡기시면 (1) 기도가 응답될 때까지 (2) 기도가 필요한 상황이 바뀔 때까지 (3) 하나님이 우리 마음에서 기도의 부담감을 없애실 때까지, 우리는 기도를 성스러운 책임으로 생각해야 한다. 우리가 하나님 뜻 안에서 기도한다는 사실을 안다면 그리스도께서 우리를 위해 계속 중보기도하신다는 사실도 확신할 수 있다. 필요가 채워질 때까지 그리스도와의 기도 동역자 관계를 깨뜨리지 말라.

얼마나 오랫동안 구해야 하는가? 응답될 때까지. 얼마나 오랫동안 찾아야 하는가? 우리가 발견할 때까지. 얼마나 오랫동안 천국 문을 두드려야 하는가? 문이 열릴 때까지. 하늘과 땅은 없어지겠지만 하나님 말씀은 결코 없어지지 않을 것이다.

6장 보좌 위에 앉으신 기도 동역자

기도를 통해 우리는 보좌에 앉으신 하나님의 아들 예수 그리스도와 거룩한 동반자 관계를 맺을 수 있다. 하나님이 이 관계를 말씀 속에 계시하지 않으셨다면, 우리가 예수님과 그런 관계를 맺고 있다고 말하는 것은 참람한 신성 모독이 될 것이다. 그러나 초대 교회 역사를 보면 그야말로 "주께서 함께 역사하셨다"(막 16:20). 더욱이 성경은 모든 그리스도인을 "하나님의 동역자"라고 부른다(고전 3:9, 고후 6:1).

하나님과 "동역하는" 방법은 다양하다. 순종으로 동역할 수 있고, 다른 이들을 섬기는 것으로 동역할 수도 있으며, 하나님의 사랑을 나누는 것으로 동역할 수도 있다. 그러나 하나님은 우리가 그분과 더 밀접하게 만나기를 원하신다. 잃어버린 세계로 인해 크게 박동하는 하나님의 심장 소리를 들을 수 있는 곳까지 우리가 가까이 나아오기를 원하신다. 하나님은 그분과 대화하며 교제할 수 있도록 인간을 창조하셨다. 무엇보다 우리는 "하나님의 동역자"로서, 예수님처럼 기도하도록 창조되었다.

예수님은 왜 기도하시는가

성경은 예수님이 이 땅에 계실 때뿐 아니라 지금도 계속 기도하고 계신다고 거듭 밝히고 있다. 그렇다면 말씀으로 세상을 창조하셨고(요 1:3) 지금도 만물을 붙들고 계신(히 1:3) 예수님은 무슨 이유로 기도하시는 것인가? 명령만 하시면 되는 것 아닌가? 예수님의 능력 앞에는 지옥의 어떤 귀신도, 사탄의 어떤 연합 세력도 대항하지 못하는 것 아닌가? 왜 예수님은 단지 말씀으로 귀신들을 꾸짖고 멈춰 세우시고 소멸시키지 않으시는 것인가?

언젠가는 예수님이 그렇게 하실 날이 올 것이다(살후 2:8). 예수님이 철장 권세로 통치하실 날이 올 것이다(계 12:5). 그리고 우리도 그분과 함께 왕노릇할 것이다(계 2:27). 그러나 지금은 그리스도께서 기도로 이 땅을 다스리는 방법을 택하셨다. 지금은 은혜의 때이지 결코 그분의 능력과 영광의 때가 아니다. 그리스도께서는 이미 성부의 보좌 우편에 좌정하고 계신다. 그렇다면 지금 무엇을 하고 계시는가? 그분은 지금 통치하고 계신다. 바로 홀이 아니라 기도로 통치하신다. 심지어 죽으시고 부활하시기 전, 즉 사탄이 밀 까부르듯이 예수님의 제자들을 까부를 날이 올 것이라고 베드로에게 경고하실 때에도 그리스도께서는 "내가 사탄이 못하게 막으리라"고 말씀하지 않으셨다. 단지 "내가 너를 위해 기도하리라"고 말씀하셨다(눅 22:31-32).

예수님은 중보기도를 통해 통치하신다

예수 그리스도는 하나님의 보좌 우편에 앉아 계신다. 하나님이 예수 그리스도를 "하늘에서 자기의 오른편에 앉히사 모든 통치와 권세와 능력과 주권과 이 세상뿐 아니라 오는 세상에 일컫는 모든 이름 위에 뛰어나게 하시고 또 만물을 그의 발아래에 복종하게"(엡 1:20-22) 하셨기 때문이다. 그리스도는 이미 그분의 보좌에 좌정해 계신다. 그렇다면 예수님은 하늘 보좌에서 지금 무엇을 하고 계시는가? 천사들과 이미 죽은 성도를 인터뷰하고 계시는가? 성경이 이에 대해 보여주는 유일한 장면은 "하나님 우편에서 우리를 위하여 간구하시는"(롬 8:34 참조) 모습이다. 예수님은 영원히 살아 계시면서 영원한 제사장으로서 항상 우리를 위해 중보기도를 드리신다(히 7:24-25).

예수님은 살아서 통치하고 계신다. 또한 살아서 중보기도를 드리시기도 한다. 그분은 중보기도를 통해 이 세상을 통치하신다. 예수님은 만물 위에 뛰어난 주권자이시지만, 만물을 위해 기도하시는 위대한 대제사장이시기도 하다. 주님은 기도를 통해 축복을 베푸신다. 주님은 축복을 베푸시는 왕 같은 중재자이자 축복의 수여자이시다.

제사장적 기도의 사명

주님이 우리를 선택하신 목적은 바로 우리에게 제사장적 기도의 임무를 부여하시기 위해서다. 주님은 하나님께 중보기도를 드릴 때 우리도 동참하기를 바라시며, 세상에 축복을 베푸실 때 그 일에 참여하기를 원하신다. 우리를 몹시 사랑하시기 때문이다. 주님처럼 우리도 기도를 통해 다른 사람에게 축복을 베풀 수 있다.

"너희는 …… 왕 같은 제사장들이요"(벧전 2:9). 요한은 예수님이 우리를 사랑하셔서 그의 보혈로 우리를 죄에서 해방하시고, 그의 나라에 들어가게 하셨으며, 아버지 하나님을 섬기는 제사장으로 삼으셨다고 말한다(계 1:5-6).

예수님은 하나님의 대제사장이시다(히 2:17). 그런데 예수님은 우리 또한 하나님의 제사장으로 만드셨다(계 1:6). 이 같은 사실은 우리가 하나님을 어떻게 섬겨야 하는지를 잘 보여준다(6절). 우리가 하나님을 위해 할 수 있는 가장 값진 봉사는 외적인 사역이나 복음 증거, 설교가 아니다. 무슨 일을 하든 제사장적인 중보기도를 드리는 것이다. 하나님은 백성의 기도를 통해 일하기로 작정하셨다. 그래서 하나님은 지금 우리의 중보기도를 기다리고 계신다. 우리는 기도하도록 창조되었다. 우리가 구속되고 의롭다 함을 얻으며 거룩해지는 목적도 결국은 기도하도록 하기 위해서다.

우리와 그리스도의 공동 사명

이 시대에 예수님이 가장 절박하게 기도하시는 것은 무엇일까? 아마 교회일 것이다. 그러나 교회를 위한 예수님의 중보기도와 관련된 명령은 한 군데 밖에 없다.

내가 여호와의 명령을 전하노라 여호와께서 내게 이르시되 너는 내 아들이라 오늘 내가 너를 낳았도다 내게 구하라 내가 이방 나라를 네 유업으로 주리니 네 소유가 땅 끝까지 이르리로다(시 2:7-8).

이것이 오늘날 예수님이 중보기도를 드리시는 이유인가? 예수님은 성부께 열방을 구하라는 명령을 받으셨다. 그렇기 때문에 예수님은 교회에 최대 사명이자 최후 요청으로, 모든 족속에게 나아가라고 하신 것이다(마 28:19-20). 모든 족속에게 복음이 전파되기까지 예수님의 재림이 연기되고 있다(마 24:14). 주님이 무한한 사랑의 하나님이라면, 그분의 마음이 열방을 향한 사랑으로 뜨거운 것은 지극히 당연하다. 결국 주님이 모든 그리스도인에게 부여하신 최우선 과제는 바로 세계 복음화를 위해 기도하는 것이다.

예수님은 늘 중보기도를 드리고 계시기 때문에 밤이든 낮이든 우리가 기도를 드릴 때면 언제나 그분은 미리 기도하고 계신다. 따라서 언제 어디서 기도하든 우리는 예수님의 기도 동역자가 될 수 있다. 바울도 이 사실을 분명하게 밝히고 있다.

허물로 죽은 우리를 그리스도와 함께 살리셨고 (너희는 은혜로 구원을 받은 것이라) 또 함께 일으키사 그리스도 예수 안에서 함께 하늘에 앉히시니 …… 우리는 그가 만드신 바라 그리스도 예수 안에서 선한 일을 위하여 지으심을 받은 자니 이 일은 하나님이 전에 예비하사 우리로 그 가운데서 행하게 하려 하심이니라(엡 2:5-6, 10).

우리는 이미 그리스도와 함께 하늘에 앉아 있다. 그렇다면 그리스도는 어디에 계시는가? 그분은 성부 하나님 옆 우주의 보좌에 앉아 계신다. 우리는 이미 그리스도의 보좌에 같이 앉아 있는 것이며, 그리스도가 하시는 일, 즉 중보 사역을 함께 행하고 있는 것이다.

예수, 우리의 신성한 기도 동역자

그리스도가 우리와 기도 동역자가 된다는 사실이 우리 기도에 어떤 영향을 끼치는지 살펴보자.

경외감으로 신중해진다. 우리가 예수님의 중보기도 동역자라면, 예수님의 기도와 배치되지 않고 조화할 수 있도록 최선을 다해야 한다. 의견이 일치되지 않는다면 우리가 어떻게 예수님의 기도 동역자가 될 수 있겠는가? 우리는 하나님의 뜻을 알기 위해 애써야 할 뿐 아니라 예수님이 가르쳐주신 대로 "뜻이 하늘에서 이루어진 것같이 땅에서도 이루어지이다"(마 6:10)라는 기도를 해야 한다. 예수님처럼 우리도 "나의 원대로 마시옵고 아버지의 원대로 하옵소서"(마 26:39)라고 기도해야 한다.

강한 확신이 생긴다. 우리가 하나님의 뜻이 이루어지게 해달라고 기도한다면, 우리가 그리스도의 중보기도에 동참한다면, 하나님께 나아갈 때 어떤 확신이 생기겠는가?(히 10:22) "우리가 그 안에서 그를 믿음으로 말미암아 담대함과 확신을 가지고 하나님께 나아감을 얻느니라"(엡 3:12).

예수님과 우리가 한 문제를 놓고 함께 기도한다면 어떻게 하나님이 듣지 않으실 것이라고 의심할 수 있는가? 예수님은 자신이 기도하면 성부께서 들으신다고 말씀하셨다(요 11:42).

하나님의 말씀 가운데에는 중보기도를 드릴 때 힘과 확신을 주는 말씀이 많다. "그를 향하여 우리가 가진 바 담대함이 이것이니 그의 뜻대로 무엇을 구하면 들으심이라 우리가 무엇이든지 구하는 바를 들으시는 줄을 안즉 우리가 그에게 구한 그것을 얻은 줄을 또한 아느니라"(요일 5:14-15). 요한일서 5장 16절은 성령님이 특별히 우리의 중보기도를 기억해 두신다고 말한다.

계속 기도할 수 있는 좋은 자극제가 된다. 예수님은 빨리 응답되지 않는다고 낙심하지 말고 계속 기도에 힘쓰라고 말씀하셨다(눅 18:1-8, 11:5-10). 하나님 뜻 안에서 기도하고 있는데도(30장을 참조하라) 아직까지 응답이 없다면, 예수님이 계속 그 문제를 기도하고 계시다고 확신하고 우리 또한 참고 기다리면서 계속 기도해야 할 것이다.

예수님은 우리에게 이 진리를 가르쳐주시기 위해 매우 놀라운 비유를 말씀하셨다. 간청을 무시하고 거들떠보지도 않던 불의한 재판관에게 낙심하지 않고 계속 간구한 과부를 본받아 우리도 꾸준하게 기도에 힘쓰자. 예수님은 우리 아버지이신 성부 하나님이 불의한 재판관과 다르다고 분명히 못 박으셨다. 그러나 우리는 그 과부처럼 기도해야 한다!

아멘의 하나님

성경에는 우리의 기도 동역자이신 예수님을 아름답게 묘사한 구절이 있다.

아멘이시요 …… 하나님의 창조의 근본이신 이가 이르시되(계 3:14).

이 구절은 예수님이 "아멘"이시라고 말한다. 그 의미는 무엇인가? 이사야 65장 16절을 히브리어로 번역해 보면 진리의 하나님은 "아멘의 하나님"이 된다. 동사 "아멘"amen의 원래 의미는 어떤 사람을 믿을 만한 사람, 신뢰할 만한 사람, 신실한 사람으로 간주한다는 뜻이다. 따라서 구약에서는 이 단어가 두 가지 의미로 사용된다. 하나는 인도자의 기도나 찬양을 그대로 되풀이

한다는 뜻이다. 이때 아멘은 "네, 정말 그렇습니다" 또는 "진실로 그렇게 되기를 빕니다"라는 의미를 지닌다(시 41:13, 72:19, 106:48, 대상 16:36, 느 8:6 참조). 다른 하나는 왕의 명령이나 뜻에 신하가 순종하는 동의의 뜻이다(왕상 1:36, 렘 11:5).

예수님이 아멘이시라는 말씀은 예수님이 하나님의 모든 뜻에 "예"라고 하시며 하나님의 백성의 기도가 하나님의 뜻과 일치할 때에도 그 기도에 "예"라고 말씀하시는 분이라는 뜻이다. "하나님의 약속은 얼마든지 그리스도 안에서 예가 되니 그런즉 그로 말미암아 우리가 아멘 하여 하나님께 영광을 돌리게 되느니라"(고후 1:20).

이제 하늘의 영광스런 장면을 생각해 보자. 인간적인 관점에서 그림을 그려본다면 예수님은 성부의 보좌 우편에 앉아 계신다. 성령 안에서 예수님의 보좌를 공유하고 있는 우리도 그분 곁에 앉아 있다. 내주하시는 성령(우리를 위해, 우리를 통해 중재하시는)의 도움을 받아 하나님의 뜻에 따라 중보기도를 드릴 때, 우리는 예수님을 바라보고 그분의 영광과 뜻을 위해 간구한다. "그리스도 안"에서 우리에게 주어진 권세에 따라 우리는 예수님께 간청한다. 그러면 주님은 그분의 전능하신 중보기도와 우리의 중보기도를 합쳐 공동의 중보기도로 성부께 제시하며, "아멘"이라고 말씀하셔서 서명을 날인하신다. 주님은 그 본성이 보좌에 앉으신 우리의 "아멘"이시기 때문이다. 예수님은 갈보리에서 성취한 업적으로 인해, 그리고 우리 기도에 동의하시는 것으로 인해(마 18:19) 우리 기도의 절대적인 아멘이 되신다.

그러므로 지금은 우리가 하나님께 송영을 드려야 마땅한 때다! "거룩하다 거룩하다 거룩하다"고 외치는 천상의 무리와 함께 무릎 꿇고 찬송해야 마땅한 때인 것이다!

7장 우리 안에 거하시는 기도 동역자

성삼위 가운데 제3위이신 성령님은 하늘 보좌에 앉아 계실 뿐 아니라 신자들 가운데 내주하시기 위해(요 14:17) 성자(요 16:7)와 성부(요 14:26)에게 보냄 받으셨다. 따라서 성도인 우리의 내적 본성은 성령이 거하시면서 하나님의 성전이 되었다(고전 3:16-17). 그렇다면 성령님이 우리 안에 거하시면서 우리를 위해 하시는 일은 무엇인가? 성령님은 우리를 거룩하게 하시고(살후 2:13), 우리에게 능력을 주시며(행 1:8), 우리를 인도하시고(요 16:13), 우리를 통해 증거하시며(요일 5:8, 행 1:8), 우리가 기도하는 것을 도우신다(롬 8:26).

성령님은 기도의 영이시다. 성부와 성자와 대화하시면서 직접 기도하신다. 그러나 신자인 우리를 통해 간접적으로 기도하기도 하신다. 기도하는 것이 바로 성자 하나님과 성령 하나님의 본성이시다. 성자와 성령은 항상 살아서 기도하신다. 하나님의 뜻이 땅에서 이루어지도록 그리스도와 함께 중보기도 사역에 동참하라고 우리에게 명령하시듯이, 하나님은 성령님의 능력과 인도, 도우심을 받아 중보기도하라고 우리에게 명하신다.

다시 말하자면, 성자 하나님은 하늘 보좌에 앉으신 우리의 기도 동역자이시고, 성령 하나님은 우리 안에 거하시는 기도 동역자이시다. 놀랍지 않은가! 성부 하나님처럼 성령 하나님도 우리 눈으로는 볼 수 없다. 그러나 우리가 성부 하나님의 아버지 되심과 그리스도의 구세주 되심을 확실히 알 수 있듯이, 성령님이 우리 안에 거하시며 역사하신다는 사실도 분명히 알 수 있다. 성령으로 충만한 것은 중보의 영으로 충만한 것을 의미한다.

성령이 충만하면 기도가 우리의 영적 호흡이 된다. 성령님은 우리 안에 거하시는 목적, 즉 우리를 통해 하나님의 뜻을 이 땅에서 성취하기를 즐거워하신다. 성령님은 중보기도가 우리의 영적 삶의 방식이 되기를 원하신다. 하나님이 그분의 뜻을 성취하는 한 가지 주요 방법으로 신자들의 기도를 택하셨기 때문이다.

성령, 깊은 기도로 인도하는 분

성령님은 기도하고자 하는 소원을 계속 더하신다. 아이가 아버지와 이야기하고 싶어하는 것이 당연하듯이 그리스도인이 하늘의 아버지와 대화하고 싶어하는 것도 매우 당연하다. 아이는 말하는 법을 배워야만 대화할 수 있지만 새신자는 성령으로 거듭나면 곧바로 기도할 수 있다.

거듭나면 그 순간부터 성령님이 내주하셔서 기도할 수 있고 기도하고 싶은 열망을 강하게 하신다. 그리스도인에게 기도하고 싶은 열망이 없다면, 그것은 영적으로 병에 걸렸다는 증거다. 육에 속한 그리스도인들은 기도를 게을리 하는 것에 여러 핑계를 댄다. 능력의 근원이신 하나님과 되도록 교제하지 못하도록 사탄이 온갖 방해를 꾀하기 때문이다. 그러나 성령이 충만한 그리스도인들은 우리 안에 거하셔서 기도할 수 있게 힘을 부여하시는 성령님이 우리를 기도 가운데로 이끄시기를 소망한다.

성령님은 기도할 때 성경 말씀이 기억나게 하신다. 우리의 기도 동역자이신 성령님의 사역 가운데 하나는 영적으로 중요한 것들을 생각나게 하시는 것이다. 성경 말씀은 이 세상의 악한 권세와 싸워 이기게 하는 검이기 때문에, 성령님은 우리에게 성경 말씀이 기억나게 하는 일을 매우 기뻐하신다(엡 6:17). 성령님이 찬양으로 가득한 성경 구절을 생각나게 하시면 우리는 기도할 때 그 구절을 인용할 수 있다. 게다가 우리의 신앙을 굳게 하기 위해 성경의 약속들이 생각나게 하신다.

성령님은 늘 영적인 목적이 생각나게 하신다. 성령님은 예수 그리스도의 이미지를 떠올리게 하는 일을 즐거워하신다. 그리고 성경에서 그리스도에 관한 글을 읽을 때 우리가 그분의 형상을 닮지 못했음을 깨닫게 하여 그리스도를 닮고 싶어하는 열망을 더욱 강하게 하기를 기뻐하신다. 더욱이 성령님은 성경 위인과 교회 역사상 뛰어난 인물들, 우리가 만났거나 들은 믿음의 용사들을 기억나게 하신다. 이 믿음의 위인과 선조들을 본으로 사용하셔서 우리가 영적으로 성장하기 위한 목표를 세우도록 도우시는 것이다. 성령님이 이런 일을 하실 때 사용하시는 성경 구절이 많이 있다. 따라서 날마다 일정한 시간을 내서 성경을 조직적으로 읽는 것이 매우 중요하다. 또한 성령님은 우리가 교회와 선교 단체, 조국과 세계를 위해 기도할 때 그 목표들을 다시금 기억나게 하신다.

성령님은 무엇이 필요한지 깨닫게 하신다. 성령님은 다른 사람이 보지 못하는 것을 볼 수 있게 하신다. 사람들이 언제 실망하고 언제 낙심하며 언제 절망하는지를 깨닫게 하신다. 또한 우리에게 영적인 무관심, 부흥의 필요성, 새로운 비전, 더 큰 순종의 필요를 지적하신다. 성령님은 우리를 감동시키셔서 교회 성장, 주변 청소년들과 하나님이 귀히 쓰시는 종들을 위해 기도하도록 하신다.

성령님이 무엇이 필요한지 깨닫게 하시는 것은 바로 우리에게 기도하라는 뜻이다. 사탄도 우리가 무엇이 필요한지 깨닫는 것을 방해하지는 않는다. 단지 우리가 그것을 깨닫고 나서 조롱하고 비판하기를 원한다. 그러나 우리 안에 거하시는 기도 동역자인 성령님은 우리가 비판하기보다는 더 기도하기를 바라신다. 사탄은 우리가 사람들과 그들의 필요를 비방하길 원하지만, 성령님은 그들을 위해 중보기도하기를 원하신다.

성령님은 기도의 짐을 느끼게 하신다. 하나님은 우리 시대의 죄와 무관심과 불경건함 때문에 고통스러워하신다. 우리의 구세주이신 예수 그리스도와 자상하신 성령님은 깨진 삶과 부서진 가정, 전 세계에 걸쳐 자행되는 죄와 불의로 일어난 비극들을 위해 중보기도를 드리신다. 예수님과 성령님은 죄로 인해 상하고 깨지고 상실되고 파괴된 영혼들을 위한 중보기도에 우리가 동참하길 원하신다.

성부 하나님도 궁핍한 모든 자를 위해 누군가가 중보기도하길 원하신다. 하나님은 고아들의 울부짖음과 마음이 상한 자들의 흐느낌, 강포한 자들의 성난 음성과 그들에게 희생된 자들의 비명 소리를 들으신다. 감옥에 갇힌 자들과 도망자들의 신음 소리, 배고픔과 굶주림으로 허덕이는 자들의 고통을 아시며, 애통하는 자들의 슬픔과 습관적인 죄의 사슬에 매인 자들의 절망과 낙심을 함께 느끼신다. 하나님은 복음을 들어본 적 없는 이들의 영적인 암흑과 희미하지만 깊은 불만을 알고 계신다.

예루살렘을 향해 우시던 예수님은 여전히 우리의 도시들을 위해서도 울고 계신다. 예수님의 마음은 어제나 오늘이나 영원토록 동일하시기 때문이다 (히 13:8). 예수님은 깊은 소원을 품고 모든 무신론자와 공산주의자, 테러 분자까지도 사랑하신다. 아무리 큰 죄인이라도 그분은 모든 인간을 사랑하신다.

곤궁한 형편에 놓인 자들과 그들의 모든 필요를 위해 기도해야 한다고 느끼도록 우리에게 기도의 부담을 주시는 것이 성령님이 하시는 특별한 사역이기도 하다. 하나님은 우리의 기도를 통해 그분의 사랑을 표현하기를 원하신다. 따라서 우리는 이러한 사랑의 중보기도를 날마다 기도 시간에 포함시켜야 한다. 곤궁한 자들과 필요를 위해 진지하고 신실하게 중보기도할수록, 성령님은 하나님의 가슴을 에는 이러한 일들을 기도하지 않으면 안 된다는 부담을 더 절실히 느끼게 하신다. 성령님은 우리가 우는 자들과 함께 울기를 원하신다(롬 12:15). 그러나 그러한 일은 남에게 보이려고 드러내놓고 해서는 안 되며 항상 은밀하게 해야만 한다(렘 13:17).

성령님은 결정적인 순간에 기도하도록 부르신다. 누구나 삶에서 결정적인 순간을 만난다. 위기의 때가 있고, 중요한 결정을 내려야 할 때도 있으며, 절호의 기회도 있다. 또한 성령님이 다른 사람들의 죄를 분명히 알게 해주는 때도 있다(요 16:8). 이 순간이 바로 성령님이 기도하라고 우리를 부르시는 때인지도 모른다. 병이나 낙심으로 절망하고 있는 이들도 있다. 이때에도 성령님은 그들을 위한 특별한 기도의 짐을 지우시려고 우리를 택하실 수 있다. 그러므로 하나님의 음성에 민감해지는 법을 배우라(16장에서 이 중요한 역할을 상세히 다루고 있다).

성령님은 기도에 깊이와 능력, 확신을 더해 주신다. 성령님은 특별한 필요를 위해 기도하도록 직접 인도하실 뿐 아니라, 그들을 위해 어떻게 기도해야 하는지를 가르쳐주신다. 또한 우리가 기도할 때, 믿음을 더욱 굳게 하시고 기도에 기름을 부으시며 권능도 부어주신다. 더욱이 성령님은 우리의 기도 동역자로 동참하셔서 우리 힘만으로는 도달할 수 없는 깊이까지 기도를 이끄신다(롬 8:26-27).

우리는 본래 약하기 그지없으며, 우리 기도는 성령님의 기도와 비교해 볼 때 한없이 힘이 없다. 성령님은 긴급한 일이 무엇인지 우리보다 더 잘 아신다. 게다가 능력이 무한하신 성령님은 사랑과 슬픔, 동정과 소원을 한없이 깊이 느끼신다. 성령님은 우리로서는 도저히 알 길이 없는 무한한 가능성과 잠재력을 보실 수 있다.

성령님의 기도는 인간이 드리는 그 어떤 기도보다 뛰어나다고 바울은 말한다. 우리를 통한 성령의 중보기도를 이야기하는 것이 아니다. "우리를 위한" 성령의 중보기도가 인간의 그 어떤 기도보다 뛰어나다는 말이다(27절). 성령님은 우리뿐 아니라 우리가 기도하는 대상을 위해서도 중보기도를 드리신다. 그분이 느끼는 아픔과 부담, 사랑을 우리가 함께 나누길 원하신다. 그러나 성령님은 우리 홀로 기도하게 내버려두지 않으신다. 우리의 기도 동역자로서 무한한 지혜와 소원, 능력을 부어주시면서 우리의 기도에 동참하신다.

성령님은 전 세계적인 기도 사역에 동참하기를 원하신다. 우리 안에 거하시는 기도 동역자인 성령님은 우리가 전 세계를 향한 그분의 심장 고동 소리를 함께 나누길 원하신다. 창조주 하나님이신 성령님은 모든 피조물을 동등하게 사랑하신다.

아직까지 예수 그리스도의 이름을 들어보지 못한 사람이 엄청나게 많다. 비록 예수님의 이름을 들어본 적이 있다 해도, 그들은 충분히 이해하고 그리스도를 영접할 만큼 많은 내용을 듣지 못했다. 이들은 지금 일종의 궁핍을 느끼며 살아가고 있다. 물론 이런 사실은 때로 자각하지 못하고 널리 알려지지도 않지만 그들이 궁핍을 느끼고 있다는 것은 분명한 사실이다. 그들은 중보기도의 궁핍 속에서 살아가고 있다. 이러한 이방 국가들을 향한 중보기도가 드물기 때문이다.

누가 그들을 위해 기도할 것인가? 그리스도인들이 아니라면 버림받은 무신론자와 공산주의자, 테러 분자들을 위해 누가 기도할 것인가? 날마다 그들을 위해 진심으로 기도하시는 성령님이 복음이 급속하게 확장되도록 함께 기도할 것을 우리에게 요구하고 계신다. 우리가 기도하기를 게을리 하고 잃어버린 자들에게 무관심한 것이 그리스도의 재림을 지연시키는 주요 요인이라면(마 24:14) 이보다 더 큰 비극이 어디 있겠는가?

이제 우리 모두 하나님께 용서를 구하자. 성령님의 능력을 힘입어 우리의 기도 동역자이신 성령님과 함께 우리의 역할을 있는 힘껏 감당하겠다고 약속드리자. 우리의 기도를 기다리는 도시와 나라, 세계 지도자가 많다. 도대체 그들을 얼마나 더 기다리게 해야겠는가?

성령님은 금식을 요구하실 수도 있다. 우리는 능력 있고 효과적인 기도 수단이 될 수 있는 금식을 대부분 무시한다. 때때로 성령님은 우리에게 금식하며 기도하라고 요구하신다(금식에 대한 상세한 내용은 18장을 참조하라).

성령님은 우리가 영원한 상급을 더 많이 받기를 원하신다. 그리스도께서는 신실하게 중보기도를 드리는 성도에게 큰 상급을 주신다. 아마 그 상급은 우리도 생각지 못한 사실, 즉 얼마나 신실하게 기도했느냐에 큰 비중을 둘 것이다. 지금도 중대한 기도의 전투가 계속 벌어지고 있다. 자칫하면 우리는 그리스도인으로서 삶에서 얻을 수 있는 최고의 기회를 놓칠지도 모른다. 그리스도와 성령님은 우리가 능력 있는 기도 동역자가 되기를 원하신다.

성부께서는 그토록 우리 기도에 큰 비중을 두셨다. 우리의 기도 동역자이신 성자와 성령의 기대에 미치지 못하는 일이 없도록 주의하라. 우리의 세상을 실망시키지 말라. 성령님은 우리의 기도 생활이 능력 있고 효과적이기를 소원하신다. 게다가 우리가 영광스러운 큰 상급을 받길 바라신다. 성령님이 우리에게 주려고 기다리시는 중보자의 왕관을 놓치지 말라.

8장 눈에 보이지 않는 기도 촉진자

하나님의 거룩한 천사들은 눈에 보이지 않는 우리 기도의 촉진자다. 하나님의 천사들은 인간이 셀 수 없을 정도로 많다(히 12:22). 피조물인 천사의 주요 임무는 그리스도를 섬기고 경배하는 것이다(히 1:4, 6-7). 천사의 둘째 임무는 "구원받을 상속자들"을 섬기는 일이다(히 1:14). 천사는 우리와 관련된 모든 일에 큰 관심을 갖고 있다. 우리는 그리스도께 중요한 존재이기 때문이다. 우리는 그분의 교회이자 신부다.

천사, 기도 응답을 돕는 하나님의 전령

성경은 하나님이 천사들을 통해 성경 영웅들의 기도에 응답하셨다고 가르친다. 아브라함이 이방 도시 소돔에 살고 있는 조카 롯을 위해 기도하자, 하나님은 소돔 성을 멸하시기 전에 롯을 구원하기 위해 천사들을 보내셨다(창 19장). 하나님이 야곱에게 고향으로 돌아가라고 명하셨을 때, 야곱이 장인 라반의 집에서 도망 나오면서 힘써 기도하자(창 31:3, 11-12) 하나님이 많은 천사를 보내 보호하셨다(창 32:1-2). 엘리야가 이세벨의 진노를 피하여 도망하면서 낙심 가운데 기도하자 하나님은 두 번씩이나 천사들을 보내셔서 먹을 음식을 제공해 주셨다(왕상 19:5, 7). 적군이 엘리사를 포위했을 때에도 하나님은 수많은 천사를 보내셔서 그를 보호하셨다(왕하 6:17).

히스기야와 이사야가 하늘을 향해 큰소리로 기도하자, 여호와께서 천사를 보내 예루살렘을 적들의 손에서 구원해 주셨다(대하 32:20-21). 기도의 용사인

다니엘은 사자굴에 던져졌을 때 "나의 하나님이 이미 그의 천사를 보내어 사자들의 입을 봉하셨으므로"(단 6:22)라고 증거했다. 다니엘이 자신이 본 환상을 이해하려고 애쓰자 하나님은 가브리엘을 보내 그 환상을 해석해 주셨다(단 8:15-16). 그 후 금식하며 기도할 때에도 하나님은 또다시 가브리엘을 보내 주셨다(단 9:3, 20-23). 또한 다니엘이 3주 동안 기도하며 부분적으로 금식했을 때, 가브리엘이 나타나 미가엘의 도움으로 사탄의 방해를 물리치고 하나님의 기도 응답을 가지고 올 수 있었다고 말했다(단 10:2, 13). 스가랴 선지자가 환상을 보고 기도할 때에도 하나님의 한 천사가 나타나 그에게 응답을 주었다(슥 1:8-9).

신약 시대에도 하나님은 세례 요한의 아버지 사가랴에게 천사를 보내셔서 아들을 달라는 그의 기도를 들으셨다고 말씀하셨다(눅 1:11-13). 예수님의 무덤을 찾은 여인들에게 그리스도의 부활의 소식을 전해 준 것도(마 28:5), 예수님이 승천하셨을 때 제자들에게 나타난 자들도 역시 천사였다(행 1:10-11). 사도들이 대제사장에게 체포되었을 때에도 하나님은 천사를 보내 감옥 문을 여시고 복음을 전하라고 명령하셨다(행 5:19-20). 사마리아에서 복음을 전할 때에도 한 천사가 빌립에게 나타나 가사로 향하는 남쪽 길로 가라고 지시했는데, 거기서 빌립은 에티오피아 내시를 만나 복음을 전하게 되었다(행 8:26). 빌립을 그곳에서 다른 선교지로 갑자기 사라지게 만든 것도 천사임이 틀림없다(39-40절).

베드로가 감옥에 갇혔을 때 교회가 베드로를 위해 기도하자, 하나님은 천사를 보내 옥문을 여시고 베드로를 밖으로 인도해내셨다(행 12:5-10). 교회가 계속 기도하자 하나님은 천사를 보내 그들을 박해하던 헤롯왕을 죽이셨다(행 12:17-24). 지중해에서 오랫동안 무서운 폭풍이 불어 바울과 배에 탄 모든 사람이 목숨을 잃기 직전, 하나님은 천사를 보내 바울의 기도에 대한 응답으로 배에 탄 모든 사람이 구원을 얻을 것이라고 바울에게 확신시켜주셨다(행 27:23-

24). 그들이 모두 무사히 해변에 도착한 데에는 분명 천사의 도움이 있었을 것이다. 사도 요한이 밧모 섬에 유배되어 기도하고 있을 때, 하나님은 천사를 보내 환상을 보여주셨다. 요한계시록은 그 내용을 기록한 책이다(계 1:1).

하나님의 천사들은 성경 시대 내내 우리가 알고 있는 것보다 훨씬 능동적으로 활동했다. 예수님도 천사들의 도움을 받으셨다. 우리는 예수님이 기도하셨을 때, 적어도 두 번은 천사들이 와서 예수님을 돕고 힘을 북돋아준 사실을 알고 있다(마 4:11, 눅 22:43).

이 시대에도 천사는 역사한다

성경은 천사들이 오늘날에도 능동적으로 역사하고 있다고 암시한다.

우리는 천사들에게 중요한 존재다. 우리는 결코 혼자가 아니라는 영광스런 사실을 기뻐해야 한다. 심지어는 어린아이조차도 천사들이 동행하는 것 같다(마 18:10). 하나님의 천사들은 항상 우리를 지켜보고 있다(고전 11:10, 딤전 5:21). 바울은 "내가 생각하건대 하나님이 사도인 우리를 죽이기로 작정된 자 같이 끄트머리에 두셨으매 우리는 세계 곧 천사와 사람에게 구경거리가 되었노라"(고전 4:9)고 말했다. 우리의 인생에서 천사들이 지켜보지 않는 순간은 없다. 천사들은 우리의 모든 언행과 심사가 기록된 하나님의 책들을 보관하고 있는 것이 분명하다(계 20:12, 단 7:10). 하나님은 그 책들을 통해 우리의 기도와 사랑의 봉사에 대한 상급을 주실 수 있다(고전 3:11-15).

천사들은 보통 눈에 보이지 않는다. 하나님은 그 무한하신 지혜로 우리가 천사들의 모습을 보지 못하게 하셨다. 그러나 가끔 우리는 하나님이 우리를 놀랍게 보호하셨음을 깨닫는다. 그때 하나님이 어떻게 기적적으로 보호하신 걸까? 아마도 천사들을 이용하셨을 것이다.

선교 사역을 잠시 중단하고 휴가를 즐기고 있을 때였다. 커브 길에서 차를 몰고 있는데 앞에서 달려오던 차가 중심을 잃고 내 차 앞으로 미끄러져 왔다. 그 차는 내 차에 부딪치기 직전, 갑자기 중심을 잡더니 아슬아슬하게 나를 피해 갔다. 그런데 내 곁을 지나가서는 다시 중심을 잃었다. 그 순간 나는 하나님의 천사가 내 차 주위에 방패를 세웠음을 깨달았다.

비슷한 일이 또 있었다. 한번은 맞은편 차가 중앙선을 넘어 내 정면으로 달려오고 있었다. 운전자가 졸고 있었는지 약에 취해 있었는지는 모르지만, 마치 그런 것처럼 고개를 숙이고 있었다. 그런데 바로 그때 마치 보이지 않는 손이 운전대 위에 놓인 듯, 그 차가 제 차선을 되찾아 내 옆으로 안전하게 지나쳤다. 그때 나는 그 운전자 눈이 완전히 감겨 있는 것을 똑똑히 보았다. 나는 다시 한 번 하나님이 천사를 보내 나를 보호하셨음을 깨닫고 하나님께 감사드렸다.

천사들이 가끔 눈에 보일 때. 하나님은 천사들이 일시적으로 눈에 보이도록 허용하실 때도 있다. 로렌스 샤퍼 목사가 미주리 주의 세인트루이스 군대 병원인 제퍼슨 바락스 병원에 입원해 있을 때였다. 수술을 받은 후 사흘째 날 밤이 되자 몹시 아팠던 그는 "주 예수여, 오늘밤 오셔서 저와 함께하여 주소서"라고 기도했다. 샤퍼 목사는 그때 예수님이 두 천사와 함께 방 안으로 들어오시는 것을 보았다고 한다. 예수님이 한 의자에 앉고 한 천사는 다른 의자에 앉았다. 로렌스가 예수님께 말했다. "예수님, 너무 아픕니다. 제 침대 가까이 오셔서 앉아주십시오." 그러자 예수님이 침대 위 그의 옆에 앉으셨다. 그리고 다음 날 로렌스가 잠에서 깰 때까지 그곳에 계셨다고 한다. 그래서 샤퍼 목사는 예수님께 작별 인사를 드렸다. 예수님은 가장 먼저 병실에 들어오시고 가장 늦게 병실을 떠나셨다. 결국 위기는 지나갔고, 그 후로도 샤퍼 목사는 꽤 오랫동안 주님을 사랑하며 섬겼다.

내 어머니는 소녀 시절에 어느 특별 부흥 집회에서 회심하셨다. 그때 어머니는 앞줄로 나가 무릎을 꿇었는데 옆에 천사들이 있는 것을 보셨다고 한다. 어머니는 중년 이후 몸이 많이 편찮으셨다. 4년 넘게 폐렴과 늑막염, 반신불수와 심장병을 연달아 앓으셨다. 병에 걸려 있는 동안 어머니는 반신불수로 왼쪽을 사용할 수 없어서 항상 오른쪽으로 누워 계셔야 했다. 약간의 큰소리도 견디지 못하셨고, 웬만한 빛도 참지 못하셨다. 그래서 우리는 4년 동안 집에서는 소곤소곤 대화해야 했고, 시계 소리가 나지 않게 했다. 문에도 천을 대어 소리가 들리지 않게 했고, 두껍고 검은 천으로 침대 주위를 감싸 빛을 차단해야만 했다.

하루는 어머니가 친정 오빠의 가족과 다른 그리스도인 가정을 초청하여 자신을 위해 기도해 달라고 부탁하셨다. 그때 어머니는 갑자기 "보라, 하늘의 창문이 너를 위해 열렸느니라"는 목소리를 들으셨고, 눈을 떠보니 천사들이 옆에 있었다고 한다. 그 순간 어머니는 혼자 서실 수 있을 정도로 완전히 병이 나았다. 그 후 어머니는 30년을 더 사셨다.

많은 사람에게 사랑받는 맨발의 인도 복음 전도자 썬다 싱은 눈보라 치는 티베트 고원에서 희생을 무릅쓰고 복음을 전하고 있을 때, 하나님의 놀라우신 보호와 도움을 여러 번 체험했다. 그중 가장 놀라운 체험은 라사르 마을을 방문했을 때였다. 그때 불교의 우두머리 라마는 썬다 싱을 체포하여 그리스도를 전했다는 이유로 사형을 선고했다. 그래서 썬다 싱은 물이 없는 깊은 우물에 던져졌다.

썬다 싱이 던져진 깊은 우물 안에는 그전에 처형된 수많은 사람의 뼈와 살들이 썩고 있었다. 그곳에서 나는 악취는 도저히 견딜 수 없었으며, 사흘 밤낮 동안 거의 인사불성이 되어 있었다. 그가 만지는 것마다 썩어가는 살뿐이었다. 사흘째 날 밤 기도하고 있을 때 머리 위 뚜껑을 열쇠로 여는 소리가 들렸다. 그러더니 잠시 후 놀랍게도 뚜껑이 젖혀지는 것이 아닌가! 줄을 내려

줄 테니 잡으라는 소리가 들렸다. 썬다 싱이 줄을 잡자 누군가가 그를 가볍게 우물 밖으로 끌어올렸다. 썬다 싱을 구해 준 사람은 뚜껑을 닫고 열쇠를 채운 뒤 순식간에 사라져버렸다.

썬다 싱은 하나님을 찬양했다. 그리고 그 다음 날부터 다시 복음을 전파했다. 라마는 다시 그를 체포했고 누가 열쇠를 훔쳐 그를 석방시켰는지 알아내려고 노력했다. 그렇게 열쇠를 찾아보았는데, 놀랍게도 열쇠는 라마의 허리끈에 매달려 있었다! 썬다 싱의 하나님이 두려워진 라마는 하나님의 크신 능력으로 인해 마을 사람이 다 죽기 전에 마을을 떠나달라고 썬다 싱에게 간청했다.

하나님의 천사들은 우리에게 중요한 존재다. 하나님의 천사들은 우리가 기도하면 항상 하나님과 우리를 섬길 채비가 되어 있다. 하나님은 우리를 향하신 그분의 목적을 성취하도록 천사를 보내신다. 특히 우리의 기도를 촉진시키기 위해 천사들을 보내신다. 천사들이 하나님 대신 역사하기 때문에 그분이 항상 기도에 응답하신다고 말해도 그리 잘못된 것은 아니다. 천사는 하나님의 대리자다. 하나님의 뜻에 합치된다면, 천사들이 우리를 위해 할 수 있는 일에는 그 어떤 제한도 없다. 천사 하나로 부족하다면 하나님은 여러 천사를 보내실 수도 있다.

천사들은 육체에 제한을 받지 않지만, 하나님이 원하시면 육체적인 힘을 사용할 수도 있고 우리 힘을 북돋아줄 수도 있다(단 10:18-19, 눅 22:43). 천사에 대한 다음과 같은 요점들을 잘 기억하라.

✚ 하나님의 천사들은 항상 우리와 함께한다.
✚ 하나님의 천사들은 언제 어디라도 갈 수 있다. 우리가 필요한 순간, 천사들은 필요한 곳에 언제나 존재한다.
✚ 하나님의 천사들은 항상 하나님 명령에 복종할 채비를 갖추고 있다.

✚ 하나님의 천사들은 초인적인 능력을 소유하고 있다.

✚ 하나님의 천사들은 우리 기도에 응답하는 하나님의 주요 대행자들이다.

✚ 하나님의 천사들은 하나님의 뜻을 행하기를 즐거워한다.

✚ 하나님의 천사들은 우리를 도와야 하는 영원한 임무를 부여받았다.

✚ 하나님의 천사들은 우리를 사랑한다. 우리가 하나님께 사랑받고 있기 때문이다.

✚ 우리는 언제라도 하나님께 천사들의 도움을 요청할 수 있다.

✚ 하나님의 천사들은 우리에게 할당된 하나님의 종일 뿐이다. 그러므로 우리는 천사들에게 기도해서는 안 된다. 우리는 하나님께만 기도해야 하며 천사들의 도움을 받기 위해서는 하나님께 간청해야 한다.

✚ 장차 하늘에서 우리는 하나님의 천사들을 만날 것이며, 우리 기도가 각각 어떻게 응답되었는지 설명해 줄 것이다.

사탄과 귀신의 세력이 하나님의 뜻과 사역, 그분의 백성에게 끊임없이 도전하고 있기 때문에, 우리는 천사의 도움에 대해 하나님께 감사해야 한다. 사탄은 하나님의 사랑과 계획의 대상인 인간을 공격하여 하나님께 반격한다. 세력을 최대한 동원하여 우리를 공격한다. 사탄과 그의 세력은 항상 우리가 이해할 수 있는 것보다 큰 힘과 간계로 우리를 방해하고 공격한다(엡 6:12).

그러나 낙심하지 말고 기뻐하라! 용기를 가지라! 하나님 한 분만이 전지전능하시고 무소부재하시기 때문이다. 사탄은 같은 시각에 오직 한 장소밖에 있을 수 없다. 따라서 사탄은 귀신들과 협조해야만 한다. 그러나 하나님은 사탄이 소유한 귀신보다 훨씬 많은 수의 거룩한 천사를 소유하고 계신다. 영적인 전투에서는 하나님의 천사들의 도움으로 기도하여 승리할 수 있다 (5장을 참조하라).

천사들과 우리의 기도

우리의 기도 응답을 돕는 천사들의 일이 하나님께 부여받은 특수 임무든 일상 임무든 간에, 우리가 천사들에게 도움을 간청할 필요는 없다. 우리는 결코 천사들에게 기도해서는 안 된다. 우리가 기도하는 필요를 채워주실 때 하나님이 천사들을 사용하시는 것뿐이므로 우리는 하나님께 기도해야 한다. 특정한 경우에 하나님께 천사들의 도움을 구하는 것은 무방하다.

복음 전도와 교회와 선교 사역에 관한 필요를 채우기 위해. 우리는 하나님의 천사들이 하나님의 허락을 신속히 받아내는 일, 기후를 조절하는 일, 편안한 여행이 되도록 돕는 일, 복잡한 계획을 돕는 일, 제대로 준비하도록 돕는 일, 지방 정부와 중앙 정부의 호의를 얻어내는 일, 핵심 인사들의 주목을 끄는 일, 사람들이 주요 모임에 모이는 일, 반대를 물리치는 일, 반대자들의 입을 막거나 방해하는 일, 질문과 의문 제기에 답변하는 것을 돕는 일, 악한 습관을 끊도록 돕는 일을 하게 해달라고 하나님께 간청할 수 있다.

사탄을 대적하기 위해. 사탄의 능력을 묶는 일, 사탄의 계획을 방해하는 일, 사람들을 지배하는 사탄의 권세를 깨뜨리는 일, 사탄의 암흑을 몰아내고 귀신을 제어하는 일, 시험받을 때 사탄에 대항할 능력을 주어 시험을 이기게 하는 일, 사탄과 그의 세력에 대항하여 그리스도인들끼리 연합하는 일에 천사들이 돕게 해달라고 하나님께 간청할 수 있다.

여러 가지 위험에서 보호받기 위해. 천사들의 도움이 반드시 필요할 때가 있다. 천사들은 하나님께 지도받아 여러 사고와 자연재해, 곤충과 야수, 병원균과 전염병에서 우리를 보호할 뿐 아니라, 사탄에게 사주받은 적과 귀신의 맹렬한 공격과 유혹에서도 우리를 보호한다. 또한 우리 모습이 보이지 않게 해서 적들의 주의를 산만하게 할 수도 있다. 게다가 천사들은 우리를 적으로부터 도망치게 하기 위해서 섭리적으로 환경을 조종할 수 있다.

개인적 필요를 채우기 위해. 개인적인 문제에서 천사의 도움이 필요할 때도 있다. 사랑하는 가족을 보호하는 일, 사람들과 수월하게 접촉하는 일, 해결책을 찾는 일, 특별한 기술을 획득하는 일, 물건을 찾는 일, 사람들의 도움을 구하는 일, 어떤 일이 제 시간에 진행되도록 하는 일, 기억을 되살리고 주의를 게을리 하지 않는 일, 어려운 결정을 내리는 일, 육체적인 힘을 북돋는 일, 남을 위한 중보기도를 생각해내는 일, 성경 구절을 기억하고 찾는 일, 남을 이해하는 일, 농작물과 가축을 보호하는 일(말 3:11), 사업을 경영하는 일에서 천사의 도움을 받을 수 있다.

지금까지 천사의 도움을 받을 수 있는 사례를 간략하게 열거해 보았다. 성부와 성자와 성령께서는 직접 일하실 수도 있으나 천사들의 일과 협조를 통해 역사하시는 방법을 더 자주 택하신다는 사실을 기억하라. 천사들의 도움이 있었다고 느낄 때마다 하나님께 감사하라. 수많은 하늘의 대사들이 우리에게 도움이 필요한 순간에 나타날 수 있도록 만반의 준비를 갖추고 있다. 그들은 우리를 도우려고 대기하고 있다.

2부

기도의 능력과 무기

9장 기도로 하나님의 보좌를 움직일 수 있다

기도는 긴 팔을 갖고 있다. 그래서 하늘까지 직접 닿을 수 있다. 성경은 이것을 기도할 때 손을 드는 아름다운 상징으로 표현하고 있다. "우리의 마음과 손을 아울러 하늘에 계신 하나님께 들자"(애 3:41).

구약에서 기도할 때 손을 든 첫 사건은 이스라엘과 아말렉의 전쟁에서 볼 수 있다. 모세는 여호수아에게 자신이 손을 들고 하나님께 간청하는 동안 백성을 이끌고 전투에 임하라고 명령했다.

모세가 손을 들면 이스라엘이 이기고 손을 내리면 아말렉이 이기더니 모세의 팔이 피곤하매 그들이 돌을 가져다가 모세의 아래에 놓아 그가 그 위에 앉게 하고 아론과 훌이 한 사람은 이쪽에서, 한 사람은 저쪽에서 모세의 손을 붙들어 올렸더니 그 손이 해가 지도록 내려오지 아니한지라 여호수아가 칼날로 아말렉과 그 백성을 쳐서 무찌르니라 여호와께서 모세에게 이르시되 이것을 책에 기록하여 기념하게 하고 여호수아의 귀에 외워 들리라(출 17:11-14).

어떻게 이렇게 대승할 수 있었는가? 이것을 기록하여 기념하라고 하신 이유가 무엇인가? 16절은 이에 대한 모세의 대답이다. "여호와의 보좌를 향해 손이 들렸으니"(개역개정 성경에는 "여호와께서 맹세하시기를"이라고 되어 있고 난외주에는 "여호와의 보좌를 치려고 손이 들렸으니"라고 되어 있다_옮긴이).

가시적으로는 손이 위로 들린 것이지만, 영적으로는 여호와의 보좌를 건드리는 것이다. 자칫하면 우리는 우리 머리를 넘지 못하는 기도, 우리의 방을 벗어나지 못하는 기도를 할 수 있다. 그러나 하나님의 뜻 안에서 성령의 힘으로, 예수님의 이름으로 기도할 때 기도는 하늘까지 상달될 수 있다.

모세는 바로 이 진리를 간파했다. 그는 자신의 손이 여호와의 보좌를 건드렸다고 믿었다. 하나님의 기도 원칙을 따르기만 한다면 우리 기도도 하나님의 보좌를 건드릴 수 있다.

바울은 "각처에서 남자들이 분노와 다툼이 없이 거룩한 손을 들어 기도하기를 원하노라"(딤전 2:8)고 권면한다. 이것은 우리가 기도할 때마다 문자 그대로 손을 들어야 한다는 뜻인가? 물론 그렇지 않다. 하나님은 우리 마음과 영혼을 주께 올려드리는 것에 더 관심이 많으시다. "여호와여 나의 영혼이 주를 우러러보나이다"(시 25:1, 86:4, 143:8). 우리가 문자 그대로 손을 들어 올리든 그러지 않든, 우리의 영안(靈眼)과 영혼을 하나님께 들어 올리는 것이 기도의 참된 정신이자 본질이다. 진정으로 중보기도를 드릴 때나 격렬한 영적 전투를 벌일 때는, 은밀한 기도 처소에서든 공중 앞에서든(대부분 공중 앞이라고 의식하지 못하겠지만) 하나님을 향하여 육신의 손을 들 수도 있다. "내가 주의 지성소를 향하여 나의 손을 들고 주께 부르짖을 때에 나의 간구하는 소리를 들으소서"(시 28:2).

기도를 통해 다른 이들에게 나아갈 수 있다

우리의 기도는 하늘뿐 아니라 세계 어느 곳에도 닿을 수 있다. 우리의 도움이 필요한 사람이 수천만 리 떨어져 있다 해도 중보기도를 하는 순간, 우리는 그들에게 나아갈 수 있다. 이것은 단순한 겉치장이 아니다. 영적인 실재다.

수년 전 인도에서 내 아들을 위해 계속 기도해야 했던 두 주간을 결코 잊을 수 없다. 아들을 위해 기도하지 않을 수 없었던 나는 열심히 기도했고 어느 주일 오후, 절정에 이르렀다. 그때 나는 집에 혼자 있었다. 아들을 위해 깊이 기도하고 있었기 때문에 한동안 시간 가는 줄도, 내가 어디 있는지도 잊을 정도였다. 계속 기도하는데 어느 순간부터 내가 아들 존 옆에 무릎을 꿇고 아이의 어깨에 손을 얹은 채 기도하고 있는 것만 같았다. 얼마나 오랫동안 기도했는지, 또 어떤 기도를 했는지 모르겠다. 그러나 내 기도의 팔이 바다와 육지를 넘어 수천 킬로미터를 지나 존의 어깨에까지 닿은 사실만큼은 분명히 알고 있다. 마치 실제로 내가 존 옆에 앉아 있는 것 같았다.

그 다음 날 점심을 먹은 후에야 비로소 존에게 편지를 쓸 수 있었다. "사랑하는 존! 아빠는 여러 날 동안 너를 위해 특별히 기도를 드렸단다. 그런데 어제 오후에는 침실에서 무릎 꿇고 기도할 때, 갑자기 내 손을 네 어깨 위에 얹고 네 옆에서 무릎을 꿇고 있는 것만 같더구나. 이 체험이 너에게 어떤 의미가 있는지 모르지만 중요한 의미라는 것만큼은 확신한단다."

막 둘째 단락을 치려고 할 때 초인종이 울렸다. 집배원이었다. 그는 내게 전보를 건네주었다. 안으로 들어와 전보를 뜯어보니 이렇게 쓰여 있었다. "하나님은 나의 대장이심. 조용하나 분명한 결정을 내렸음. 유산과 사랑과 기도에 감사드림. 존."

나는 전보를 읽고 무릎을 꿇었다. 눈물이 내 뺨을 타고 흘러내렸다. 하나님은 내가 한 손으로는 하늘 보좌를, 다른 한 손으로는 아들의 어깨를 만질 수 있도록 허락하셨던 것이다. 며칠 후, 존의 편지가 도착했다. 편지에는 내가 인도의 알라하바드에서 기도하고 있던 바로 그 순간, 존은 미국에서 홀로 무릎을 꿇고 여호와께 그의 마음을 드리고 있었다는 내용이 담겨 있었다.

다른 이들의 기도가 나에게 닿을 수 있다

1962년 6월, 동양선교회 이사회의 주요 모임에 참석하기 위해 로스앤젤레스에 가려고 할 때다. 히말라야 산맥 약 2킬로미터 고지에 있는 란두르에서 마지막 날을 보내고 있는데, 몸이 불편해지기 시작했다. 목은 쑤시고 온몸이 아프면서 열이 펄펄 끓었다. 사무실에서 책상 위에 있는 편지들을 정리하는 동안 나는 내가 아픈 것을 가족이 눈치 채지 못하게 해달라고 기도했다. 내가 아픈 것을 알면, 델리를 거쳐 미국으로 가는 것을 가로막을까 봐 두려웠기 때문이다. 가족들은 나와 함께 산 중턱 버스 정류장까지 걸어오면서도 내가 아픈 것을 눈치 채지 못했다.

버스가 떠나자 나는 가족에게 손을 흔들어 작별 인사를 고했다. 그러나 버스가 모퉁이를 돌자마자 앞 의자에 이마를 댔다. 몹시 아파서 고개를 들 수도 없었다. 온몸에서 열이 났기 때문에 데라둔까지 이어지는 울퉁불퉁한 곡선 도로 28킬로미터를 여행하는 것이 매우 힘들었다. 나는 데라둔에서 델리행 기차를 탔다. 설상가상으로 그날 밤 기차의 퓨즈가 끊어져 선풍기와 전등불이 작동하지 않았다. 두통과 구역질로 고통스러워하는 동안 열은 계속 올라갔다. 그때 내 머릿속에는 딱 한 명이라도 좋으니 그리스도인을 만나서 기도를 부탁하고 싶다는 생각뿐이었다.

기차가 어둠 속에서 속도를 내고 있을 때였다. 나는 갑자기 차가운 손이 젖은 수건으로 이마를 닦아주는 느낌을 받았다. 그 순간 열과 두통, 구역질, 목의 통증이 사라지면서 병이 깨끗하게 나았다. 곧 나는 "누가 나를 위해 기도했을까?" 하고 생각했다.

로스앤젤레스에서 동양선교회 회의가 수일 동안 계속되던 어느 날, 편지 한 통을 받았다. 편지를 보낸 사람은 내가 란두르를 떠난 바로 그날 밤 9시 15분에 나를 위해 기도해야겠다는 강한 부담을 느꼈다고 썼다. 내 통증이 사라진 시간이 바로 그 시간이었다! 내가 느낀 것이 그 기도자의 실제적인 손길이었는지, 그 기도에 대한 응답으로 보내진 천사의 손길이었는지는 중요하지 않다. 어느 더운 6월, 누군가의 기도가 수만 킬로미터를 넘어 어둠 속을 달리는 기차 안의 한 환자를 치료했다는 사실이 중요하다.

우리 모두 이러한 기도의 교통을 더욱 자주 체험하도록 하자. 기도는 하늘에 닿을 수 있다. 어느 때라도, 이 세상 어느 곳이라도 갈 수 있다. 정말로 놀랍게도 기도는 우리를 하나님의 축복의 매개자가 되게 한다.

중보의 삼위일체성

구원에서 예수님은 하나님과 인간 사이의 유일한 중보자이시다. 오늘날 하나님이 우리에게 허락하신 축복의 중재 역할은 어떤 것이든 갈보리에서의 그리스도의 중재와 오늘날 하늘 보좌 위에서의 그리스도의 중재에 기초한다. "또 하나님과 사람 사이에 중보자도 한 분이시니 곧 사람이신 그리스도 예수라"(딤전 2:5)고 쓴 바울은 8절에 "그러므로 각처에서 남자들이 분노와 다툼이 없이 거룩한 손을 들어 기도하기를 원하노라"고 쓰고 있다.

하나님은 그분이 정해 놓으신 중보의 삼위일체성에 우리가 동참하기를 원하신다. 성자 하나님은 살아서 항상 우리를 위해 중보하신다(히 7:25). 그분은 지금 하나님의 보좌 우편에서 우리를 위해 중보기도를 드리고 계신다(롬 8:34). 성령 하나님도 이루 말할 수 없는 탄식으로 우리를 위해 중보하신다(롬 8:26). 비록 성자 하나님과 성령 하나님이 계속 중보기도를 드리신다 해도, 우리가 중보기도로 동참하지 않으면 하나님이 정해 놓으신 중보의 삼위일체성은 불완전해진다.

그리스도께서는 하늘 보좌에서 성부 하나님과 얼굴을 맞대고 기도를 드리신다. 하나님의 은혜로 구원받은, 나약하고 유한하기 짝이 없는 우리에게 기도로 하늘과 하나님의 보좌에 닿을 수 있는 놀라운 특권이 주어졌다! 우리의 중보기도가 있어야 하나님이 세우신 기도 팀이 완전해진다. 거룩한 의미에서 우리는 그리스도와 함께 하나님의 축복을 중재하는 일을 감당하고 있는 것이다. 거룩한 의미에서 하나님은 우리의 기도를 통해 세계를 축복하신다. 기도를 통해 우리는 한 손으로는 하나님의 보좌에, 다른 한 손으로는 궁핍에 처해 있는 세계에 닿을 수 있다!

10장 기도는 무엇이든지 가능하게 한다

기도를 통해 우리는 가정, 병원, 행정 사무실, 법정을 막론하고 이 세계 어디든 즉각 들어갈 수 있다. 기도로는 미치지 못하거나 도달하지 못할 거리가 없는 것처럼, 기도를 막을 수 있는 벽이나 "입장 불가" 표지판은 없다.

우리는 기도를 통해 사랑하는 친구나 가족의 수술을 집도하는 의사의 손을 떨리지 않게 할 수 있다. 사랑하는 사람이 수술 받을 때 기도를 통해 그 곁에 있을 수 있다.

버드 로빈슨 목사는 치명적인 부상을 입어 여러 날 동안 샌프란시스코의 병원에서 생사의 기로에 서 있었다. 그때 로빈슨 목사는 다리에 견딜 수 없는 큰 통증을 느꼈다. 로빈슨 목사가 속한 교단의 목회자들은 그 소식을 듣고 기도하기 시작했다. 회합을 중단하면서까지 무릎을 꿇고 합심하여 진지하게 기도했다. 그런데 바로 그 순간 로빈슨 목사의 다리 통증이 씻은 듯이 사라졌다. 그 후 로빈슨 목사는 잠시 의식을 잃었는데 그때 하늘나라의 놀라운 환상을 보게 되었다. 환상 속에서 그가 예수님과 대화하는 동안 놀랍게도 친구 목사 두 명이 자기 옆에 서 있는 것을 보았다. 바로 그 순간, 그가 가장 사랑하는 두 친구가 로스앤젤레스에서 그를 위해 기도하고 있었다. 몸은 멀리 떨어져 있었지만 그들은 기도를 통해 바로 그의 곁에 있었던 것이다.

영으로 함께하다

기도의 사람 사도 바울은 신약 세계 전체에 흩어져 있던 개종자와 교회들을 위해 항상 기도했다. 바울은 매우 진지하고 실제적으로 기도했다. 그래서 비록 몸은 그들과 떨어져 있어도 기도할 때에는 실제로 그의 영이 그들과 함께 있다고 확신했다. 바울이 고린도 교회에 보낸 편지에 다음과 같이 쓴 것은 바로 그런 의미다. "주 예수의 이름으로 너희가 내 영과 함께 모여서 우리 주 예수의 능력으로"(고전 5:4).

바울은 고린도 교인들이 교회의 권징 문제로 모일 때 그의 영이 그들과 함께한다는 사실을 주저하지 않고 주장한다(5절). 기도를 통해 그들과 영적으로 접촉하고 있었던 것이다.

바울은 골로새 교회에도 비슷한 말을 하고 있다.

> 이는 내가 육신으로는 떠나 있으나 심령으로는 너희와 함께 있어 너희가 질서 있게 행함과 그리스도를 믿는 너희 믿음이 굳건한 것을 기쁘게 봄이라 (골 2:5).

골로새 교회가 기도 가운데 생생하게 살아 있기 때문에 바울은 마치 골로새 교인과 함께 있는 것처럼 느낀 것이다.

예배에 참석하지 않은 사람이 나중에 목사에게 "영으로는 참석했습니다"라고 천박한 농담을 하는 것을 종종 볼 수 있다. 이런 농담은 자칫하면 신성모독에 이를 수도 있다. 어떤 이들은 떨어져 있는 친구나 가족에게 제법 진지하게 "우리 마음은 그곳에 있을 거야"라고 말하지만, 실제로는 그들을 생각하는 것 이상을 뜻하지 않을 수도 있다. 그러나 바울은 결코 그런 뜻으로 그의 영이 그들과 함께 있다고 말한 것이 아니다. 그는 골로새 교인들을 매우 사랑했고 자신과 동일시했으며 그들을 위해 힘써 중보했다. 그렇기 때문에 기도를 통해 영적으로 그들과 함께할 수 있음을 믿었던 것이다. 이것은 바울이 골로새 교회를 한 번도 방문한 적이 없더라도 가능하다.

이처럼 기도를 통해 영적으로 다른 이들과 함께하는 것이 오늘날에는 그리 흔하지 않다. 그러나 우리가 하나님과 긴밀한 관계를 맺고 동행한다면, 이러한 영광스러운 일이 우리에게도 가능하다.

기도를 통한 임재를 개발하라

기도하는 그리스도인이라면 누구든 오랜 기간 중보기도를 통해 사랑의 연합과 거룩한 열망의 연대감에 도달할 수 있다. 하나님은 중보기도를 통해서 영의 특별한 연합과 연대감, 그분의 임재를 허락하시기 때문이다.

약 20년 동안 가족끼리 기도 모임을 가질 때면, 어머니께서 선교지, 특히 중국과 인도를 위해 기도하시면서 사랑의 눈물을 흘리시던 모습이 생각난다. 어머니는 선교지뿐 아니라 나를 위해서도 눈물을 흘리며 중보기도를 드리셨다. 그래서 나는 어머니의 기도의 영이 가끔 나와 함께했다고 확실히 말할 수 있다.

내가 인도 선교 사역을 하다가 위태로운 지경에 처할 때마다 하나님은 어머니를 불러 나를 위해 기도하게 하셨다. 물론 어머니는 내가 위험에 빠진 것을 알지 못하셨다. 어머니는 하루에 몇 시간씩 진정한 중보기도로 무릎 꿇는 참 기도의 용사였다. 어머니는 때로 성령의 충동을 느끼셨는데, 나를 위한 중보기도로 그리스도를 위해 인도까지 손을 뻗치신 것이다!

이러한 신실함은 하나님을 섬길 수 있는 좋은 기회를 허락해 준다. 기도를 통해 우리는 법정의 벽을 뚫고 들어가 판사의 어깨에 확신의 손을 얹을 수 있으며, 기도를 통해 세계 곳곳에 있는 범죄자나 테러 분자의 손을 멈출 수 있다. 또한 기도를 통해 다른 사람의 자동차 운전대를 잡을 수도 있다.

한 달에 한 번, 그것도 30초간 남을 위해 기도하고는 중보했다고 말할 수는 없다. 중보기도할 때 우리의 심장은 예수님의 심장과 함께 고동쳐야 한다. 우리의 사랑이 날마다 성령의 사랑으로 흘러 넘쳐야 한다. 깊이 소원하는 마음으로 계속 중보하고 성령 안에 살면서 기도한다면, 우리는 마치 육체적으로 다른 사람들과 함께 있는 것처럼 하나님의 축복을 중개할 수 있다.

수많은 사람의 사역을 깊이 나눌 수 있을 만큼 우리의 영과 사랑, 심장 고동이 연합하지 못할지도 모른다. 그러나 우리는 적어도 한 번 아니 여러 번 그러한 경험을 나눌 수 있을 것이다. 아내 베티와 인도에 도착한 직후, 나는 남아프리카에 있는 한 교사에게 다음과 같은 편지를 받았다.

"저는 오랫동안 선교사가 되기를 바랐습니다. 그러나 하나님이 허락하지 않으셨습니다. 그런데 목사님의 선교 잡지와 사진을 보는 순간, 하나님은 제게 '네 기도를 통해 내가 내 선교 사역을 하겠다'고 말씀하셨습니다."

이것은 그 교사를 향한 하나님의 부르심이었다. 하나님은 중보기도를 통해 누구의 기도 동역자가 되도록 우리를 부르셨을까?

중보기도의 역사

결혼한 직후 다른 주에서 목회를 시작하기 전에 우리 부부는 잠시 부모님 댁에서 지냈다. 주일이면 부모님은 차를 타고 수 킬로미터 떨어진 학교에 가서 성경 공부와 기도 모임을 인도하셨다. 부모님이 성경 공부를 인도하기 위해 떠나시고 집에는 아내와 나 말고는 아무도 없던 어느 날 밤이었다. 우리는 무릎을 꿇고 기도하고 있었는데 갑자기 큰 위험이 다가오는 것 같은 불길한 예감이 들었다. 그래서 나는 기도의 고통 가운데 손을 들고 하나님의 긍휼을 구했다. 어떤 위험인지는 정확히 알지 못했다. 강도가 문 밖에 있을지도 모른다고 생각했다. 그래서 나는 10분 넘게 예수님의 보혈을 구하며 그분의 이름을 외쳤다.

잠시 후, 불길한 예감이 싹 가셨다. 아내는 무슨 일이냐며 내 얼굴이 백지장 같다고 이상히 여겼다. 나는 정확히는 모르겠지만 하나님이 어떤 큰 위험에서 우리를 구해 주신 것만은 분명하다고 말했다.

그러고 나서 20분 후, 침실을 두드리는 소리가 났다. 어머니셨다. 그때 어머니가 꺼내신 첫 마디는 방금 전에 내가 느낀 불안이 사실이었음을 확인시켜주었다.

"하나님이 오늘밤 우리에게 큰 은혜를 베푸셨단다. 고속도로로 오는데 맞은편 차가 우리를 향해 무서운 속도로 달려왔어. 그 차 불빛에 눈을 뜰 수 없을 정도였지. 그런데 다행히 그 차는 간신히 우리 곁을 스치고 지나갔단다. 그 차가 지나가고 나서야 우리가 중앙선을 침범했다는 사실을 알았단다."

이 사건을 어떻게 해석해도 좋다. 그러나 과속으로 달려오던 차의 운전대를 잡아 충돌을 피하게 한 것은 아마 기도의 손이었을 것이다. 그때 나는 기도를 통해 하늘의 보좌에 나아갈 수 있었고, 이에 하나님이 천사를 보내셔서 그 위험을 모면케 하신 것이다. 정확한 것은 잘 모르겠다. 그러나 하나님이 나를 일깨우셔서 중보기도를 하게 하시고, 그것을 통해 부모님을 위험에서 구하셔서 더 오래 주님을 섬기게 하신 것만큼은 분명히 알고 있다.

놀라운 특권

기도에는 말로 표현할 수 없을 정도로 거룩한 실재의 세계가 있다. 우리는 대부분 중보기도의 입문을 배우기 시작했을 따름이다. 우리는 왕 같은 제사장이 된다는 것이 무슨 뜻인지(벧전 2:9, 계 1:6), 그리스도와 공동의 중보자가 된다는 것이 무슨 의미인지를 잘 깨닫지 못하고 있다. 하나님은 기도를 통해 우리의 사랑과 접촉, 함께함을 다른 이들에게 투영할 수 있는 놀라운 특권을 주셨다. 이것은 광적인 신비주의가 아니다. 이번 장에 언급된 인물들은 결코 환상의 세계에 사는 비실제적인 초성인(超聖人)이 아니다. 땅을 디디고 사는 평범한 사람이다. 그러나 그들은 위대한 중보기도자들이다.

환상이나 신비를 좋아해서는 안 되지만 하나님이 허락하신 이 놀라운 특권을 이용하지 못해서도 안 된다. 아직도 많은 하나님의 자녀가 기도의 능력을 거의 깨닫지 못하거나, 겨우 일부분만 이해하고 있다. 우리는 지금까지 하나님의 자녀로서 누릴 수 있는 영적인 능력과 특권, 권리를 제대로 누리지 못하고 살아왔다.

> 그러므로 우리가 여호와를 알자 힘써 여호와를 알자 그의 나타나심은 새벽 빛같이 어김없나니 비와 같이, 땅을 적시는 늦은 비와 같이 우리에게 임하시리라 하니라(호 6:3).

> 또한 모든 것을 해로 여김은 내 주 그리스도 예수를 아는 지식이 가장 고상하기 때문이라 내가 그를 위하여 모든 것을 잃어버리고 배설물로 여김은 그리스도를 얻고 …… 내가 그리스도와 그 부활의 권능과 그 고난에 참여함을 알고자 하여 그의 죽으심을 본받아(빌 3:8, 10).

우리의 가장 깊은 소원은 무엇인가? 영적인 열망은 얼마나 강렬한가? 그리스도를 더 알고 싶고, 그분의 거룩한 임재와 능력의 비밀을 깨닫길 원하며, 그리스도와 교제하고 그분과 함께 중보기도하는 방법을 알려는 강렬한 열망이 있는가? 이렇게 될 때에 비로소 우리는 그리스도의 신부로서, 그분의 왕 같은 제사장으로서, 공동의 중보자로서 우리 역할을 충실히 담당할 수 있을 것이다.

11장 우리 왕께서 하늘의 열쇠를 주신다

예수 그리스도는 우주의 절대자이시다. 그분은 보이는 것과 보이지 않는 것, 즉 물질계와 인간, 천사의 세계 등 만물을 만드신 창조주이시다(요 1:3, 골 1:16). 삼위일체 하나님을 제외하고는 하늘의 모든 존재가 예수님에 의해 창조되었다. 죄를 범하여 사탄을 따르는 모든 영적 존재도 예수님이 창조하셨다. 예수님은 아직도 그들의 궁극적인 절대자이시다. 그들은 지금 예수님께 경배하지 않지만 언젠가는 경배하게 될 것이다. 물론 그들이 경배하는 것은 순종하기 위해서가 아니다. 때가 너무 늦었기 때문이다. 그들이 예수님께 경배하는 것은 단지 예수님이 홀로 주님임을 인정하는 행위일 뿐이다. 사탄과 그의 모든 졸개는 예수님이 허락하신 범위를 벗어날 수 없다(욥 1:10, 12, 2:6, 왕상 13:4). 사탄과 모든 악한 존재가 불못에 던져지고 더 이상 하나님과 인간에게 대항하지 못할 날이 속히 이르고 있다.

과학자들은 최신 과학 도구로도 우주를 보존하는 능력의 비밀을 캐내지 못하고 있다. 전자가 빛의 속도로 각 원자핵의 궤도를 돌 수 있는 능력의 원천은 무엇인가? 수세기가 지나도록 천체의 수많은 별을 운행하는 능력은 무엇인가? 성경은 이러한 질문에 답변한다. 그 해답은 바로 예수님이다(히 1:3). 예수 그리스도는 오늘날에도 절대자시다. 예수님은 "하늘과 땅의 모든 권세를 내게 주셨으니"(마 28:18)라고 친히 말씀하셨다.

예수님은 역사의 열쇠를 쥐고 계신다

하나님(성육신 전의 예수님)은 구약에서 두 번이나 "나는 처음이요 마지막"이라고 선언하셨다(사 44:6, 48:12). 예수님은 요한계시록에서 이 진리를 다시 말씀하신다(1:17, 22:13). 만물의 창조주이시기 때문에 처음이며, 만물에 대한 최후의 결정권이 있기 때문에 마지막이시다. 인간과 사탄이 그분의 계획을 파괴하려고 애쓰지만, 예수님은 영원하신 계획을 곧 수행하실 것이다. 예수님은 역사의 주인이시다. 그분은 절대 누구에게도 이 주권을 양도하지 않으실 것이다. 그러므로 우리가 인생을 통째로 역사의 주인의 손에 내어 맡긴다 해도 결코 실수를 범하는 것이 아니다.

예수님은 죽음과 음부의 열쇠를 쥐고 계신다

예수님은 사망과 음부를 초월하신 절대주이시다. "곧 살아 있는 자라 내가 전에 죽었었노라 볼찌어다 이제 세세토록 살아 있어 사망과 음부의 열쇠를 가졌노니"(계 1:18). 예수님이 허락하지 않으시면 어떤 병균이나 범죄자나 테러 분자도 우리를 어쩌지 못한다. 예수님이 허락하지 않으시면 어떤 폭풍이나 홍수도, 어떤 야수도, 어떤 세력이나 능력도 우리를 건드리지 못한다.

이것은 우리가 아무런 고통 없이 장수할 것을 보장한다는 뜻이 아니다. 우리가 하나님의 건강 법칙을 무시하고 멋대로 산다면 심은 대로 거두게 될 것이다. 우리는 사고를 당하기도 하고 병에 걸리기도 한다. 그러나 이것은 예수님이 "우리"를 해하도록 허락하셨다는 의미는 아니다.

존 웨슬리는 "나는 내 일이 끝날 때까지는 불멸이다"라고 했다. 이 말은 우리가 하나님의 뜻 안에 있는 한, 성령의 인도에 민감하게 순종하는 한, 우리 몸을 세심하게 돌보는 한, 우리의 생명과 죽음은 궁극적으로 우연이나 자연적인 사건, 다른 인간이나 사탄의 손에 지배받지 않는다는 뜻이다. 예수님은 우리에게 영원히 선이 될 수 있는 것을 제외하고는 그 어느 것도 우리를 건드리지 못하게 하셨다. 그분은 지금뿐 아니라 영원토록 우리를 사용하실 계획을 세우고 계신다. 예수님이 사망과 음부의 열쇠를 쥐고 계신 것을 하나님께 감사하자. 주님은 결코 그 열쇠를 다른 이들에게 양도하지 않으신다.

예수님은 다윗의 열쇠를 쥐고 계신다

거룩하고 진실하사 다윗의 열쇠를 가지신 이 곧 열면 닫을 사람이 없고 닫으면 열 사람이 없는 그가 이르시되(계 3:7).

그리스도는 모든 문을 주장하는 주인이시다. 모든 음부의 권세가 힘을 합친다 해도 예수님이 한 번 닫으신 문은 결코 억지로 열 수 없다. 바울은 전도 사역의 문을 여신 분이 바로 예수님임을 깨달았다(고후 2:12, 골 4:3).

바울처럼 "광대하고 유효한 문"(고전 16:9)을 열려고 한다면, 예수님이 바로 그 문을 여시는 분이라는 사실을 기억하라. 사탄의 면전에서 문을 쾅 닫고 싶으면, 그때도 문을 닫으시는 분은 예수님이라는 사실을 기억하라. 우리가 닫은 문은 사람들이 열 수 있고 우리가 연 문은 사람들이 닫을 수 있을지 모르나, 예수님이 열고 닫으신 문은 사람들이 어찌할 수 없다. 그분은 우리의 인생에 있는 문들을 주관하는 절대 주권을 결코 남에게 양보하지 않으신다. 그분은 바로 다윗의 열쇠를 손에 쥐고 계신다.

예수님은 우리에게 천국 열쇠를 주실 것이다

예수님이 결코 남에게 양도하지 않으시는 열쇠가 있는가 하면, 우리에게 주고 싶어하시는 천국 열쇠도 있다. "또 내가 네게 이르노니 너는 베드로라 내가 이 반석 위에 내 교회를 세우리니 음부의 권세가 이기지 못하리라 내가 천국 열쇠를 네게 주리니 네가 땅에서 무엇이든지 매면 하늘에서도 매일 것이요 네가 땅에서 무엇이든지 풀면 하늘에서도 풀리리라"(마 16:18-19).

예수님은 초대 교회의 제자들에게 천국 열쇠를 위임하셨다. 예수님은 "너희는 나를 누구라 하느냐?"라는 질문에 대답한 베드로에게 위 말씀을 주셨다(15절). 베드로가 예수님의 주 되심을 고백하자 이 땅에 하나님 나라를 확장시키기 위해 그(와 예수님을 따를 제자들)에게 놀라운 권세를 주신 것이다.

그렇다면 베드로는 이 권세를 어떻게 사용했는가? 도대체 어떻게 매고 풀었는가? 예수님은 그분의 교회를 세우겠다고 약속하셨다. 이제 더 이상 인간의 몸으로 이 땅에 하나님의 교회를 세울 수 없었기 때문에, 이 임무를 베드로와 다른 제자들에게 위임하신 것이다. 그리스도께서 매고 푸는 데 보이시는 관심은 교회의 권징 문제라기보다는 교회를 세우고 확장시키는 데 대한 관심으로 보아야 한다. 사도행전에 기록된 신약 교회 성장 모습을 보면, 성령의 역사와 함께 기도와 복음 증거가 큰 역할을 담당했음을 알 수 있다.

오순절에 그리스도께서는 베드로에게 열쇠를 하나 주셨다. 이에 베드로가 순종하고 믿으며 나아간 결과, 3천 명의 새신자에게 문을 열어줄 수 있었다. 그리스도께서는 스데반에게도 열쇠를 주셨다. 이에 스데반은 순종했고, 곧바로 하늘나라로 들어갈 수 있었다. 스데반의 순교는 바울에게 큰 영향을 끼쳤고, 이로 인해 바울은 초대 교회 최대의 영혼 구원자가 되었다. 그리스도께서 주신 열쇠를 사용하여 빌립은 사마리아인들에게 교회의 문을 열어주었다. 그리스도께서는 빌립에게 또 다른 열쇠를 주시고 그를 사막으로 보내셨다. 빌립은 이에 순종했으며 가사로 내려가는 길에 에티오피아 내시에게, 그리고 결국은 아프리카인들에게 교회의 문을 열어주었다.

그리스도는 베드로에게 또 다른 열쇠를 주셨다. 이에 베드로는 고넬료에게, 그리고 그를 통해 로마 이방인들에게 구원의 문을 열어줄 수 있었다. 그리스도께서는 바울이 빌립보, 데살로니가, 아덴, 고린도, 에베소, 골로새 등의 도시와 그 밖에 알려지지 않은 많은 마을과 촌락에 교회를 설립하며 하나님 나라를 확장시켜나갈 때, 여러 열쇠를 주셨다. 바울은 계속 순종하고 기도하면서 복음을 전하는 방법으로 교회를 세워나갔다.

예수님은 시대마다 그분의 사역을 수행해 나갈 그리스도인들을 찾으신다. 예수님은 마태복음에서 이 진리를 되풀이하셨다. 매우 중요하기 때문이다. 이때 예수님은 베드로의 뒤를 따를 모든 그리스도인을 포괄하는 의미에서 "너희"라는 복수형 대명사를 사용하셨다.

> 진실로 너희에게 이르노니 무엇이든지 너희가 땅에서 매면 하늘에서도 매일 것이요 무엇이든지 땅에서 풀면 하늘에서도 풀리리라 진실로 다시 너희에게 이르노니 너희 중의 두 사람이 땅에서 합심하여 무엇이든지 구하면 하늘에 계신 내 아버지께서 그들을 위하여 이루게 하시리라 두세 사람이 내 이름으로 모인 곳에는 나도 그들 중에 있느니라(마 18:18-20).

신자들이 그들에게 위탁된 열쇠를 이용하게 되면서, 그리스도께서는 오늘날에도 계속 그분의 교회를 이 땅에 세우신다. 그리스도인들이 다른 이들의 구원을 위해 문을 열고, 사람들의 삶을 사슬로 묶는 사탄의 능력을 결박하며, 신자들과 교회를 파괴하려고 애쓰는 사탄의 권세를 묶을 때, 그리스도의 교회가 이 땅에 계속 세워진다. 따라서 하나님은 교회의 순결을 보존하기 위해 교회 지도자들에게 권징으로 교회를 다스리라고 명하시는 것이다. 물론 이 구절이 교회의 권징 문제를 가리킬 수도 있다. 그러나 이 구절은 더 많은 의미를 담고 있다. 열쇠를 이용하여 매고 푸는 것은 기도와 밀접한 관계가 있을 뿐 아니라, 신자들이 합심하여 기도하는 것과도 긴밀한 관계가 있다.

"합심하다"agree라는 뜻을 지닌 헬라어는 "쉼포네오"sumphoneo인데, 이 단어에서 "심포니"symphony라는 단어가 파생하였다. "조화를 이루어 소리를 내다"라는 뜻으로 이 단어는 주로 악기와 관련되어 사용된다. 성도 두 명이 한 성령 안에서, 한 소망을 품고, 한마음으로, 한 가지 문제를 놓고 조화를 이루어 기도할 때, 그 기도는 하나님의 귀에 아름다운 심포니처럼 들릴 것이다. 성부 하나님은 이러한 기도에 틀림없이 응답하신다. 두세 사람이 예수님의 이름으로 모여 기도할 때 예수님이 친히 그들과 함께 기도하시고, 그들에게 동조하시며, 그들의 기도에 아멘으로 찬성하시기 때문이다.

그리스도께서는 열쇠를 사용할 그리스도인이라면 누구에게나 항상 열쇠 주기를 기뻐하신다. 그런데 어떤 그리스도인은 그 열쇠를 받아 사용하는 반면, 어떤 그리스도인은 뒤로 물러나 있다가 그만 기회를 놓쳐버린다. 그러나 그리스도께서는 지금도 그분의 나라를 조금씩 확장하고 계신다. 주님은 우리를 더 많이 사용하고 싶어하신다. 우리가 순종하기만 하면 다른 이들에게 나아갈 수 있다. 그러나 기도를 통해서라면 더욱 많은 사람에게 나아갈 수 있다.

기도하고 순종하는 조력자가 많을수록 역사의 주인이신 그리스도께서는 빠른 속도로 그분의 교회를 세우신다. 우리가 순종과 기도의 열쇠를 신실하게 사용하지 않는다면 주님은 우리에게 새로운 열쇠를 주시지 않을 것이다.

천국인가, 지옥인가

이제 주도권은 우리에게 달렸다. 다른 이들의 영원한 운명(천국인가 아니면 지옥인가)이 우리가 열쇠를 어떻게 사용하느냐에 달려 있음을 깨달아야 한다.

예수님은 부활하신 후 처음으로 제자들을 만나는 자리에서 그들을 축복하시고 손과 옆구리를 보여주신 후 "아버지께서 나를 보내신 것같이 나도 너희를 보내노라"고 말씀하셨다(요 20:21). 그리고 나서는 제자들을 향해 숨을 내쉬며 "성령을 받으라"고 명하셨다(22절). 예수님은 곧바로 제자들과 그 뒤를 이을 모든 제자에게 매우 중차대한 책임을 맡기셨다. "너희가 누구의 죄든지 사하면 사하여질 것이요 누구의 죄든지 그대로 두면 그대로 있으리라 하시니라"(23절).

"이런 일이 어떻게 가능합니까?"라고 질문할 사람도 있을 것이다. 죄를 사할 수 있는 분은 오직 하나님 한 분뿐이지 않느냐고 반문할 사람도 있을 것이다. 물론 그렇다. 그리스도께서 죄의 대가를 치르셨기 때문에 누구든지 그분의 이름을 부르면 죄를 용서받을 수 있다. 이 사실은 어떤 말로도 하나님께 다 감사하지 못한다. 그렇다면 다른 이들의 죄를 용서하는 일이 하나님 손이 아니라 우리 손에 달렸다는 말은 도대체 무슨 뜻인가?

그 대답은 매우 단순하다. 그리스도께서는 세상에 복음을 전하도록 우리를 택하셨다. 그리스도께서는 만인의 죄에 대한 대가를 이미 치르셨다. 그렇기 때문에 이제 예수님은 우리의 목소리를 사용하셔서 세상에 말씀하신다. 우리가 친구에게 복음을 전하면 그가 죄를 용서받을 수도 있지만, 그렇게 하지 않으면 그는 죄를 용서받을 수 없다. 또 우리가 세계에 복음을 전한다면 세계가 구원받을 수도 있지만, 그러지 않으면 세계는 구원받을 수 없다. 천국이냐 지옥이냐가 바로 우리 손에 달렸다. 그리스도가 맡은 임무는 이미 끝났으나, 우리 임무는 아직 끝나지 않았다.

이 사실은 기도와도 직접 관련된다. 오늘날 많은 사람이 한 번도 복음을 듣지 못한 채 죽어가고 있다. 그렇기 때문에 예수님이 우리에게 추수할 일꾼들을 보내달라고 기도하라고 명하신 것이다. 또한 많은 사람이 복음을 듣고 믿으며 구원받을 기회를 일생 동안 오직 한 번밖에 갖지 못할 수도 있다. 그때 그들이 그 기회를 놓치면 어떻게 할 것인가? 그들이 이해하지 못하면 어떻게 할 것인가? 편견 때문에 복음을 무시해 버리면 어떻게 할 것인가? 그런 상황에서는 바로 우리의 기도가 그 간격을 메워야 한다. 하나님이 바로 우리를 그들의 유일한 구원의 희망으로 삼으셨다.

일부 이슬람권과 공산권 국가들은 선교를 완전히 막고 있다. 폐쇄되고 억압이 심한 그 사회에서는 거의 복음을 전하지 못한다. 그들에게 복음을 전할 수 있는 유일한 방법은 라디오를 통한 전파 선교뿐이다. 그러나 드러내놓고 그리스도인임을 자부하는 그리스도인들의 기쁨에 찬 증거가 없다면, 그들은 그 의미를 알아듣지 못할 수도 있다. 지방 방송국에서는 그리스도인의 목소리가 흘러 나가지 않기 때문에, 그들은 선교 방송이 있는지도 모를 수 있다. 이럴 때는 바로 우리 기도가 그들의 유일한 희망이다. 그들이 라디오 주파수를 맞출 때 우리 기도가 그들의 손길을 인도하고, 그들의 편견을 제거하며, 그들의 이해를 도울 수 있다. 또한 기도가 사탄의 방해 공작인 의심을 막을 수 있다. 사실 기도는 그들에게 구원의 문을 여는 유일한 열쇠일지 모른다.

그리스도께서 우리에게 주신 열쇠는 우리 생각보다 훨씬 많은 세상 사람과 친척에게 구원의 문을 열어줄 수 있다. 언젠가 그리스도께서는 그 열쇠로 무슨 일을 했는지 물어보실 것이다. 얼마나 많은 사람에게 천국 문을 열어주었는지, 얼마나 많은 사람을 위해 사탄의 의혹의 문을 닫았는지 질문하실 것이다. 그리스도께서 그분의 교회를 세우시고 그분의 나라를 확장시키기 위해 세우신 유일한 계획은 우리에게 천국 열쇠를 주시는 것이다. 우리는 지금 그 열쇠를 신실하게 사용하고 있는가?

12장 십자가를 통해 기도의 권위를 소유하다

그리스도인은 십자가에서 이루신 그리스도의 영광스런 승리를 거듭 기뻐해야 한다. 그러나 하늘에 올라가기 전까지 우리는 우리 자신과 전 세계를 향한 십자가의 영원한 의미를 이해할 수 없을 것이다. 하나님의 계획 가운데 그리스도의 십자가는 고문과 수치의 도구에서 최고의 영광이 되었다.

예수님은 제자들에게 손과 발에 난 못 자국과 옆구리에 난 창 자국을 보여주셨다(요 20:20, 27). 그리스도의 부활한 몸에는 우리를 구원하기 위해 지불한 대가가 여전히 남아 있다. 언젠가는 예수님과 일대일로 교제할 날이 올 것이다. 그날 주님은 첫 제자들에게 하셨듯이 우리에게도 못 자국 난 손을 보여주실 것이다. 예수님은 그분만의 영광의 상징으로 십자가에서 고난당하신 증거를 영원토록 몸에 지니실 것이다(계 5:6).

이제 그리스도의 승리의 영광을 함께 살펴보자. 기도 전쟁 속에서 사탄을 더 효과적으로 결박하고 새로운 승리를 얻기 위해서는 그리스도의 승리의 영광을 이해하는 것이 중요하다.

사탄의 왕국

하나님과 교회의 원수인 사탄은 악한 왕국을 소유하고 있다. 그는 타락한 천사들과, 하나님의 관점에서 보면 마귀의 자식인 죄인들을 다스리고 있다(요 8:44). 오늘날 타락한 천사들은 활동하지 못한다. 그들은 지금 영원한 사슬에 매여(유 6절) 어두운 구덩이(벧후 2:4)에 갇힌 채 심판 날만 기다리고 있다.

그러나 귀신들은 활발하게 활동하고 있다. 귀신을 가리키는 헬라어 "다이몬"daimon은 타락한 천사를 가리키는 "앙겔로스"angelos와 전혀 다른 단어다. 귀신들은 더러운 영, 즉 "프뉴마톤 아카타르톤"pneumaton akatharton이라고 불리거나(행 5:16), 악한 영, 즉 "프뉴마타 타 포네라"pneumata ta ponera라고 불린다(19:12-16). 귀신이 어디서 나왔는지는 알 수 없다. 그러나 하나님은 악한 존재를 창조하지 않으신다. 따라서 귀신은 타락한 천사들과 마찬가지로 한때는 거룩했으나 스스로 선택하여 악한 존재가 된 것이다.

하나님과 인간에 대항한 뿌리 깊은 역사를 보면, 사탄은 귀신들에게 크게 의존하고 있다. 하나님은 전지하신 반면, 사탄은 귀신들이 주는 정보에만 의존한다. 그러나 사탄은 온 천하를 꾀는 자(계 12:9)이며 거짓의 아비(요 8:44)다. 사탄이 귀신들에게 거짓말을 가르치듯 귀신들도 사탄에게 거짓말을 하는 것 같다. 사탄은 가끔 부정확한 정보에 근거하여 행동하는 것처럼 보이기 때문이다. 하나님은 전능하신 반면 사탄의 능력은 한계가 있으며, 보통 한 귀신이나 여러 귀신을 통해 일할 수밖에 없다.

사탄은 적 하나님anti-God이고 적그리스도anti-Christ이다. 적 교회anti-church이고 적그리스도인anti-Christians이며 적 인류anti-mankind다. 자기 소유를 사랑하지 않을 뿐 아니라 도리어 경멸하고 미워한다. 사탄이 하나님께 반격할 수 있는 유일한 방법은 하나님께 사랑받는 자를 해치는 것이다. 그래서 그는 하나님의 백성을 끊임없이 방해하고 해하며 저주하려고 애쓴다. 우리가 말하는 사탄의 결박이란, 귀신들을 통해 행사되는 사탄의 능력을 결박한다는 것이다.

사탄이 악의 왕국에서 귀신들을 어떻게 조직했는지는 알 수 없다. 그러나 성경에서 영적인 존재를 설명한 용어를 살펴보면, 종종 귀신들이 사탄에게 지배받는다고 묘사한다." 이 용어들은 사탄 아래 있는 권세들의 서열이나 배경, 임무를 가리키는 것 같다. 여기서 중요한 점은 이 모든 존재가 그 능력이나 지식, 활동 영역에서 제한된 존재라는 사실이다.

사탄과 모든 사악한 영은 십자가에서 패배했다

갈보리에서의 승리가 얼마나 완전한 승리인지 알고 있는가? 그 승리는 바로 우리를 위한 승리였다. 예수님이 우리 대신 십자가에서 우리 죄를 지셨기 때문이다. 예수님은 우리를 구속하신 대가를 치르셨다. 주님은 구약의 모든 예언과 모형을 성취하셨다.

아담 이후 계속된 모든 대속 제물은 십자가에서 드리신 그리스도의 최종적이고 완전하며 거룩한 제사에 의해 하나님께 열납되었다. 회개하는 죄인이 하나님께 드리는 모든 제사는 예수님이 갚겠다고 보장하신 약속 어음과 같다. 십자가 위에서 예수님이 모든 것을 지불하셨다. 그것을 받아들이는 모든 사람에게 갈보리는 영원한 승리가 된다(계 22:17).

갈보리의 승리는 하나님의 계획을 위한 승리이기도 했다. 인간과 영원히 교제하려던 하나님의 원래 계획은 언젠가 의로운 새 땅에서 다시 시작될 것이다(계 21:1). 타락한 인간은 갈보리의 승리로 모두 회복될 것이다. 죄, 고통, 눈물, 죽음, 저주와 같이 인간의 타락으로 이 세상에 들어온 모든 것은 영원히 사라질 것이다(계 21:4-5, 25, 22:3, 5).

사탄은 하나님의 영원한 계획을 방해한다. 그러나 사탄의 방해는 그리스도의 승리의 재림으로 종지부를 찍을 것이다. 그리스도께서 재림하시는 것은 갈보리의 승리 때문이다. 사탄과 죄가 방해해 온 수천 년이라는 기간에 비교할 때, 우리가 누릴 축복의 기간은 영원이기 때문에, 우리가 천국에 들어가면 죄의 지배는 단지 나쁜 꿈 정도로 여겨질 것이다.

- 아르카이(*archai*) | 정사(rulers) - 고전 15:24, 엡 1:21, 3:10, 6:12, 골 1:16, 2:10, 15
  엑수시아이(*exousiai*) | 권세(authorities) - 고전 15:24, 엡 1:21, 3:10, 6:12, 골 1:16, 2:10, 15
  뒤나메이스(*dunameis*) | 능력(powers) - 롬 8:38, 고전 15:24, 엡 1:21
  퀴리오테스(*kuriotes*) | 주관자(dominions, lordships) - 엡 1:21, 골 1:16
  트로노이(*thronoi*) | 보좌(thrones) - 골 1:16
  아르콘테스(*archontes*) | 관원(leaders, princes) - 고전 2:6
  코스모크라토레스(*kosmokratores*) | 세상 주관자들(world rulers) - 엡 6:12

그러나 사탄에게 갈보리에서의 그리스도의 승리는 완전하고 영원하며 치명적인 패배였다. 처음에 사탄은 자신이 승리했다고 생각했다. 이것은 사탄의 지식과 이해가 얼마나 제한되어 있는지를 단적으로 보여준다. 사실, 갈보리의 십자가는 사탄과 죄와 죽음, 사탄의 모든 왕국을 한 번에 파괴시켜버렸다. 십자가가 사탄이나 수많은 귀신을 전멸한 것은 아니다. 그들은 불못에서 영원토록 고통받을 것이기 때문이다(계 20:10).

사탄과 악한 영들에게는 지옥이 준비되어 있다. 인간의 경우에는 사탄과 동맹을 맺어 갈보리에서 그리스도께서 성취하신 대속을 믿고 회개하며 죄에서 구원받기를 거절할 때에 지옥에 간다(계 20:14-15). 이제 갈보리에서의 사탄의 치욕적인 패배를 성경이 어떻게 묘사했는지 살펴보자.

이 세상 임금인 사탄이 쫓겨났다(요 12:31-33). 사탄은 일종의 찬탈자다. 십자가는 사탄에게 첫 심판이었다. 사탄의 주장은 파괴되고, 사탄의 권세는 무효화되었다. 사탄은 완전히 패했기 때문에 지위를 상실하고 말았다. 비록 아직도 활동하며 무익한 무력을 쓰고 있지만 십자가로 인해 사탄은 궁극적으로 이 세상에서 쫓겨난 것이다. 사탄은 하나님이 그리스도의 재림 후 십자가의 심판을 시행하실 때까지만 이 세상의 지배자다.

통치자와 권세를 무장 해제시키셨다(골 2:15). "무장 해제하다"disarmed에 해당하는 헬라어는 "아페코이오"apekoyo인데, 이 말은 "완전히 벗겨서 무력하게 하다"라는 복합적인 의미를 지니고 있다. 그리스도께서는 십자가에서 모든 귀신의 권세를 제거하셨다. 십자가에서 사탄 세력의 지도자와 권세자들은 영예와 권세를 박탈당했다. 따라서 그들은 우리에게 대항하거나 우리를 위협하거나 괴롭힐 힘이 없다.

그러나 이것이 전부는 아니다. 십자가에는 이보다 많은 것이 내포되어 있다. 바울은 그리스도께서 "십자가로 정사와 권세를 이기시고 그들의 모습을 모두가 볼 수 있도록 하셨다"(15절)고 말하고 있다.■ 이 모습은 고대 역사의 한 장면에서 따온 것이다. 다른 나라를 정복한 황제는 대승을 거두고 돌아오면 때때로 승리의 행진을 했다. 승리한 황제와 군대는 길거리에 늘어서서 환호하는 큰 군중 사이를 당당하게 행진했다. 악사들이 음악을 연주하는 가운데 병사들은 빼앗은 보물들을 병거에 싣고 포로로 잡은 왕과 장군들, 그 밖의 죄수들을 사슬에 묶어 끌고 갔다. 이렇게 포로로 잡힌 이들의 수치가 만인에게 공공연하게 드러났다.

"에데이그마티센"*edeigmatisen*이라는 헬라어는 "공적으로 전시하다"라는 뜻이다. 그리스도께서 죽으시고 부활하셔서 옥에 있는 악한 영들에게 십자가에서의 사탄의 패배를 선포하셨다(벧전 3:19). 이것은 그리스도께서 사탄과 귀신들을 치욕적으로 패배시킨 후 사슬에 묶어서 옥에 있는 영들 사이로 승리의 행진을 하셨다는 사실을 상징적으로 보여준다. 바울은 그리스도께서 사탄과 귀신들의 패배를 공적으로 드러내 보이셨다고 말한다. 귀신들도 사탄이 영원히 패배했고 권세를 박탈당했으며 사탄마저도 그의 마지막 날을 기다리고 있다는 점을 알고 있다(마 8:29).

사탄과 그의 악한 영들은 멸망당했다(히 2:14). "멸망하다"라는 말은 헬라어로 "카타르게오"*katargeo*인데, "행동하지 못하게 하다, 무용지물로 만들다"라는 뜻이다. 성경은 인간을 영적으로 위협하던 파괴의 능력이 그리스도의 죽음과 재림으로 완전히 정지되었음을 보여주기 위해 이 용어를 거듭 사용하고 있다. 사탄의 모든 권세와 능력마저도 십자가에서 파멸되었다(고전 15:24). 마지막으로 멸망할 최후의 적은 죽음이다(고전 15:26). 결국 사탄(히 2:14)과 악

■ 개역개정 성경에는 "통치자들과 권세들을 무력화하여 드러내어 구경거리로 삼으시고 십자가로 그들을 이기셨느니라"라고 되어 있다
_ 옮긴이

한 통치자들(고전 2:6)을 포함해서 사탄의 모든 세력이 멸망당할 것이다.

갈보리에서의 승리와 부활, 승천으로 그리스도께서는 보좌에 앉으시게 되었다.
"모든 통치와 권세와 능력과 주권과 이 세상뿐 아니라 오는 세상에 일컫는 모든 이름 위에 뛰어나게 하시고 또 만물을 그의 발아래에 복종하게 하시고"(엡 1:21-22). 그리스도께서는 하늘의 모든 존재, 특히 타락한 악한 영들보다 높이 하나님의 보좌 우편에 앉아 계신다. 악한 영들은 이미 패배했기 때문에 잠재적으로는 "그리스도의 발아래" 있는 것이다. 물론 마치 패배하지 않은 것처럼 우리를 지배하려 하지만 말이다.

"발판"이라는 은유적 표현은 여호수아 10장 24절에도 잘 설명되어 있다. 그 구절에서 여호수아는 장군들에게 포로가 된 왕들을 죽이기 전에 발로 그들의 목을 밟으라고 명령한다. 예수님은 언젠가 모든 패배한 영을 발로 밟으실 것이며, 승리한 전사인 우리도 그들을 발로 밟을 것이다. 그러고 나서 주님은 이들을 지옥에 던져 넣으실 것이다.

귀신들은 자신들이 패배했다는 것과 자신들이 결국 어떻게 될지를 알고 있다. 그들이 우리와 우리의 기도를 무서워하는 것도 바로 그 이유에서다. 귀신들은 우리가 예수님께 권세를 받았다는 것을 알고 있기 때문에 우리가 그리스도의 이름과 능력으로 대항하면 우리에게서 물러날 뿐 아니라 우리를 피해 도망할 것이다(약 4:7).

사탄은 우리에게 겁을 주기 위해 우는 사자처럼 돌아다니지만 그는 이미 패배한 찬탈자일 뿐이다. 사탄은 우리 삶에서 그 어떤 권리나 위치, 권세나 법적인 자리를 요구할 수 없다.

✚ 사탄은 지금 예수님에게 쫓겨나가고 있다(요 12:31).
✚ 사탄은 옷이 벗겨지고, 그리스도의 승리의 행진 가운데 사슬에 묶여 체포된 적장으로 전시되어 수치를 당하고 있다. 그리스도께서는 모욕당하

는 사탄을 최고 전리품으로 제시하시면서 사탄이 패배했음을 하늘과 음부에 있는 모든 이에게 드러내 보이신다(골 2:15). 포효하는 거짓 사자인 사탄은 유다 지파의 진정한 사자인 예수 그리스도, 즉 하나님의 사랑하는 아들이신 인자에게 패배했다(계 5:5).

✚ 사탄의 능력은 파괴되었으며, 사탄과 그의 모든 세력은 완전히 멸망하고 말았다(히 2:14, 고전 2:6, 15:24).

✚ 사탄과 모든 귀신은 잠재적으로 예수님의 발아래 굴복했으며 조만간 절대적으로 그 앞에 복종하게 될 것이다(엡 1:21-22). 사탄은 우리의 발아래서 실제적으로 상하게(쉰트리보 *syntribo*) 하실 것이다(롬 16:20). 쉰트리보는 "짓밟아서 가루로 만들다"라는 말로, 완전한 패배를 의미한다.

예수님은 제자들에게 말씀하신 것처럼 오늘 우리에게도 말씀하신다. "내가 너희에게 뱀과 전갈을 밟으며 원수의 모든 능력을 제어할 권능을 주었으니 너희를 해칠 자가 결코 없으리라"(눅 10:19). 우리는 비록 무가치하다 해도 겸손하게 그러나 확신 있게 이 권세를 받아들여야 한다. 갈보리에서의 그리스도의 영광스런 승리 위에서 그리스도의 이름으로 우리는 사탄의 권세를 결박하고 패배시켜야 한다.

13장 믿음의 명령을 사용하라

성경에서 산은 힘과 안정성을 상징한다. 또한 산은 거대한 난관과 겉으로는 불가능해 보이는 어려움을 나타내기도 한다. 하나님은 자녀들을 위해 산들을 움직이거나 극복할 수 있게 해주겠다고 약속하기도 하셨지만, 우리에게 직접 옮기라고 명령하실 때도 있다. 그래서 어떤 때는 우리가 산더러 옮겨가라고 명령할 때까지 하나님이 산을 움직이지 않으시기도 한다. 결국 성경에는 두 종류의 "산"이 있는 것이다.

하나는 축복하시기 위해 하나님이 놓으신 산이다. "내가 나의 모든 산을 길로 삼고 나의 대로를 돋우리니"(사 49:11). 이 산들은 하나님의 산들이다. 하나님이 우리를 그 산에 이르는 길로 인도하신다. 그 산들은 우리의 영적 유익을 위해 하나님이 허락하신 것이다. 그 산들이 우리가 나아가는 속도를 줄일지는 모르나, 그것들은 영의 근육을 단련하고 우리의 신앙을 확고하게 하며 하나님이 응답하실 때까지 계속 기도하는 법을 배우게 하여 기도 솜씨를 개발할 수 있다. 그러나 어떤 산들은 몹시 거대하고 험하기 때문에 여러 성도가 합심하여 기도할 때에만 해결되기도 한다.

비록 그렇게 보이지 않아도 이 산들은 하나님의 산들이다. 하나님은 우리 길을 일시적으로 차단하시려고 그 산들을 허락하신 것이다. 따라서 그 산 앞에 직면하여 계속 기도하면, 하나님은 우리에게 깊은 영의 비밀을 가르쳐주실 것이다. 때로는 기도할 때 피곤할 수도 있다. 그러나 포기하지 않는다면 적절한 때(하나님의 완벽한 때)에 합당한 수확을 할 수 있을 것이다(갈 6:9).

내가 사랑하는 한 선생님은 늘 "하나님의 시계는 100% 정확하다"고 말씀하셨다. 하나님은 결코 이른 적도, 늦는 적도 없으시다. 하나님의 스케줄은 언제나 최선이다. 하나님의 산이 하나님의 고속도로가 된 후에야, 그분이 기도 응답을 연기하신 이유를 깨닫는 경우가 많다. 심지어 어떤 경우에는 하늘나라에 도착할 때까지 기도 응답을 기다려야 한다. 하나님을 신뢰하라. 하나님은 그분이 무슨 일을 하고 계시는지 잘 아신다. 이 점만은 분명히 확신해야 한다. 하나님이 정하신 목적지에 이르는 길을 산이 가로막게 허락하셨다면, 하나님은 이적을 준비하고 계신 것이다. 하나님은 그분의 모든 산을 길로 바꾸신다.

다른 하나는 우리 길을 가로막기 위해 사탄이 놓은 산이다. 이 산은 하나님의 산과는 매우 다르다. 이 산들을 두고 오래 기도할수록, 응답이 더딘 이유가 하나님 때문이 아님을 확신하게 된다. 이런 산을 놓고 기도할수록, 우리는 어두운 귀신의 세력과 영적 전투를 하고 있음을 더욱 분명히 깨닫는다. 하나님의 일을 방해하고 예수님의 이름을 욕되게 하기 위해 사탄과 그의 세력이 우리 길을 가로막고 있는 것이다.

우리는 사탄이 우리를 놀리고 조롱하는 소리를 들을 수 있으며 우리에게 대항하는 모습을 볼 수 있다. 그렇다면 사탄은 하나님의 자녀를 가로막을 수 있는가? 그렇다. 잠시 동안 우리를 지체시킬 수 있다. 사탄은 바울이 데살로니가에 가는 것을 여러 번 방해했다(살전 2:18). 그러나 바울은 마침내 그곳에 갈 수 있었다(행 20:1-2).

하나님은 더 높은 목적을 성취하시기 위해 사탄이 우리를 지체시키는 것을 허락하실 수도 있다. 그러나 사탄이 우리를 완전히 가로막는 것은 원하지 않으신다. 하나님은 우리가 산을 옮기길 원하신다. 우리가 우리에게 명하신 장소를 떠나거나 후퇴하는 것을 원하지 않으신다. 이 산들은 하나님의 산들이 아니라 사탄의 산들이다. 따라서 이 산들은 옮겨야 한다.

그렇다면 어떻게 그 산들을 옮길 수 있을까? 예수님은 그러한 산들을 만날 때, 하나님이 그것들을 옮기실 때까지 기도하라고 말씀하셨다. 오직 기도를 통해서만 해결되는 문제들이 있다(막 9:29). 게다가 예수님은 기도와 함께 장애물을 옮길 수 있는 또 다른 도구를 주셨다.

> 이르시되 너희 믿음이 작은 까닭이니라 진실로 너희에게 이르노니 만일 너희에게 믿음이 겨자씨 한 알만큼만 있어도 이 산을 명하여 여기서 저기로 옮겨지라 하면 옮겨질 것이요 또 너희가 못할 것이 없으리라(마 17:20).

예수님은 이 진리를 더 강한 어조로 반복하셨다. 하나님 나라 확장에서 매우 전략적인 가치이기 때문이다. "예수께서 대답하여 이르시되 내가 진실로 너희에게 이르노니 만일 너희가 믿음이 있고 의심하지 아니하면 이 무화과나무에게 된 이런 일만 할 뿐 아니라 이 산더러 들려 바다에 던져지라 하여도 될 것이요."(마 21:21).

앞 구절은 예수님이 변화산에 계시는 동안 한 아버지가 귀신들린 아들을 제자들에게 데리고 온 일 후에 예수님이 하신 말씀이다. 제자들은 영적으로 준비되어 있지 않았기 때문에 귀신을 쫓아낼 수 없었고, 그로 말미암아 예수님의 이름에 누를 끼치게 되었다. 뒤 구절은 예수님이 열매 없는 무화과나무를 저주하시자 곧 시들었을 때 하신 말씀이다. 그 무화과나무는 가짜였다. 이때 예수님은 사탄의 일은 크든 작든 시들어져야 한다고 가르치셨다.

믿음의 명령은 성경적이다

그리스도의 권세를 행사하는 것을 때때로 "믿음의 명령"이라고 부른다. 하나님 말씀에 있는 상징과 본보기를 통해 우리는 이 진리를 배울 수 있다. 하나님은 자녀들이 그분이 주신 권세를 사용하길 원하신다. 모세의 지팡이는 바로에게 하나님을 드러내는 대표물로, 하나님의 권세를 상징했다. 애굽의 술사와 신들 이면에 있는 귀신의 세력과 싸울 때 모세는 때때로 하나님께 기도했다. 그러나 하나님은 때로 모세에게 지팡이만 사용하도록 명하신 적도 있다.

하나님은 모세에게 지팡이를 내밀어 나일 강물을 치라고 명하셨다. 모세가 명령대로 하자 강물이 피로 변했다. 하나님이 지팡이를 내밀라고 하셔서 명령대로 하니 개구리가 사방에서 뛰어나왔고, 티끌을 치라고 하셔서 명령대로 하니 티끌이 이로 변했으며, 하늘을 향해 손을 들라고 하셔서 명령대로 하니 큰 우박이 내렸다. 손을 내밀라고 하셔서 명령대로 하니 메뚜기가 나와서 땅을 황폐화시켰으며, 또다시 손을 내밀라고 하셔서 명령대로 하니 사흘 밤낮 빛이 없는 암흑천지가 되고 말았다(출 7-10장).

이스라엘이 홍해에 이르렀을 때 모세는 하나님께 기도했다. 그때 하나님은 "너는 어찌하여 내게 부르짖느냐"(출 14:15)고 물으시고는 지팡이를 바다 위로 내밀라고 명하셨다. 명령대로 하니 바다가 갈라져 이스라엘 백성은 마른땅을 밟으며 바다를 건널 수 있었다. 때로는 계속 기도하는 것이 신앙 부족을 드러내기도 한다. 하나님은 우리가 믿음의 명령을 내리고 전진하기를 원하신다.

위대한 기도 용사인 엘리야도 믿음의 명령을 사용해야 할 때가 있었다. 그는 사르밧 과부에게 자기를 위해 음식을 만들어 오라고 명하면서 기근이 끝날 때까지 먹을거리가 떨어지지 않는 이적을 경험할 것이라고 말했다(왕상 17:8-16). 또한 아하시야의 교만한 오십부장에게 "내가 만일 하나님의 사람이면 불이 하늘에서 내려와 너와 너의 오십 명을 사를지로다"(왕하 1:10)라고 말하고 나자 정말로 하늘에서 불이 내려와 그와 군사들을 살랐다. 엘리사와 함께 요단강에 도착했을 때 엘리야는 기도하는 대신 요단 강물을 쳤다. 그러자 홍해가 갈라진 것처럼 요단 강물이 갈라졌다. 엘리야가 승천한 후, 엘리사가 돌아가던 길에 강물을 치자 이번에도 요단강이 갈라졌다(왕하 2:14).

예수님은 거듭 믿음의 명령을 사용하셨고, 그것이 무엇인지 보여주셨다. 첫 이적을 행하신 갈릴리 가나에서 예수님은 하인들에게 항아리에 물을 가득 채우라고만 명령하셨다. 문둥병자들에게 "깨끗해져라" 하고 명령하셨으며, 보지 못하는 사람들의 먼눈을 만지시면서 "열려라" 하고 명하셨다. 주님은 듣지 못하는 자에게 "열려라" 하고 명하셨으며, 중풍병자에게는 "일어나라"고 명령하셨다. 열병 걸린 자와 문둥병자, 심지어 죽은 자들까지도 그리스도께서 손으로 만지시면 기적이 일어났다. 주님은 무덤 앞에서 "나사로야, 나오너라" 하고 명령하셨다. 그분이 꾸짖으시면 귀신들이 쫓겨나갔다. 주님은 바람을 꾸짖으시고 심한 풍랑을 향해 "잠잠하라"고 명하셨다.

사도들도 믿음의 명령을 사용했다. 성전 미문에서 베드로는 앉은뱅이에게 "나사렛 예수 그리스도의 이름으로 일어나 걸으라"고 명했다. 또한 죽어 누워 있는 도르가에게 "일어나라"고 명했다. 바울은 박수 엘루마에게 "네가 소경이 되리라"고 명령했다. 그리고 루스드라에서 나면서부터 앉은뱅이 된 자에게 "네 발로 서라"고 명했다. 게다가 빌립보에서는 귀신들린 소녀에게 "예수 그리스도의 이름으로 내가 네게 명하노니 그에게서 나오라"고 명령했다. 그러자 악한 귀신이 즉시 그 소녀를 떠나갔다(행 16:18).

언제 믿음의 명령을 사용해야 하는가

믿음의 명령은 삶을 평탄하게 하거나 시련을 없애주거나 사탄에게 앙갚음하기 위해 사용하는 영적 능력이 아니다. 믿음의 명령은 그리스도의 영광이 위기에 몰렸을 때, 그분의 나라가 방해받았을 때, 그리스도께서 살아 계신 하나님임을 입증하기 위해 우리가 사용하기 원하실 때, 매우 신중하게 그리스도의 권세와 이름을 행사하는 영적 능력이다. 믿음의 명령의 효과를 높이기 위해서는 하나님의 거룩한 천사들의 도움이 필요하지만, 예수 그리스도의 공식적인 대표자로서 우리는 언제나 믿음의 명령을 사용할 수 있다.

믿음의 명령은 자신을 보호하는 데 사용할 수는 없는가? 물론 육체적 공격을 당할 때 믿음의 명령을 사용할 수 있는 적법한 순간이 없는 것은 아니다. 우리는 하나님의 자녀이기 때문에 하나님께 보호받고 있다. 존 웨슬리가 노천에서 집회를 인도하며 설교할 때 폭풍이 밀려오자 그것을 향해 명령한 것처럼 우리도 예수님의 이름으로 자연을 향해 명령해야 할 때가 있다. 그러나 웨슬리는 자신의 안일함이나 편이가 아닌 복음의 확장을 위해 이 능력을 사용했다.

믿음의 명령은 기도의 대치물이 아니라, 꾸준한 기도 생활이나 영적 전투에서 자연스럽게 나오는 부가적인 순종의 단계다. 길게 기도할 수 없는 비상 상황에서는 예수님의 이름을 순간적으로 부를 수밖에 없다. 그러나 보통 믿음의 명령은 우리가 사탄의 영역을 침입할 때나 사탄의 방해물을 공격할 때, 사탄의 저항을 물리치려고 할 때 사용해야 하는 공격적인 기도 전쟁의 요소다. 하나님이 우리에게 믿음의 명령을 사용하기 원하실 만한 경우는 다음과 같다.

✢ 한 지역에서 나가라고 사탄에게 명령하고자 할 때.
✢ 복음에 대항하는 것을 멈추라고 사탄에게 명령하고자 할 때.
✢ 한 가정이나 개인, 마을을 악한 영의 흑암으로 덮고 있는 것을 철회하라고 사탄에게 명령하고자 할 때.
✢ 그리스도 좇기를 주저하는 사람의 의지를 더 이상 속박하지 말라고 사탄에게 명령하고자 할 때.
✢ 낙심한 사람이 마음의 평화를 누리도록 그에게서 떠나라고 사탄에게 명령하고자 할 때.
✢ 한 개인이나 가정에서 손을 떼라고 사탄에게 명령하고자 할 때.

✛ 새신자를 혼란스럽게 하는 짓을 그만두라고 명령하고자 할 때.
✛ 하나님의 자녀를 박해하지 말라고 사탄에게 명령하고자 할 때.
✛ 더 이상 병으로 괴롭히지 말라고 사탄에게 명령하고자 할 때.
✛ 더러운 유혹으로 우리에게 다가오는 사탄에게 뒤로 물러가라고 명령하고자 할 때.
✛ 하나님의 백성이 분열되는 것을 부추기지 말고 떠나가라고 사탄에게 명령하고자 할 때.
✛ 거짓 이적과 표적, 기적을 멈추라고 명령하고자 할 때.
✛ 사자의 울음소리나 비슷한 포효로, 믿는 이들을 놀라게 하는 일을 그만두라고 명령하고자 할 때.
✛ 그에 속한 귀신들을 제어하라고 사탄에게 명령하고자 할 때.
✛ 어떤 사람에게서 떠나라고 귀신들에게 명령하고자 할 때.
✛ 병이 떠나도록 명령하고자 할 때.
✛ 잠시 동안 자연을 향해 멈추라고 명령하고자 할 때.
✛ 사람들에게 접근하지 말라거나 떠나라고 사탄에게 명령하고자 할 때.

누구나 믿음의 명령을 내릴 수 있다

초성인만이 믿음의 명령을 내릴 수 있는 것은 아니다. 갓 믿기 시작한 그리스도인도 예수님의 이름으로 이적을 행할 수 있다.

인도에서는 예수님이 능력을 발휘하시는 것을 한 번도 보지 못한 새신자들이 귀신들을 쫓아낸 사건이 있었다. 목사나 선교사가 참석할 수 없던 시기에 일단의 새신자들이 기도회를 하기 위해 오두막집에 모여 있었는데, 힌두교도인 한 이웃이 찬송 소리를 듣고 찾아왔다.

"우리 집에 외지에서 온 손님이 몇 분 계신데 그중에 귀신들린 여인이 있습니다. 당신들이 우리를 도와주실 수 있을까요?"

그러자 그리스도인들은 즉시 대답했다. "좋습니다. 그 여인을 데리고 오세요. 우리 주님이 귀신들을 쫓아내실 것입니다."

이웃이 귀신들린 여인을 데려왔고, 새로 믿기 시작한 이 그리스도인들은 예수님의 이름으로 귀신을 쫓아냈다. 그러고 나서 힌두교를 믿는 그 손님들은 그 마을을 떠났다.

한 달 뒤, 96킬로미터 정도 떨어진 한 힌두교 마을에서 전갈이 왔다. "이런 능력을 지닌 신은 일찍이 들어본 적이 없다"면서 자기들을 가르칠 사람을 보내 달라는 요청이었다. 우리의 복음 전도자들은 그 요청을 승낙했고, 많은 결신자를 얻을 수 있었다. 그들이 직접 체험했기 때문이다. 한번은 80명이 넘는 새신자가 세례를 받기도 했다. 나는 그들이 예배당을 세우고 헌당하는 자리에 함께 참여하여 기쁨을 나누었다.

휴겔은 『보좌에 앉은 그리스도인』The Enthroned Christian이라는 훌륭한 저서에서 한 목회자의 아들이 아버지가 안 계실 때 귀신들려 도와 달라고 외치는 사람에게서 귀신을 쫓아낸 사례를 소개하고 있다. 소년은 아버지가 하는 것을 본 적이 있기 때문에 자신도 귀신을 쫓아낼 수 있었다고 설명했다. 어린 아이일지라도 그리스도의 이름과 권세로 명령하면 사탄은 그 명령에 순종하지 않을 수 없다.

우리에게 믿음의 명령을 사용할 능력이나 권리가 없다고 사탄이 확신하게 하지 말라. 휴겔은 믿음의 명령이 평신도들의 삶에서 기도만큼이나 분명한 위치를 차지해야 한다고 주장한다. 믿음의 명령에 관한 그리스도의 가르침이 매우 분명하기 때문이다.

믿음의 명령을 사용하기 위한 조건

누구든 믿음의 명령을 안전하게 성공적으로 수행하려면 몇 가지 기본적인 조건이 충족되어야 한다. 거듭나지 않고 신앙도 없던 스게와의 아들들은 믿음의 명령을 사용하려다가 그만 귀신들린 사람에게 공격받아 부상을 당하고 말았다(행 19장). 조건은 매우 간단하다.

하나님의 진정한 자녀여야만 한다. 거듭난 성도는 기도하고 찬송하고 명령할 때 그리스도의 이름을 사용할 수 있는 권세가 있다. 그리스도께서는 이 권세를 오직 그 자녀에게만 허락하신다.

삶에서 하나님의 성령을 근심케 하는 일이 없어야 한다. 이 권세는 성령의 지도 아래에서도 행사될 수 있다. 우리의 입술로 명령하나, 실제로 사탄과 귀신들을 억누르고 명령을 실행에 옮기시는 분은 성령님과 하나님의 거룩한 천사들이다. 천사의 도움이 필요하다면 하나님이 모두 알아서 하실 것이다. 그러나 우리가 마음에 죄를 품고 있다면(시 66:18, 마 6:15), 성령님의 도움을 기대해서는 안 된다.

하나님의 뜻과 조화를 이루어야 한다. 우리는 이 능력을 이기적인 목적으로 사용하려고 해서는 안 된다. 그리스도 나라의 일원으로서 개인적인 이득을 얻을 수 있을지도 모르나, 우리의 목표는 하나님께 영광을 돌리고 하나님 나라를 확장시키는 것이어야 한다. 단 우리의 안전이 위협받는 비상사태만은 예외다. 우리와 우리 몸은 하나님께 속한 것이기 때문에 우리를 임박한 위험에서 보호하기 위해서는 얼마든지 그리스도의 이름을 사용할 수 있다.

그렇다면 우리는 어떻게 하나님의 뜻을 알 수 있는가? 하나님이 그분의 궁극적인 영광을 위해 허용하신 것일지라도 시련이나 병, 박해와 같은 몇몇 상황은 분명히 계시된 하나님의 뜻일 수도 있고 그렇지 않을 수도 있다. 그러나 죄인의 구원, 교회의 성장, 사탄의 암흑 속으로 복음의 빛이 침투하는 것 등은 하나님의 뜻이라고 확신해도 좋다.

한편 확신할 수 없는 상황에서 오래 기도하거나 흑암의 세력과 싸우다 보면 성령님이 하나님의 뜻을 분명히 보여주실 때가 있다. 그때 사탄이 방해하고 있다는 사실을 확신한다면 믿음의 명령으로 사탄을 꾸짖으라.

더욱 효과적으로 명령하기 위해 마음을 준비하는 방법

성령 충만하라. 우리가 성령 충만할 때 영적 잠재력을 최대한 현실화할 수 있다. 하나님이 약속을 성취시키실 것을 믿고 그분께 자신을 전적으로 헌신할 때 성령으로 충만할 수 있다. 계속 성령 안에서 생활한다면 우리는 언제든 성령으로 다시 충만해질 수 있다.

오늘날 매우 많은 그리스도인이 육신 안에서 생활하고 있으며, 늘 승리하는 그리스도인의 삶을 누리기에는 몹시 무력하다. 비상사태에는 하나님이 이같이 패배하는 성도를 도우실 것이다. 그러나 보좌에 앉은 승리자로 살아가고 늘 믿음의 명령을 사용할 수 있는 만반의 준비를 갖추려면, 날마다 성령 충만하게 살아야 한다. 우리가 새롭게 그리스도께 헌신하려면 성령 충만해야 할 뿐 아니라 날마다 거룩해져야 한다.

어려움의 산을 정면으로 직면하라. 산이 가로막지 않은 것처럼 거짓 행세하지 말라. 산의 실재를 받아들이고 그 특성에 주의를 기울이라. 그 산 뒤에 사탄의 손이 있음을 명심하라. 사탄은 우리를 속이기 위해 선한 사람을 이용할 때도 있다. 우리의 적은 혈과 육이 아니라 그 이면에 있는 사탄의 세력이다. 때때로 우리는 사탄의 거짓 산이나, 예수님이 꾸짖으신 열매 없는 무화과나무와 같은 거짓 성장을 볼지도 모른다. 성령님은 진짜 상황을 둘러싸 은폐하고 있는 모든 거짓 성장을 시들게 하실 수 있다. 사탄의 허세를 두려워하지 말라. 우리의 필요를 솔직히 인정하고 하나님의 응답을 기대하라.

믿음의 마음으로 살라. 두려워하지 말라. 그리스도께서 얼마나 많이 "두려워하지 말라"고 말씀하셨는가! 의심은 사탄에게 발판을 제공한다. 그에게 틈을 주지 말라(엡 4:27). 하나님의 약속은 우리를 위한 것이다. 하나님은 상황을 우리보다 더 잘 아신다. 하나님이 문제를 어떻게 다루실지 바라보면서 항상 기대하라. 어려움의 산이 우리를 놀라게 할 수 있을지 모르지만 하나님은 결코 놀라지 않으시며 준비를 게을리 하지 않으신다. 사탄은 이미 갈보리에서 패배했다. 우리는 그리스도와 함께 죽고 그분과 함께 부활했다. 영적으로 그리스도와 함께 승천하여 이제 그분과 함께 보좌에 앉아 있는 것이다. "또 함께 일으키사 그리스도 예수 안에서 함께 하늘에 앉히시니"(엡 2:6).

앞에 놓인 산을 두려움으로 올려다보지 말라. 예수님 옆자리에서 그 산을 내려다보라. 보좌에서 이미 패배한 적인 사탄을 내려다보라. "평강의 하나님께서 속히 사탄을 너희 발아래에서 상하게 하시리라"(롬 16:20). 그리스도 안에서 승리를 기뻐하라. 그리고 믿음의 승리 가운데 살라. 하나님이 그 상황을 책임지시고 산을 옮기는 방법을 우리에게 지시하실 것임을 기대하라.

주님의 뜻을 분별하라. 사탄의 포위 공격에 잘 대처하려면 하나님의 지혜와 인도가 필요하다. 하나님이 그분의 계획을 가르쳐주시기 전까지는 성급히 전선으로 뛰어들지 말라. 다윗은 전투할 때마다 하나님께 새로운 지시를 간구했다. 하나님은 똑같은 방법으로 두 번 역사하시는 법이 거의 없다. 다윗은 이렇게 질문했다. "저들이 제가 공격할 자입니까? 이것이 주님이 제게 맡기신 임무입니까? 그러면 어떻게 공격해야 합니까?"(삼하 5:18-20 참고) 하나님은 그때마다 다윗을 인도하셨다(삼하 5:22-25).

하나님의 뜻을 분별했다고 느낄 때까지 기도하라. 직면한 산을 언제 어떻게, 때로는 누구와 함께 극복해야 하는지 하나님의 뜻을 알 때까지 기도하라. 우리가 믿음의 명령을 행사하기 전에 하나님은 여럿이 믿음 안에서 일치하기를 바라실 수도 있다.

성령 충만한 성도로서 우리는 하나님의 인도를 받을 권리가 있다(롬 8:14). 주님은 항상 우리를 인도하시며(사 58:11), 우리가 그분의 뜻을 이해하기를 원하신다(엡 5:17). 우리가 매번 정확히 발걸음을 내딛는 것은 우리보다는 하나님께 더욱 중요하다.

신앙의 발걸음을 내디디라. 우리는 사탄의 모든 세력보다 훨씬 높은 곳에 예수님과 함께 앉아 믿음 안에서 살고 있다. 하나님은 우리에게 그분의 뜻을 제시해 주셨다. 이제 선제공격을 할 시간이다. 믿음 위에서 행동해야 할 때다.

"홍해" 앞에서 두려워 떨지 말라. 하나님이 우리에게 제공해 주실 마른 땅 위를 가로질러 행진하라(출 14:15).

"여리고" 앞에서 주저하지 말라. 언제 믿음의 함성을 외쳐야 하는지 하나님이 가르쳐주시기를 기대하면서 믿음으로 여리고 성 주위를 돌라. 그러면 우리 앞의 "여리고"가 무너질 것이다(수 6:20).

예수님은 "내가 이 반석 위에 내 교회를 세우리니 음부의 권세가 이기지 못하리라"(마 16:18)고 하셨다. 이 말씀은 두 가지로 해석될 수 있다. 사실상 그리스도 안에서 우리의 지위는 확실하기 때문에 사탄은 우리를 잡거나 짓밟거나 파괴할 수 없다. 음부의 문들을 통해 사탄이 내보내는 그 어떤 귀신의 세력도 우리를 이기지 못한다.

그러나 하나님은 우리가 단지 요새를 지키거나 사탄에 대항하여 전선을 사수하는 것에 만족하지 않으시고 공격하길 원하신다. 그래서 이 말씀은 음부의 문이 우리 앞에서 계속 대적할 수 없다는 뜻으로도 해석될 수 있다. 하나님은 우리가 수동적으로만 충실하기를 원치 않으신다. 우리가 공격적(전투적)으로 신앙 생활하기를 원하신다. 우리가 음부의 문들을 급습하여 사탄을 패주시키길 원하신다. 하나님은 우리가 사탄의 세력이 오랫동안 고수하고 있는 소굴에서 그들을 쫓아내길 원하신다.

우리가 사탄을 내버려두면 사탄은 우리에게 위협을 가하려고 악을 쓴다. 기도만 오래 되풀이하지 말고 주도권을 잡은 후 사탄을 그의 요새에서 축출하라. 그 소굴이 어떤 사람의 마음속이든, 어떤 특정한 상황이든 간에 사탄을 그곳에서 추방하라. 그저 방어만 하지 말라. 예수님을 위해 공격하라. 여호와를 찬양하면서 전진하라!

믿음의 명령을 내리라. 어떤 식으로 믿음의 명령을 내려야 하는지 예수님이 친히 분명하게 가르치셨다. "내가 진실로 너희에게 이르노니 누구든지 이 산더러 들리어 바다에 던져지라 하며 그 말하는 것이 이루어질 줄 믿고 마음에 의심하지 아니하면 그대로 되리라"(막 11:23).

예수님의 이름으로 우리 앞을 가로막은 산들에게 명하라. 예수님이 공적인 대표자로서 우리에게 주신 권세를 취하라. 예수님과 함께 보좌에 앉은 자리에서 명령하라. 쭉 그렇게 기도해 왔고, 하나님이 산을 옮기길 원하신다는 사실을 확인했으며, 지금이 바로 그때라는 사실을 확신한다면, 믿음의 걸음을 한 발짝 내디디면서 산을 향해 담대히 명하라. 사탄에게 그의 세력을 이끌고 떠나가라고 지시하라.

사탄에게 예수님의 피를 흘린 죄가 있음을 지적하라. 그가 용서받을 수 없는 죄를 범했음을 분명히 밝히라. 사탄이 하나님의 아들에 대항하여 범죄했음을 확실하게 말하라. 수만의 천사가 사탄을 공격할 만반의 태세를 갖추고 있다. 사탄은 십자가에서 패배했다. 따라서 그는 영원히 패배할 것이다. 사탄에게 외치라. 예수님이 "사탄아 내 뒤로 물러가라"(마 16:23, 막 8:33)고 명령하신 것처럼 사탄에게 물러가라고 명하라.

귀신들은 예수님의 이름을 두려워한다. 그 이름을 사용하라. 히스기야에게 대항한 적들처럼 귀신들이 혼란을 일으켜 서로 죽이는 대혼란을 빚을 때까지 예수님의 이름을 찬양하라(대하 20:22-23). 우리의 강력한 무기로 예수님의 이름을 사용하라. 예수님의 이름과 믿음의 명령을 사용하여 흑암에 침투하고 사탄을 몰아내라.

하나님의 스룹바벨이 되라. "큰 산아 네가 무엇이냐 네가 스룹바벨 앞에서 평지가 되리라"(슥 4:7).

하나님의 다윗이 되라. "너는 칼과 창과 단창으로 내게 나아오거니와 나는 만군의 여호와의 이름 곧 네가 모욕하는 이스라엘 군대의 하나님의 이름으로 네게 나아가노라"(삼상 17:45). 다른 이들은 골리앗 앞에서 도망칠지 모르지만 우리는 다윗처럼 하나님의 이름으로 그 앞에 직면해야 한다. 하나님은 우리가 직면한 산을 향해 이같이 말씀하신다. "여호와의 말씀이니라 온 세계를 멸하는 멸망의 산아 보라 나는 네 원수라 나의 손을 네 위에 펴서 너를 바위에서 굴리고 너로 불 탄 산이 되게 할 것이니"(렘 51:25).

우리는 하나님의 약속을 소유하고 있다. 이제 사탄에게 우리가 예수 그리스도의 이름으로 왔다고 말하라. 갈보리에서 사탄을 이기신 하나님의 아들의 이름으로 왔노라고 외치라. 예수 그리스도의 전능하신 이름으로 사탄에게 떠나가라고 명령하라.

14장 기도는 그리스도께서 하나님임을 입증한다

수세기 동안 다른 종교가 세력을 장악하고 있던 나라들에는 그리스도께서 살아 계신 참 하나님임을 증명해 보여야 한다. 복음을 처음 들은 개인이나 가정은 혼란스러워할 수도 있다. 그들은 기독교의 복음이 진리임을 어떻게 알 수 있을까? 어떤 의미에서 이들이 처한 곤경은 우상 숭배에 깊이 빠진 구약의 이스라엘 백성과 비슷하다. 하나님이 한 선지자를 일으키신다면 그가 하나님이 보내신 선지자라는 사실을 백성은 어떻게 알 수 있는가?

거짓 선지자들은 참 선지자들에게 정면으로 도전했으며, 거짓 신들은 백성의 충성심을 놓고 여호와와의 경쟁을 선포했다. 여호와께서는 이적을 통해서 그분이 보내신 선지자가 참 선지자이며 그분이 가르치신 교훈이 참 교훈임을 확증하셨다. 이 이적은 지식(예언)의 이적과 능력의 이적으로 나눌 수 있다.

그런데 오늘날에는 목회자와 복음 전도자, 선교사, 심지어 갓 믿기 시작한 새신자까지 이러한 딜레마에 처하게 되었다. 비기독교 지역에 처음 복음을 전할 때, 어떻게 해야 그 지역 사람들이 복음에 귀를 기울일까? 어떻게 해야 선조들의 종교를 떠나 이른바 "이방인의 신"에게 돌아오게 도울 수 있을까? 조상의 신을 버리고 새로운 기독교의 하나님을 믿기로 결정하면 노골적인 박해를 받는 경우가 많다. 사회적으로 추방당할 수도 있고, 집과 가정을 잃을 수도 있으며, 더 이상 교육 혜택을 받지 못할 수도 있다. 더 나아가 육체적인 타격을 입을 수도 있으며, 심지어는 살해의 위협을 당할 수도 있다.

이런 상황에서는 그리스도께서 살아 계신 하나님임을 증명해야만 한다.

성경 시대처럼 이방 종교가 큰 영향력을 행사하는 시대에는 그리스도의 주권적인 능력과 임재의 증거를 보여주어야 새로운 신자를 얻을 수 있다. 이처럼 어려운 상황에 처한 기독교 사역자들을 돕는 데 우리 기도는 매우 중요하다. 비그리스도인들이 눈을 떠서 그리스도의 실재를 보게 하려면 실제로 그곳에서 사역하는 이들의 기도와 우리의 기도가 합쳐져야 한다. 비그리스도인들이 복음을 듣고 믿게 해달라는 기도의 응답을 촉진시키는 데 우리 기도가 큰 역할을 할 수 있다.

성경 시대의 대결투

하나님의 백성이 바로의 노예로 살던 애굽에서는 애굽의 술사와 신들과 여호와의 대표자인 모세와 아론 사이에 무서운 힘(능력) 대결이 있었다. 하나님은 모세와 아론을 대변인으로 내세우시고 자신이 유일한 참 하나님임을 입증해 보이기 위해 무서운 능력을 과시하셨다. 바로 열 가지 재앙이다. 이 재앙에 애굽 술사들은 나름의 속임수로 대항했다. 그러나 이들의 술수는 단순한 속임수이거나 기껏해야 제한된 귀신의 능력이 드러난 것일 뿐이었다. 오늘날 선교지에서 일어나고 있는 여러 상황을 종합해서 판단해 볼 때, 이런 술수는 귀신들의 장난으로 볼 수 있다.

우상 숭배에 깊이 빠진 이스라엘 백성을 건져내려면, 하나님의 능력이 겉으로 드러나야 한다는 것을 하나님은 잘 알고 계셨다. 그래서 하나님은 그들이 가나안에 정착할 때까지 초자연적인 능력을 여러 번 보여주셨다. 이적으로 홍해를 가르셨고, 광야 생활 40년 동안 날마다 만나를 내려주셨으며, 반석에서 물이 나게 하셨고, 시내 산에서 놀라운 하나님의 권능을 드러내 보이셨다. 밤에는 불기둥, 낮에는 구름 기둥으로 하나님이 함께하심을 눈으로 보게 해주셨다. 백성의 필요를 채워주시기 위해 그들 수준까지 스스로를 낮추셨다.

사무엘, 엘리야, 엘리사는 하나님의 능력이 초자연적으로 나타난 사건을 통해 그들이 참 선지자임을 입증했다. 심지어는 구약에서 왕이 있던 시대에도 하나님은 자신이 살아 계신 하나님임을 입증하기를 주저하지 않으셨다.

그리스도의 공생애 기간에 하나님은 하늘에서 들려오는 소리와, 그 후 예수님이 행하신 이적을 통해 그분이 하나님의 아들임을 입증하셨다. 예수님은 청중에게 자신의 말을 믿지 못하겠거든 자신이 행하는 이적을 보고 믿으라고 말씀하셨다(요 14:11). 사도들과 바울이 이방 종교와 귀신의 세력에 직면할 때마다 예수님은 이적들로 그분의 실재를 계속 확증해 주셨다.

복음의 역사가 긴 나라는 복음을 믿는 데 표적이나 기적이 필요 없을지도 모른다. 그러나 다른 종교의 추종자들은 우리가 알기 힘들 정도로 매우 다른 상황에 처해 있다. 그리스도께서는 그들에게 다가가 복음을 확증할 만반의 준비를 갖추고 계신다. 그리고 복음이 필요한 자들에게 자신이 살아 계신 유일한 참 하나님임을 증명하기를 주저하지 않으신다.

비기독교 종교에서는 귀신의 영향력이 두드러지게 나타난다

성경은 거짓 교훈(딤전 4:1)과 모든 거짓 종교(고전 10:19-20)가 마귀에게서 나왔다고 가르친다. 이 사실은 거짓 종교를 믿는 사람들 가운데 귀신들린 사람이 많은 것과 세계 곳곳의 선교지에서 귀신이 선교 사역을 강하게 반대하고 있다는 것을 설명해 준다.

어떤 의미에서 죄인은 모두 마귀의 자녀다(요 8:44). 따라서 그들은 사탄의 제안에 쉽게 넘어갈 소지가 많다. 게다가 때로는 자신이 사탄의 제의에 넘어간다는 사실조차 깨닫지 못한다. 그러므로 사탄이 인간의 "자연적" 정서를 이용하는 것은 그리 놀라운 일이 아니다. 사탄은 기독교로 개종하는 사람이 생기면 그 가족이나 친구의 분노에 불을 지른다. 그리고 그들로 하여금 개종자가 거짓 종교, 아니 외국 종교에 현혹당했다고 믿게 만든다. 사탄은 복음을 전하러 비기독교 사회에 들어가는 복음 사역자들에게 의심과 시기, 미움,

온갖 형태의 방해 공작을 펼친다. 복음 사역자들을 박해하고 위협하며 때로는 살해하기도 한다.

게다가 사탄은 비기독교 종교 지도자나 박수, 무당의 일과 행동을 통해 자신의 능력을 드러내 보이기도 한다. 이런 사탄의 능력은 때로 이단 종파의 모습으로 나타난다. 그들은 주술이나 마술적인 능력으로 그리스도인이나 사역자들을 방해하고 해하며 죽이기 위해 온갖 애를 쓴다. 따라서 우리는 사탄의 특별한 공격 목표가 된 그리스도인들을 보호해 달라고 하나님께 간구해야 한다.

동양선교회에서 글을 모르는 한 인도네시아 원주민을 개심시킨 일이 있었다. 그는 주님을 향한 열정에 불타 간단한 설교와 함께 그의 간증을 테이프에 수록했다. 그러고 나서 고향 섬으로 돌아가 개인전도 형식으로 집집마다 다니며 그 테이프를 들려주었다. 그러자 이 일에 강하게 반대하는 사람들이 있었고, 그는 생명의 위협까지 느끼게 되었다.

어느 날, 녹음기를 들고 가게에 앉아 있을 때였다. 공 모양의 달구어진 쇠가 공중에서 날아들어 발 앞에 떨어졌다(그 지역의 흑마술사들이 흔히 사용하는 방법으로, 이 마술에 걸린 사람은 보통 치명적인 타격을 받았다). 그는 붉게 달구어진 쇠가 차가워질 때까지 기다렸다가 주워 들고, 그의 복음 증거를 크게 반대하는 흑마술사의 집을 찾아갔다. 그는 흑마술사를 보자 손을 펴서 아직도 온기가 남아 있는 쇠뭉치를 보여주었다. 그러자 그 마술사는 펄쩍 뛰면서 "당신이 가진 능력의 비밀을 나에게 말해 주시오"라고 소리쳤다. 그는 그 자리에서 예수님이 모든 사탄의 세력을 누르시는 권세를 가지고 계시다고 전했다.

인도에서 사역을 시작할 때 일이다. 장기 복음 전도 여행을 떠나려고 할 때마다 사탄은 돌발적인 사고와 병으로 우리 가족을 괴롭혔다. 이런 일이 매우 자주 일어났기 때문에 내가 떠날 때면 아내는 "이번에는 무슨 일이 일어날까요?"라며 걱정했다. 그러면 나는 하나님이 가족을 보호해 주실 것이고 그리스도의 피가 그들을 덮을 테니 걱정하지 말라고 아내를 안심시켰다. 그러나 내가 집을 떠날 때마다 항상 사건이 터졌다. 이 일은 런던의 한 교회가 우리를 위해 기도할 때까지 계속되었다. 그러나 그 후로 15년 동안 사고가 일어나지 않았다. 이러한 간증은 다른 선교사들에게서도 얼마든지 들을 수 있다.

이런 일들은 설명하기 어렵지만, 우리가 계속 영적 전쟁을 치르고 있다는 사실을 상기시켜준다. 선교 사역 전선에서 활동하고 있는 하나님의 신실한 종들은 날마다 우리의 기도가 필요하다.

기도 응답은 그리스도가 하나님임을 증명한다

선교사나 복음 전도자가 다른 종교의 신자들에게 복음을 전할 때, 어떻게 해야 그리스도가 진정으로 살아 계신 유일한 하나님임을 확신시킬 수 있을까?

인도에서 함께 활동하던 선배 선교사는 말할 때나 복음을 전할 때 그냥 "하나님"이라고 부르는 일이 없었다. 그는 늘 "살아 계신 하나님"이라고 말했다. 우리가 전하는 하나님이 다른 신과 같지 않다는 사실을 분명히 해두어야 한다고 생각했기 때문이다.

살아 계신 하나님은 그분을 알 기회가 별로 없는 자들에게 그분의 실재를 증명해 보이길 원하신다. 이 일을 행하시기 위해 하나님이 택하시는 한 가지 방법이 기도 응답이다. 여러 나라의 목회자와 복음 전도자, 그 밖의 신자들은 복음을 들어야 하는 자들의 필요에 응답하셔서 하나님이 능력을 증명해 보이시는 모습을 지금도 목격하고 있다.

매달 복음 전도 팀들은 비그리스도인들이 그들에게 특별한 필요를 위해 기도해 달라고 요청한다고 보고한다. 하나님은 살아 계신 실재를 증명하실 때, 그리스도의 하나님이 기도에 응답하셨다는 말을 듣기 원하신다. 이것이 복음을 전달하는 열쇠가 되며, 이로 인해 많은 사람이 구원을 받는다. 이런 보고를 들을 때마다 나는 마치 신약 시대로 돌아간 것만 같다.

예를 들면, 이적적으로 병을 치료한 사례가 많다. 우리는 치유 운동을 벌이지 않지만 병이 낫게 해달라는 기도를 요청받으면 그것을 존중한다. 오랫동안 중병을 앓던 많은 비그리스도인이 최후의 수단으로 우리 선교사들을 찾아온다. 그러고는 이 신전, 저 신전 돌아다녔으나 낫지 않았다고 고백한다. 그런데 우리 전도 팀원들이 기도하면 병이 치유되는 것이다! 이런 극적인 역사로 때로는 온 가족이 복음을 믿는다. 병이 치유된 것을 보고 그리스도는 하나님이며 그 하나님이 기도에 응답하셨다는 사실을 확신하기 때문이다.

인도의 모든 가정은 자녀를 원한다. 그래서 자녀가 없는 부부는 때로 먼 곳까지 찾아가 이방 신전에 재물을 바치고 기도하는데, 아무런 효험이 없는 경우가 허다하다. 그때마다 그들은 우리를 찾아와 "당신의 하나님이 우리를 도울 수 있을까요?"라고 호소한다. 우리 전도 팀은 그 집에 가서 자녀를 허락해달라고 하나님께 간구한다. 그러면 얼마 안 있어 자녀가 태어나 온 가족이 그리스도인이 되었다는 보고가 들려온다. 우리의 복음 사역자들은 그리스도께서 하나님임을 증명하라는 도전을 주저하지 않고 받아들인다.

하나님의 주권을 극적으로 증명하는 한 가지 방법이 귀신을 쫓아내는 것이다. 구습으로 가득 찬 사회에서 비그리스도인들은 귀신의 실재를 매우 분명하게 느낀다. 그런데 이방 종교와 그 지도자들은 일반적으로 귀신들린 자만큼은 어찌하지 못한다고 알고 있다. 때로 귀신들은 귀신들린 자를 매우 괴롭힌다. 그러면 최후 수단으로 귀신들린 자들을 우리 선교 팀에 데리고 와서 예수님이 도와줄 수 있는 것은 무엇이든지 도와달라고 간청한다. 그래서 귀신을 쫓아내면 놀란 구경꾼들이 그리스도께로 돌아온다.

이러한 초자연적인 기도 응답을 흔히 "능력 대결"이라고 부른다. 그리스도가 사탄의 능력과 맞붙어 그 세력을 패배시키셔서 그러한 기도 응답이 가능했기 때문이다. 그리스도께서는 다른 어떤 신도 할 수 없는 일을 기도 응답을 통해 성취하셔서 자신이 살아 계신 유일한 참 하나님임을 증명하신다.

기도는 그리스도를 입증하는 데 도움이 된다

선교지에서 애쓰는 선교사나 목회자, 복음 전도자가 갖추어야 할 중요한 자격 요건은 능력 있는 기도 생활이다. 그러나 오늘날 선교지에 가장 필요한 것은 그들의 사역을 돕는 우리의 중보기도다. 아직 복음이 전해지지 않았고 복음에 무감각한 지역에 기독교의 복음이 제대로 전해지려면, 하나님의 임재가 분명히 드러나고 많은 사람이 믿을 수 있게끔 분명한 기도 응답이 임하게 해달라고 하나님께 기도해야 한다. 특히 가장 힘든 선교지에서 일하는 복음 전도자들에게는 이러한 기도 동역자가 그 무엇보다 필요하다.

한 인도 병사가 인도 중부 지역에 주둔하고 있을 때 우리가 새로 세운 교회에서 그리스도를 영접하였다. 그 후 그는 복음 전파 속도가 느리고 교회도 별로 없는 인도의 북서 변방인 카시미르 지방으로 전속가게 되었다.

새 복무지에 도착했을 때 그는 수년간 귀신들려 있다는 무슬림 부인 이야기를 들었다. 친척들이 그 여인을 유명한 이슬람 성지로 데리고 다니며 귀신을 쫓아내려고 했으나 아무런 소용이 없었다. 그 여인의 비참한 상황을 들은 병사는 그리스도인으로서 동정심에 이끌렸다. 그는 예수님의 이름으로 그 여인을 위해 기도할 수 있게 해달라고 가족에게 간청하여 허락을 받았다. 그런데 그가 기도하자 여인은 순식간에 귀신에게서 해방되었다. 그 일로 그 지역 무슬림들이 발칵 뒤집혔다.

그 후 중한 심장병을 앓고 있는 무슬림이 찾아와 예수님의 이름으로 기도해 달라고 요청했다. 그리스도인 병사가 기쁨으로 기도하자 그 남자는 병이 나았다. 그 다음에는 갑상선에 커다란 종양이 생긴 여인이 기도를 요청했다. 또다시 그 병사가 기도하자 두 주일이 안 되어 종양이 사라졌다.

얼마 후 하나님께 한 장소를 바쳐 존경을 표할 수 있을 것이라고 생각한 무슬림들이 그 병사에게 와서 "당신의 하나님을 섬겨야 할 장소가 필요하지 않소?"라고 제의했다. 그러고는 산중턱 우뚝 솟은 곳의 3,500평이 넘는 땅을 주면서 교회 짓는 것을 도와주겠다고 제안했다.

그 지역 주변 수 킬로미터 내에는 교회나 복음 사역자가 없었기 때문에 병사는 그 제의를 받아들였다. 그리고 나서 자신이 그리스도를 영접한 교회의 목사에게 다급한 전갈을 보냈다. "이곳 사람들은 그리스도인이 되고 싶어합니다. 그런데 저는 일개 병사일 뿐입니다. 누군가가 와서 도와주셔야겠습니다." 그렇게 해서 그 지역에 소수의 기독교 공동체가 세워지게 되었다. 그리스도인으로서 단지 긍휼을 베풀기 원한 한 병사의 기도에 그리스도께서 응답하셔서 자신이 살아 계신 유일한 참 하나님임을 증명하시고자 했기 때문에 이런 결과를 얻을 수 있었던 것이다.

그렇다면 어떻게 해야 우리 기도가 비그리스도인들에게 그리스도가 하나님 되심을 입증하는 데 도움이 될 수 있을까?

날마다 기도 목록에 "능력 대결"의 자리를 만들라. 그리스도인 수도 적고 그리스도를 섬기고 따르는 것이 쉽지 않은 지역에 살면서 복음을 전하는 사역자들을 기억하라. 그리스도는 사랑의 하나님이며 하나님은 기도에 응답하시는 분임을 증명하기 위해 애쓰는 자들을 위하여 날마다 기도하라.

그리스도께서 이적 가운데 분명히 드러나시도록 기도하라. 예루살렘 교회의 기도를 본받으라. "주여 이제도 그들의 위협함을 굽어보시옵고 또 종들로 하여금 담대히 하나님의 말씀을 전하게 하여 주시오며 손을 내밀어 병을 낫게 하시옵고 표적과 기사가 거룩한 종 예수의 이름으로 이루어지게 하옵소서"(행 4:29-30).

예루살렘 교회 성도가 연합하여 기도하자 하나님의 능력이 그들이 모인 곳을 진동시켰다. 마찬가지로 우리의 기도도 그리스도를 위해 수많은 사람과 지역을 영적으로 진동시킬 수 있다.

하나님이 기독교 사역자들을 늘 영적으로 승리하게 하시고 성령으로 충만하게 하시길 기도하라. 사탄은 복음 전선에서 뛰는 사역자들을 온갖 방법으로 낙심시키고 유혹으로 넘어뜨리려고 애쓰고 있다. 따라서 그들이 그리스도의 능력을 충만히 입으려면 늘 주님을 가까이하고 성령 안에서 살아야 한다. 이것이 사도 바울의 전도 사역의 비밀이었으며, 오늘날 전도 팀들의 비밀이어야 한다(롬 15:18-19, 고전 2:4, 고후 12:9, 엡 3:7, 20, 딤후 1:7, 행 15:12). 날마다 그들을 성령으로 옷 입혀달라고 하나님께 기도하라.

기독교 사역자들을 날마다 인도해 주시길 기도하라. 하나님이 기독교 사역자들의 눈을 열어 복음을 전하는 대상에게 무엇이 필요한지 깨닫게 해주시고, 복음 전도의 문을 열어달라고 기도하라. 그리스도께서 이적을 베풀기 원하는 자들의 영혼을 얻을 수 있도록 복음 사역자들을 보호해 달라고 기도하라.

기독교 사역자들을 보호해 달라고 기도하라. 사탄은 하나님이 사용하시는 자들에게 매우 분노하며 그들을 공격하여 넘어뜨리려고 한다. 하나님께 영적으로나 육적으로 이 사역자들을 보호해 달라고, 그들을 온갖 위험에서 건져달라고, 그들의 가족을 보살펴달라고 간구하라.

"능력 대결"(초자연적인 기도 응답)은 많은 지역에서 영적인 전쟁이나 기독교 사역을 수행하는 매우 중요한 요소다. 우리의 기도는 복음 전선에 뛰어든 사역자들에게 능력을 부여할 수 있다. 예수님의 이름이 존중받을 수 있도록 기도하라. 그리고 예수님이 죽기까지 사랑하신 이들을 구원해 달라고 기도하라.

15장 사탄을 굴복시키고 결박하다

예수님이 갈보리에서 승리하셨기 때문에 우리는 놀라운 새 권세를 갖게 되었다. 이 새 권세는 어떤 권세인가? 우리가 사탄과 귀신들을 결박하고 억제하는 것이 예수님의 계획인가?

> 그러나 내가 하나님의 성령을 힘입어 귀신을 쫓아내는 것이면 하나님의 나라가 이미 너희에게 임하였느니라 사람이 먼저 강한 자를 결박하지 않고서야 어떻게 그 강한 자의 집에 들어가 그 세간을 강탈하겠느냐 결박한 후에야 그 집을 강탈하리라 (마 12:28-29).

이 가르침은 마가복음 3장 27절과 누가복음 11장 21-22절에서도 등장한다. 그만큼 중요하기 때문이다. 이때 강한 자는 사탄이다. 사탄에게서 빼앗아야 할 세간은 사탄의 노예가 된 자들, 즉 사탄의 소유가 되어 사탄이 그 안에 거주하는 자들이다. 그러나 예수님은 그분의 고유한 권세와 성령의 능력을 사용하셨다. 예수님은 지금도 우리가 사탄의 세간을 빼앗기를 기대하신다. 우리가 어떤 방식으로든 사탄이 차지하거나 결박하고 있는 자들을 구해내기를 원하신다. "어떤 자를 불에서 끌어내어 구원하라" (유 23절). "너는 사망으로 끌려가는 자를 건져주며 살륙을 당하게 된 자를 구원하지 아니하려고 하지 말라" (잠 24:11).

디모데후서 2장 26절은 사탄의 포로가 된 죄인들은 사탄의 뜻을 행하기 마련이라고 가르친다. 예수님과 제자들은 "포로 된 자에게 자유를 선포하는"(사 61:1, 눅 4:18) 임무를 부여받았다.

그렇다면 우리에게 사탄을 결박할 권세가 있는가?

> 또 내가 네게 이르노니 너는 베드로라 내가 이 반석 위에 내 교회를 세우리니 음부의 권세가 이기지 못하리라 내가 천국 열쇠를 네게 주리니 네가 땅에서 무엇이든지 매면 하늘에서도 매일 것이요 네가 땅에서 무엇이든지 풀면 하늘에서도 풀리리라 하시고(마 16:18-19).

주석가들은 이 구절을 여러 가지로 해석한다. 이 구절의 완전한 의미가 무엇이든, 그것은 그리스도의 교회 건설과 관련되어 있다.

예수님은 이 가르침을 마태복음 18장에서 확대하여 반복하셨다. 매우 중요하기 때문이다. 18장에서는 예수님의 이름으로 기도하라는 내용과 합심하여 기도하라는 권면과도 연결되어 있다.

> 진실로 너희에게 이르노니 무엇이든지 너희가 땅에서 매면 하늘에서도 매일 것이요 무엇이든지 땅에서 풀면 하늘에서도 풀리리라 진실로 다시 너희에게 이르노니 너희 중의 두 사람이 땅에서 합심하여 무엇이든지 구하면 하늘에 계신 내 아버지께서 그들을 위하여 이루게 하시리라 두세 사람이 내 이름으로 모인 곳에는 나도 그들 중에 있느니라(마 18:18-20).

이 말씀을 통해 그리스도께서는 다음과 같은 진리를 가르치신다.

✙ 그리스도께서는 그분의 교회를 세우기로 결심하셨다.
✙ 교회를 세우는 일에는 그분의 능력과 함께 우리의 순종이 중요하다.

✚ 매고 푸는 일은 그분의 교회를 세우는 일과 매우 중요한 관계가 있다.

✚ 그리스도께서는 우리가 매고 푸는 일에 참여하기를 기대하신다.

✚ 하늘의 권세와 능력이 우리가 매고 푸는 일을 지지해 줄 것이다.

✚ 매고 푸는 일은 합심하여 기도하는 것과 연관된다.

✚ 합심하여 기도하는 일에 반드시 많은 인원이 필요한 것은 아니다. 합심하여 기도할 때 예수님이 그곳에 함께하실 것이기 때문이다.

✚ 매고 푸는 일은 주로 우리의 기도를 통해 성취된다.

성경은 예수님이 뱀의 머리를 상하게 하실 것이라고 예언했다(창 3:15). 예수님이 사탄을 이기실 것이라는 사실은 누가복음 10장 19절에도 상징적으로 암시되어 있다. "내가 너희에게 뱀과 전갈을 밟으며 원수의 모든 능력을 제어할 권능을 주었으니." 이 말씀은 진짜 뱀이나 전갈을 가리키는 것이 아니다. 이 구절은 영적으로 해석되어야 한다. 그리스도께서는 제자인 우리에게 우리의 가장 큰 적인 사탄의 모든 능력을 이길 수 있는 권세를 주셨다. "하나님의 아들이 나타나신 것은 마귀의 일을 멸하려 하심이라"(요일 3:8). 그리스도의 권세로 사탄의 능력을 결박하고 그의 사역을 억제하는 것은 분명 하나님의 뜻이다.

그러나 이것은 어린아이 장난이 아니다. 기억하라. 이것은 영적 전쟁이다. 천사장들도 사탄의 무서운 능력을 인정하고, 사탄과 전쟁할 때 모든 것을 예수님의 이름과 권세로 행했다(유 9절). 유대의 한 제사장 스게와의 일곱 아들이 예수님과 올바른 관계를 맺지 않고 그분의 약속과 상관없이 어리석게도 예수님의 이름을 사용하려고 했을 때, 귀신의 능력을 받은 자에게 공격을 받아 부상당하고 말았다(행 19:13-17). 영적으로 패배한 자나 그리스도의 보혈의 공로를 입지 않은 자들은 영적인 전쟁에서 승리하지 못한다. 주문을 외듯 몇 마디를 반복하는 것으로는 사탄을 결박하지 못한다. 예수님의 이름을 사용하려면 "그리스도 안에" 있어야 하며, 그분의 거룩하신 성품과 뜻과 조화를 이루는 삶을 살아야 한다.

바울은 분명하게 "우리가 투쟁한다"고 말한다(엡 6:12). 기도 전쟁은 심각한 영적 투쟁이다. 그러나 이 점과 관련하여 성경에 있는 모든 명령은 우리로 하여금 담대하고 믿음을 갖게 하며 그리스도께서 그 풍성하심과 권세를 입증하실 것이라고 기대하게 한다. 그러므로 성경적으로 예수님의 이름을 사용할 때 사탄에게 패배할 것이라고 두려워하지 말라.

사탄을 결박하는 법

하나님이 전쟁에서 승리할 수 있도록 우리에게 주신 모든 전신갑주와 무기를 사용하라. 기도 전쟁은 매우 긴박하고 사탄은 매우 강하다. 우리는 "하나님의 전신갑주"를 입어야 한다(엡 6:13). 에베소서 6장 10-20절은 모든 영적 전쟁을 언급하고 있으나 주로 기도 전쟁을 다룬다(19-20절). 전신갑주에는 그 단락에 열거된 모든 개별 무기가 포함되어 있다. 전신갑주와 권면의 목적은 "마귀의 간계를 능히 대적하는" 것이다(11절). 이 전쟁에서 하나님은 그리스도인이 "모든 일"을 행하기를 기대하신다(13절). 이것은 우리의 기도 전쟁에 다양한 측면이 있을 것을 암시한다.

날마다 성령 충만하고 그리스도와 성령의 중보기도 동역자 역할을 잘 수행하고 있는데, 갑자기 눈앞에서 사탄의 능력에 맞서야 하는 비상사태가 발생할지도 모른다. 그때에는 예수님처럼 그 즉시 사탄을 꾸짖어야 한다(마 16:23, 눅 4:8). 그리스도께서 주신 권세를 사용해야 할 때에는 언제든 주저하지 말라.

그러나 사탄이 오랫동안 뿌리박고 도사리고 있는 지역이나 상황이 있을 수 있다. 매우 절박한 상황일 것이다. 그동안 계속 기도해 왔으나 하나님께 응답을 받지 못한 경우도 있다. 하나님이 기도를 들으셨기 때문에 이제 믿음으로 사탄에게 결박을 명해야 한다는 성령의 내적 증거를 확신할 때까지, 하나님이 우리로 오랜 시간 기도하도록 인도하실 때도 종종 있다. 이같이 오랫동안 격렬하게 기도 전쟁을 해야 하는 경우를 위해 다음과 같이 제안하고 싶다. 성령님이 인도하시는 대로 다음 내용을 자유롭게 활용하라.

갈보리에서 사탄과 귀신들을 이기신 그리스도의 승리를 기뻐하라. 기도의 능력을 더해 줄 성경 구절을 읽으라(눅 10:19, 요 12:31-33, 롬 16:20, 고전 2:6, 엡 1:21-22, 골 2:15, 히 2:14, 약 4:7). 그리스도의 완벽한 승리를 이루신 하나님을 찬양하라. 대가를 치르신 것에 대해 예수님께 감사하라. 때로는 우리 마음의 진정한 표현으로 찬송을 불러도 좋을 것이다.

그리스도의 주권적 권세와 전능하신 능력을 기뻐하라. 하나님께 찬송하라. 예수님은 "높은 곳에 계신 지극히 크신 이의 우편에 앉으셨다"(히 1:3). 하나님이 만물을 그 발아래 복종시키실 때까지 그분 우편에 앉아 계신다(시 110:1). 그분은 "그 정사와 평강의 더함이 무궁하며"(사 9:7), 만물을 복종케 하실 능력이 있으시다(빌 3:21). "네 하나님이 통치하신다!"(사 52:7) "모든 통치와 권세와 능력과 주권과 이 세상뿐 아니라 오는 세상에 일컫는 모든 이름 위에 뛰어나신"(엡 1:21) 예수님은 하늘의 하나님 우편에 앉아 계신다. 하늘과 땅의 모든 권세가 그분에게 주어졌다(마 28:18). 우리 주 예수 그리스도의 능력과 권세는 영원토록 동일하시다(히 13:8).

예수님의 보혈을 의지하라. 예수님은 스스로 내세울 공로가 없는 우리를 위해 죽으셨다. 우리는 예수님의 보혈을 믿어야 한다(롬 3:25). 예수님이 십자가에서 "다 이루었다"(요 19:30)고 외치셨을 때, 사탄은 완전히 패배했고 갈보리의 승리는 완성되었으며, 하나님의 아들의 보혈은 하나님의 응답을 간구할 수 있는 근거가 되었다. 이제 우리는 하나님의 어린양의 피로 사탄을 이길 수 있다(계 12:11). 사탄의 요새와 세력에 대항할 때 우리는 예수님의 보혈을 의지해야 한다.

예수님의 이름을 사용하라. 우리의 기도 전쟁은 주님을 위한 것이다. 우리가 사탄에 대항하는 것은 예수님의 이름의 영광을 위해서다. 예수님은 주이시기 때문에 모든 자는 그 앞에 무릎을 꿇어야 한다(빌 2:9-10).

"너희가 내 이름으로 무엇을 구하든지 내가 행하리니 이는 아버지로 하여금 아들로 말미암아 영광을 받으시게 하려 함이라 내 이름으로 무엇이든지 내게 구하면 내가 행하리라 …… 내 이름으로 아버지께 무엇을 구하든지 다 받게 하려 함이라 …… 내가 진실로진실로 너희에게 이르노니 너희가 무엇이든지 아버지께 구하는 것을 내 이름으로 주시리라 …… 구하라 그리하면 받으리니"(요 14:13-14, 15:16, 16:23-24).

하늘과 땅의 모든 권세가 예수님의 이름에 있다. 지옥의 귀신들도 이 이름의 권세를 알고 있다. 베드로와 바울, 사도들과 초대 교회가 거듭 예수님의 이름의 능력을 확증했다. 오늘날에도 세계 곳곳에서 예수님의 이름을 사용하면 사탄이 후퇴하며 사로잡은 자들을 풀어주는 광경을 볼 수 있다. 우리는 그분의 이름을 사용하도록 공인된 자들이다. 이제 하나님이 주신 권세를 취하라.

기도할 때 예수님의 이름을 사용하라. 하나님의 약속을 요구할 때도 그 이름을 사용하라. 사탄과 악한 영들을 물리칠 때도, 죄와 음부의 결박을 풀고 사탄에게 포로 된 자들의 석방을 요구할 때도 예수님의 이름을 사용하라. 사탄을 쫓아낼 때도, 사탄의 능력과 권세를 결박할 때도 그 이름을 사용하라. 이제 예수님의 이름을 사용하라!

성령의 검, 즉 하나님의 말씀을 취하라. 예수님은 사탄을 물리치실 때 구약에서 하나님 말씀을 인용하셨다(마 4:1-11). 성령님이 사탄을 물리치실 때 쓰는 성령의 검은 하나님의 말씀이다(엡 6:17). 성경은 사탄을 물리칠 때 사용할 수 있는 강력한 무기로 가득 차 있다. 우리는 그리스도께서 사탄을 어떻게 이기셨는지 사탄에게 보여주기 위해서나 예수님처럼 사탄을 면전에서 물리치기 위해 성경을 사용할 수 있다. 성경을 언급하고 성경 구절을 인용하라. 기도할 때나 사탄을 꾸짖을 때 상징적으로 성경을 손에 들고 싶을 때도 있을 것이다.

인도의 연합 성경 신학교 교장이던 프랑크 클라인 박사는 우상들이 있던 집을 청결케 하는 예배에 참여하기 위해 한 새신자의 집을 방문했다. 그가 할 일은 그 집에 들어가 우상을 밖으로 가지고 나오는 것이었다. 인도인 목사가 그에게 지시했다.

"예수님의 이름을 부르십시오. 성경을 몸 앞에 들고 들어가서 우상을 가지고 나오십시오."

그 일은 프랑크 박사에게 새로운 체험이었다. 그는 성경을 옆에 끼고 예수님의 이름을 부르는 것도 잊어버린 채 집에 들어가려고 했다. 그런데 놀랍게도 어느 지점에 이르자 보이지 않는 힘에 저지당하는 것이었다. 체력이 강한 프랑크 박사였으나 아무리 해도 단 한 발자국도 나아갈 수 없었다.

"프랑크 박사, 성경을 앞으로 하고 예수님의 이름을 부르세요!"

인도인 목사가 소리쳤다. 프랑크 박사는 사탄의 힘이 보통이 아님을 절감했다. 그는 성경을 앞으로 하고는 예수님의 이름을 부르면서 집 안으로 곧장 들어가 우상을 가지고 나왔다.

나도 인도에 있을 때 내 힘과 확신을 상징적으로 보여주기 위해 손에 성경을 들고 싶던 때가 여러 번 있었다. 성경의 진리는 문자 그대로 성령의 검이다.

예수님을 찬양하면서 나아가라. 찬송은 하나님께 기쁨을 드리고 우리의 사랑과 감사를 표현하며 여호와를 경배하는 예배 방법일 뿐 아니라 강력한 영적 무기도 된다. 아마 여호사밧은 전쟁에서 무기가 아닌 찬양으로 승리를 거둔 유일한 왕일 것이다(대하 20장).

유다가 암몬과 모압과 세일 산에 거주하는 수많은 적에게 침공을 받을 때였다. 여호사밧은 유다 백성에게 예루살렘에서 금식하며 기도하라고 요구했다. 유다 백성은 각 마을에서 "여호와께 도우심을 구하려고" 모여들었다.

여호사밧 왕은 서서 유다 백성의 기도회를 인도했다. 먼저 하나님의 주권을 찬양했고, 그 다음에는 내내 여호와 앞에 서서 기도하는 모든 백성을 위해 중보기도를 드렸다. 그때 여호와의 영이 한 레위인에게 임했다. 그 레위인은, 그 전쟁은 여호와께 속한 것이므로 그들이 싸울 필요가 없다고 예언했다(15절). 그는 백성들에게 두려워하지 말고 나아가 적과 대적하라고 했다. 여호와께서 함께하시니 아무 걱정도 하지 말라고 했다. 그러자 온 유다 백성이 여호와 앞에서 얼굴을 땅에 대고 경배를 드렸으며, 레위인들은 "큰소리로" 여호와를 찬양했다.

다음 날 아침, 그들은 일찍 일어났다. 여호사밧은 백성들에게 하나님을 믿으라고 권면하고, 하나님을 찬양하면서 군대를 전장으로 인도할 찬양대를 조직했다. "그 노래와 찬송이 시작될 때에 여호와께서 복병을 두어"(22절). 이스라엘이 여호와를 찬양하는 동안 적들은 서로를 공격하여 전멸당하고 말았다. 그리고 유다 백성은 사흘 동안 전리품을 거둬들였다.

나흘째 날, 그들은 여호와를 찬양하는 집회를 가졌다. 여호사밧 왕은 모든 백성을 이끌고 예루살렘과 성전 안까지 개선 행진을 했다. 우리는 그 후 여호사밧이 다른 나라의 공격을 받았다는 기록을 살펴볼 수 없다. 결국 사탄이 완전히 궤멸된 것이다.

사탄을 격퇴하기 위하여 찬양을 사용하라. 찬양은 믿음을 강하게 한다. 찬양은 하나님의 천사들이 우리를 돕게 만든다. 사탄이 우리를 에워싸 꼼짝 못하게 하려는 검은 구름을 말끔히 걷어낸다. 찬양은 사탄과 귀신들을 두렵게 만드는 힘이 있다.

하나님을 찬양하면서 사탄의 저항에 대항하여 전진하라. 사탄의 면전에서 여호와를 찬양하라. 나는 성령님의 인도로 귀신들의 귀에 예수님에 대한 찬양을 들려주어 귀신들을 쫓아낸 경험이 여러 번 있다. 예수님에 대한 찬양이 더러운 영들을 쫓아낸다.

예수님의 이름으로 사탄에게 명령하라. 예수님의 이름으로 사탄에게 직접 명령하는 것은 매우 중요하다. "사탄아, 너는 갈보리에서 이미 패배했다. 예수님의 이름의 권세로 네게 명하니 나가라! 예수님의 이름으로 내가 너와 너의 모든 일을 결박하노라!"

귀신들을 쫓아낼 때 이름을 안다면, 예수님의 이름의 권세로 나가라고 명령할 때 그 귀신의 이름을 부르라. 귀신의 압력과 방해, 박해가 있어도 하나님이 인도하신다면 사탄과 귀신들에게 명령하는 일을 결코 주저하지 말라(믿음의 명령에 관한 상세한 교훈과 실례는 13장에 나와 있다).

그리스도를 통해 사탄을 이길 수 있다

감사하게도 그리스도인은 사탄에 대항하고, 사탄을 도망치게 할 수도 있다(약 4:7). 기도와 찬양으로 귀신을 쫓아내야 할 때도 있지만, 사탄에게 떠나라고 명령해야 할 때도 있다. 사탄의 능력을 결박해야 할 때도 있고, 예수님의 이름으로 사탄에게 속박된 자들을 풀어주어야 할 때도 있다. 어느 경우든 우리에게는 예수님의 이름으로 사탄을 이길 수 있는 완전한 권세가 있다. 우리는 도망쳐서는 안 된다. 오히려 사탄이 도망치게 해야 한다.

우리는 사탄의 영역에 침입하여 그의 포로들을 석방시켜야 한다. 사탄은 찬탈자일 뿐이다. 우리를 사랑하사 우리를 위해 목숨을 버리신 그분을 통해, 우리와 동행하시고 그 보혈로 우리를 보호하시는 그분을 통해, 자신의 이름의 권세로 우리를 무장시키시는 그분을 통해, 우리는 사탄과 접전하여 거듭 사탄을 패배시킬 수 있다.

영적인 전투가 장기전이 될 수도 있고, 사탄이 더 완강히 저항할 수도 있다. 우리와 합심하여 금식하며 중보기도해 줄 동역자들의 지지가 필요할 때도 있다. 그러나 예수님은 지금, 또 영원토록 승리자이시다. 그분의 승리 안에 굳건히 서라. 우리 자신은 아무것도 아니지만 그리스도와 그분의 이름 안에서 우리는 승리자 이상이다.

3부

다양한 기도

16장 하나님의 비상기도 네트워크

하나님은 계속 비상 호출을 받으시고 비상 호출 명령을 내리신다. 우리가 전혀 예상치 못한 사건들은 하나님이 직접 간섭하셔야 한다. 어떤 때는 위기의 순간까지 이르기도 한다. 하나님은 모든 것을 미리 아시기 때문에 결코 놀라지 않으시지만, 우리는 이런 상황을 비상 상황(위기 상황)이라고 말한다.

그리스도께서는 오늘날도 하나님의 보좌 우편에 앉으셔서 그분 자신과 기도 동역자들의 중보기도를 통해 이 땅을 통치하신다. 비상 상황이 발생하면 하나님은 때때로 자녀들에게 미리 기도를 요청하셔서 그 상황에 대비하신다. 그러나 때로는 긴급한 바로 그 순간에 비상 호출 명령을 내리기도 하신다.

하나님 자녀는 비상기도 네트워크의 구성원이다

우리는 늘 비상기도 네트워크를 이용할 수 있다. 그러나 동시에 비상기도 네트워크는 우리에게 달려 있다. 하나님은 주로 이미 우리를 알고 있는 사람을 깨우셔서 우리를 위해 기도하게 하시고, 이를 통해 그 사람과 우리의 믿음을 더욱 돈독하게 하신다.

대학 시절, 나는 한 친구와 둘만 아는 어떤 긴급한 상황을 의논하며 같이 기도하고 있었다. 그때 강한 영적 암흑이 내 친구를 짓눌렀다. 여러 날 동안 함께 의논하며 기도했지만, 여러 이유 때문에 승리할 수 없는 기도 전쟁이었다. 그러던 어느 날, 나를 아주 잘 아는 복음 전도자가 짧은 엽서 한 통을 보내왔다.

"사랑하는 웨슬리 형제, 당신을 위해 기도하는데 갑자기 당신이 무릎을 꿇고 기도하는 모습이 보이더군요. 그때 예수님이 당신을 향해 손을 뻗치고 계셨는데, 당신은 주님을 보지 못하는 것 같았습니다. 그래서 나는 '하나님은 우리 기도에 응답하기를 원하시며 가까이에 서 계시는데 우리가 그것을 깨닫지 못하는 경우가 얼마나 많은가'라고 혼자 생각했습니다."

그때서야 나는 내가 기도해야 할 바로 그때 하나님이 나를 일깨우셔서 기도하게 하셨음을 깨달았다.

하나님이 주시는 특별한 기도 부담을 느끼면서도 그 이유를 잘 모를 때가 있다. 갑자기 기도해야겠다는 생각이 들고 기도에 대한 책임을 느끼면서도 왜 그런 부담감이 생기는지 잘 모를 때가 있다.

1962년 8월, 오스트레일리아의 퍼스에 있는 스카버러 침례교회에서 4일간의 회의를 마치고 나서 나는 토요일 하루는 종일 금식하며 기도해야겠다는 강한 부담을 느꼈다. 그래서 스카버러 해변의 호젓한 장소를 찾아가 하나님과 단 둘만의 교제를 나누었다. 시간이 흐를수록 나는 흑암의 세력과 처절한 기도 전투 속으로 몰입해 들어갔다. 도대체 이유를 알 수 없었다. 그러나 성령님은 나를 사탄과의 무서운 전투 가운데로 몰아넣으셨고, 그날 밤 "사탄의 능력과 하나님의 능력"을 설교하도록 인도하셨다.

예배를 인도하러 가는데, 갑자기 목소리가 나오지 않았다. 하루 종일 조용히 기도했기 때문에 목을 심하게 쓰지도 않았고 감기에 걸리지도 않았는데 목소리가 잘 나오지 않는 것이다. 설교하려고 일어섰으나 입술만 움직일 뿐 소리가 나오지 않았다. 회중은 안타까운 표정으로 나를 바라보았다. 나는 양손으로 강대상을 잡고 목소리를 내보려고 애를 썼다. 간신히 목소리가 나왔지만 한마디 한마디가 억지로 나오는 것 같고 그마저도 바로 바닥으로 떨어지는 것만 같았다. 그날은 축복도, 은총도 빌지 않았다. 예배가 끝나자 회중은 조용히 교회를 떠났다.

그런데 그대로 남아 있는 한 여인이 있었다. 그 여인은 내게 6개월 전에 중생을 체험했다고 말했다. 그러나 흑마술을 한 적이 있기 때문에 귀신들이 자기를 그냥 내버려두지 않는다는 것이다. 밤마다 귀신들이 나타나 여인의 침대 주위로 몰려들어 야유를 퍼부어댔다. 나는 의로운 분노를 느끼며 그 여인과 함께 기도하면서 사탄을 이기고 승리했음을 주장했다. 결국 그 여인은 사탄의 압제에서 완전히 해방될 수 있었다.

다음 날 오전 예배에는 온통 나를 위해 하늘 문이 열린 것만 같았다. 많은 사람이 영적 필요를 채웠고, 일부는 선교지로 부름 받았다. 마지막으로 귀신들려 머리부터 발끝까지 떠는 한 남자를 앞에 놓고 목사와 집사들과 함께 기도했다. 그는 전날 밤 귀신에게서 해방된 여인의 남편이었다. 나중에 안 일이지만, 5개월 동안 집사들이 그 남자를 위해 기도하기로 약속하고 기도를 해오고 있었다. 성령님이 위기의 순간에 그의 백성을 깨우쳐 기도하게 하신 것이다. 물론 사탄이 방해 공작을 시도했으나 결국 그리스도께서 승리하셨다. 그리스도께 모든 영광이 있을지어다!

하나님의 비상 기도 네트워크에 동참하는 방법

성령으로 충만하라. 성령 충만은 영적인 삶의 모든 분야에서 가장 기본적인 것이다. 성령님께 쓰임과 인도를 받는 것은 어느 그리스도인에게나 가능하지만, 성령님의 세밀한 음성을 들으려면 인생을 그분께 완전히 맡겨야 한다. 중생한 그리스도인이라면 누구에게나 성령님이 내주하신다(롬 8:9). 그러나 모든 그리스도인이 성령 충만하여 성령의 인도를 받으며 사는 것은 아니다.

성령 충만에 들어가지 않고는 성령으로 충만한 삶을 살 수 없다. 성도는 하나님께 "전적인 항복"(앤드류 머리가 좋아하는 용어. 자신과 자신의 모든 소유를 구별되게 하나님께 바치는 것[롬 12:1-2])을 해야 하며, 성령님이 거룩하게 하시고 능력을 주시며 충만케 하시는 것을 믿고(행 15:8-9) 성령 충만을 구해야 한다(눅 11:13). 초대 교회 사도들처럼 전적으로 헌신한다면 오늘날에도 성령으로 충만해질 수 있다(행 2:38-39). 이것은 성령의 특별한 나타나심의 문제가 아니라 우리 의지를 하나님께 드리느냐 드리지 못하느냐의 문제다.

한 성도가 하나님 뜻에 대항하여 싸우고 육적인 욕망과 야망에 지배받으며 자기 고집대로 행하고 가족과 이웃에게 세속적으로 반응한다면, 그는 지금 성령 충만한 삶을 살지 않는 것이다. 지금까지 한 번도 성령 충만하지 못했거나, 그런 적이 있다 해도 성화를 거부하고 불순종해서 지금은 성령 충만한 삶을 살지 못하고 있는 것이다. 일반적으로 언젠가 성령 충만하게 되면 성령님은 우리가 필요할 때 거듭 충만하게 임하신다.

깊은 기도 생활을 개발하라. 기도의 삶을 체험할수록 하나님은 특별한 비상시기에 우리를 더 자주 사용하실 수 있다. 하나님은 진정한 기도 용사들을 찾으신다. 우리는 기도를 통해 기도하는 법을 배운다. 기도를 다룬 책에서 지식을 얻는 것도 아름답지만 진정한 기도의 확신과 능력은 우리가 기도할 때 비로소 얻을 수 있다. 기도 원리들을 실제로 실행해 보라. 그러면 성령님이 더 많은 기회를 주실 뿐 아니라 중보기도의 자유와 담대함을 더욱 깊이 느끼게 해주실 것이다.

하나님과의 대화를 개발하라. 하나님을 얼마나 사랑하며 사모하는지 하나님께 자주 말하라. 하루를 찬양으로 시작하고 끝맺으라. 우리의 기쁨을 하나님과 나누라. 영혼의 고요함 가운데 날마다 주시는 온갖 축복(햇빛, 아름다움, 우승, 친구, 노래, 하나님의 도우심 등)을 하나님께 감사하라. 우리가 스쳐 지나가고 만나고 바라보는 모든 사람을 축복해 주시기를 기도하라. 일할 때나 길을 걸을 때나 운전할 때, 놀라우신 하나님과 자주 대화한다는 사실을 다른 사람들이 눈치 채지 못하도록 마음속으로 주님께 속삭이라. 항상 하나님과 동행하라.

듣는 귀를 개발하라. 하나님의 자녀로서 성령님께 인도받는 것은 우리의 특권이다(롬 8:14). 하나님께 귀를 기울이는 습관을 개발해 본 적이 있는가? 어떤 그리스도인도 이 습관에 완전히 숙달될 수는 없다. 그러나 하나님은 우리가 듣는 귀를 개발하는 것을 도우실 수 있다. 하나님은 다음 제안들을 우리의 축복으로 삼기를 원하신다.

- 날마다 주님께 완전히 헌신하고 성령 충만하게 살라.
- 하나님께 귀를 기울이는 방법을 가르쳐달라고 간구하라. 받아내는 것에만 혈안이 되어 있다면 기도는 결코 진정한 교제가 될 수 없다.
- 하루를 시작하면서 그날 동안 하나님이 원하실 때마다 우리를 호출하시도록 하나님께 간청하라. 우리가 하나님의 목소리를 알아차릴 수 있게 해달라고 간구하라.
- 하나님이 우리에게 말씀하실 것을 기대하고 우리 마음에 축복하실 것을 소망하면서 성경을 읽으라. 개인적인 축복을 위하여 성경을 읽으라. 어떻게 우리가 하나님을 더 기쁘시게 할 수 있고 그분의 뜻을 더 잘 행할 수 있는지를 말씀에서 풍성하게 깨달을 수 있을 것이다.
- 작은 일에도 하나님의 도우심과 인도를 구하라. 우리에게 중요한 일은 그 무엇이든 하나님께도 중요하다. 우리가 만나는 사람이나 전화로 통화하는 사람, 편지를 쓰는 사람에게 우리가 축복의 근원이 되게 해달라고 간청하라. 하나님과 다른 이들을 위해 할 수 있는 작은 일이 무엇인지 가르쳐달라고 간청하라. 기도의 삶뿐 아니라 물건을 구매하거나 계약하는 일처럼 일상적인 일, 심지어는 우리의 태도까지 하나님이 인도해 주시길 간청하라.
- 하나님이 우리를 항상 인도하심을 믿고 마음을 편히 가지라(사 58:11). 하나님의 뜻을 놓칠까 봐 두려워하거나 걱정하지 말라. 우리는 그분의 자녀다. 하나님의 신실하심 안에서 안식하라. 속단하지 말라. 하늘에서 오

는 음성이나 표적을 기대하지 말라. 하나님의 인도하심은 주로 정상적인 방법을 택하기 때문에 우리가 대부분 깨닫지 못할 때에도 하나님은 계속 역사하신다.

✚ 하나님이 우리를 위해 어떻게 섭리하시는지 주의하여 관찰해 보라. 그분이 우리 계획을 연기하시거나 가로막으신다 해도 안달하지 말라. 하나님의 길이 최선이다. 하나님은 모든 일이 합력하여 우리의 선과 하나님의 영광이 되기를 원하신다. 하나님은 무엇이 최선인지 알고 계신다. 그분의 섭리에 대항하지 말라. 하나님의 사랑의 손길 안에서 그저 마음을 편히 가지라. 하나님은 길이 전혀 없던 곳에도 길을 여실 수 있으나, 우리 힘으로 억지로 문을 열 수는 없다.

날마다 깨어 있게 해달라고 간청하라. 중보해야 할 사람과 상황에 주의를 게을리 하지 않도록 아침마다 하나님께 간구하라. 하나님이 우리에게 특별한 기도 제목을 더하실 수도 있으므로 기도 목록을 만들라. 기도 목록은 응답된 기도의 역사를 보여주는 이점도 있다. 하나님이 우리에게 가르쳐주시는 새로운 기도 과제를 하나도 놓치지 말라. 하루를 살아가면서 하나님이 기억나게 하시는 사람이나 일이 있다면 즉시 기도하라.

하나님이 주시는 특별한 기도의 짐을 받아들이라. 하나님이 주시는 기도의 짐을 신실하게 감당하려고 노력하겠다고 날마다 여호와께 다짐하라. 이것을 하나님이 주신 특별한 과제로 생각하라.

하나님의 기도 과제를 인식하는 방법

우리 마음에 어떤 사람을 생각나게 하신다. 기도할 때뿐 아니라 다른 때에도 이런 일이 일어날 수 있다. 하나님께 스스로 기도하고 싶다고 말하면 우리 마음에 떠오르는 사람이 있을 수 있는데, 그것은 그 사람에게 기도가 필요하기 때문이다. 이런 일이 단지 우연히 일어날 수도 있지만, 하나님과 가까이 동행하고 하나님의 음성에 민감하게 귀를 기울일수록 하나님은 더 자주 이런 방법으로 우리를 사용하실 것이다.

미리 위험을 감지하거나 필요를 깨닫게 하신다. 그때는 주님께 곧바로 나아가라. 무슨 일을 하고 있었든 되도록 잠시 일을 멈추고 주님께 곧바로 나아가라. 그러면 기도할 때 하나님이 특정한 사람과 상황을 머릿속에 기억나게 하실 것이다. 그러지 않을 경우에는 무엇이 필요한지 가르쳐달라고 하나님의 도우심과 인자를 구하라. 10장에서 소개했듯이 나는 그 위험이 어떤 것인지 몰랐지만 부모님이 위험에 처했을 때 하나님은 나를 일깨워 기도하게 하셨다.

1939년 12월 12일, 2차 세계대전을 두고 하나님께 기도하고 있을 때, 나는 특별한 한 상황에 대해 기도해야 하는 부담을 느꼈다. 그 당시 독일 상인이던 스피 백작이 "소형 전함"으로 수많은 상선을 격침하여 많은 인명 손실을 냈다. 그날 밤 하나님의 간섭을 간청하며 기도하는데 하나님의 특별한 권세를 느꼈다. 다음 날 스피 백작이 우루과이의 몬테비데오 항구 부근에서 추격당하고 있다는 라디오 뉴스가 있었다. 그로부터 며칠 후 스피 백작의 소형 전함은 항구 밖에서 격침되었고, 배와 함께 운명을 같이하기로 한 스피 백작을 제외하고는 아무도 죽지 않았다는 소식을 들었다. 아마 하나님은 내가 기도 부담을 느낀 바로 그 순간에 다른 많은 사람에게 같은 부담을 주신 것 같다. 어찌되었든 나는 하나님이 나를 일깨워 기도하게 하시고 그 기도에 응답하셨다는 사실을 알고 무척 기뻤다.

제이콥 드샤제르 상병의 모친 홀다 앤드루스 여사는 하나님이 자신에게 기도 부담을 주신 일을 다음과 같이 말했다. 제이콥 드샤제르 상병은 2차 세계대전 중에 두리틀 편대의 도쿄 공습에서 격추된 비행기에 탑승한 군인이다. 당시 앤드루스 여사는 아들이 어느 기지에 있는지조차 몰랐다.

"어느 날 밤, 공중에서 자꾸 아래로 내려가는 듯한 이상한 느낌에 갑자기 잠을 깼다. 마치 무서운 짐이 내 영혼을 짓누르는 것만 같았다. 그래서 고통 가운데서 하나님께 기도하고 부르짖었다. 그랬더니 갑자기 잠이 달아나버렸다."

그 후 여사는 아들의 비행기가 일본군 손에 격추되었다는 소식을 전해 들었다. 시간을 계산해 본 결과, 하나님이 그를 깨워 기도하게 하신 시간이 바로 아들이 격추된 비행기에서 낙하산으로 탈출하던 순간이었다.

그 밖에도 하나님은 앤드루스 여사에게 아들의 구원을 위해 기도하도록 부담을 주셨다. 다시 열심히 기도하는 순간 하나님은 그에게 이사야 55장 9절의 약속을 상기시켜주셨고, 바로 그 순간 감옥에 갇혀 있던 제이콥에게 하나님이 말씀하셔서 제이콥은 전 인생을 주님께 바치기로 결심했다.

어느 날, 제이콥을 비롯한 포로들이 처형될 것이라는 소식을 전해들었을 때에도 그는 엎드려 기도했다. 그랬더니 하나님이 "내 천사들이 그를 보호할 것이다"라고 말씀하시는 것 같았으며, 그 후 마음의 부담이 말끔히 가셨다. 포로가 된 4명 중 3명이 총살당했지만 제이콥은 하나님의 이적으로 구원을 받았다. 하나님은 그의 목숨을 구해 주었을 뿐 아니라, 복음을 전하는 일에 부르셨다. 전쟁이 끝난 후 그는 일본으로 건너가 하나님이 크게 사용하시는 선교사로서 큰일을 했다.

우리가 잘 아는 필요가 매우 긴박함을 깨닫게 하신다. 어떤 필요를 놓고 자주 기도하고 있는데 갑자기 하나님이 더 이상 지체하지 않으시고 기도에 응답하실 것이라고 강하게 느낄 때가 있다. 육체의 질병에 기도의 부담을 느낄 때도 있고, 믿지 않는 이의 구원에 기도의 부담을 가질 때도 있으며, 분열된 공동체의 단합이나 특정한 지역의 영적 부흥에 기도의 부담을 느낄 때도 있다. 하나님은 여러 날 동안 그저 막연하게 기도의 부담을 느끼게 하실 때도 있지만, 때로는 여러 시간 동안 힘써 기도에만 열중하라고 우리를 따로 불러내실 때도 있다.

동양선교회 이사 가운데 방탕한 아들을 둔 분이 있었다. 그 아들은 한때 동양선교회 선교사로도 활동했으나 선교사직을 버리고 세상 일에 뛰어들었으며, 회개하지 않고 주님을 멀리 떠나 있었다. 선교회 지도자인 그의 아버지는 여러 달 동안 아들을 위해 기도해야겠다는 부담을 느꼈다. 어느 날 멀리 떨어져 있는 주에서 대표자 회의에 참석하고 있던 그는 갑자기 기도에 대한 부담을 강하게 느끼고 여관 주인에게 하루 종일 자기를 방해하지 말고 식사하라고 부르지도 말아달라고 부탁했다. 그는 문을 잠근 후 몇 시간 동안 계속 기도했다. 그런데 오후쯤 누군가가 문을 두드렸다. 방해해서 죄송하다면서 여관 주인이 "장거리 전화가 걸려 왔다"고 알려주었다. 수화기 건너에서 들려온 첫 마디를 이것이었다. "아버지! 제가 이제 하나님께 돌아왔어요!"

특정한 기도의 부담을 가중시켜 결국 영원한 과제로 삼게 하신다. 하나님은 교회와 선교 단체, 도시와 국가와 복음 사역 기관을 위해 계속 중보기도하며 파수꾼 역할을 담당할 사람들을 찾으신다. "예루살렘이여 내가 너의 성벽 위에 파수꾼을 세우고 그들로 하여금 주야로 계속 잠잠하지 않게 하였느니라 너희 여호와로 기억하시게 하는 자들아 너희는 쉬지 말며 또 여호와께서 예루살렘을 세워 세상에서 찬송을 받게 하시기까지 그로 쉬지 못하시게 하라"(사 62:6-7).

하나님은 파수꾼을 세웠다고 선포하신다. 이사야도 그런 파수꾼이었다. 이사야는 스스로 "나는 시온의 의가 빛같이, 예루살렘의 구원이 횃불같이 나타나도록 시온을 위하여 잠잠하지 아니하며 예루살렘을 위하여 쉬지 아니할 것인즉"(사 62:1)이라고 말한다. 우리도 하나님의 기도 파수꾼이 될 수 있다.

그리스도의 사역을 전업으로 삼는 기독교 사역자에게는 중보기도로 힘을 북돋아주고 함께 도와줄 기도 팀이 필요하다. 모든 기독교 단체에는 기도의 짐을 나눠지는 기도 용사들이 있어야 한다. 한 단체의 효율성은 기도 팀의 경건함과 그 뒤에 깔린 기도의 능력에 달려 있다. 하나님은 계획적으로 기도 목록을 작성하고 기도 동역자들에게 수시로 세심하게 기도 제목을 알려 기도를 부탁하는 개인이나 단체를 축복하신다. 기도 동역자뿐 아니라 그 일을 위해 항상 기도의 부담을 느끼고 힘써 기도하는 중보기도의 파수꾼이 있는 개인이나 단체는 복을 받을 것이다.

수십만 명의 영혼을 주께로 인도하고, 1858-1859년에 세계 역사상 최대 영적 부흥의 직접적인 원인이 된 부흥 집회를 이끈 찰스 피니의 사역이 성공을 거둘 수 있었던 비결이 바로 이것이다. 피니 자신도 대단한 기도 용사였으나 그를 위해 기도하는 동역자도 많았다. "종교 부흥"이라는 그의 유명한 강설 22편 가운데 4편이 기도의 역할을 다룬다.

피니는 각지를 여행하며 부흥 집회를 인도할 때마다 클러리 장로와 내시 장로와 함께 다녔다. 찰스 피니가 두 주간 특별 부흥 집회를 위해 영국을 방문했을 때 이 두 장로도 동행했는데, 이들은 일주일에 25센트짜리 어둡고 축축한 지하실 방을 얻어서 그곳에 머물며 기도에 전념했다. 그들의 기도와 신음은 그치질 않았다. 그들이 바로 피니의 중보기도 파수꾼이었다.

1904-1905년, 웨일즈 대부흥이 일어났을 때 하나님께 크게 쓰임 받은 에반 로버츠 뒤에도 중보기도 파수꾼 역할을 한 소수의 젊은 무리가 있었다. 에반이 이 기도 팀 가운데 한 청년에게 엽서를 보냈는데, 그 엽서는 지금까지도 내 가보로 보존되어 있다.

기도 부담을 효과적으로 이용하는 방법

하나님이 특별한 기도 부담을 주시거든 기쁘게 받아들이고 그에 충실하라. 그것은 하나님이 우리에게 주신 특별한 사명이다.

무엇보다 기도 부담을 최우선 순위에 놓으라. 가능하다면 하던 일을 멈추고 필요한 기도를 하는 데 전적으로 매달리라. 시기가 가장 중요할 때도 있다. 뒤로 미루지 말라. 부담감이 생기는 기도에 즉시 전념할 수 없을 때는 기도에 전념할 수 있을 때까지 틈나는 대로 계속 기도하라.

여러 시간 동안 기도할 수 있도록 준비하라. 이것이 항상 필요한 것은 아니다. 그러나 하나님께 확실히 응답을 받을 때까지는 열심히 기도해야 한다.

1930년대에 오클라호마 주에서 이발소를 경영하던 내 친구 조지 셰릭은 하나님을 열심히 전하는 사람이었다. 어느 날 오후, 그는 마을 부보안관의 구원을 위해 기도해야겠다는 강한 부담을 느꼈다. 그래서 오후 반나절도 되지 않았는데 이발소 문을 닫고 기도하기 시작했다.

조지는 오후에 이어 저녁때를 지나 밤늦게까지 계속 기도했다. 다음 날 새벽 2시, 누군가가 문을 두드렸다. 그 새벽에 조지가 가게에 있다는 것을 아는 사람은 아무도 없었다. 문을 열자, 지금까지 기도한 부보안관이 문 앞에 서 있었다. 결국 조지는 그날 밤 그를 하나님께로 인도했다.

하나님이 부담감을 없애실 때까지, 하나님이 기도를 들으셨다는 확신이 설 때까지 기도하라. 1949년경에 은퇴한 일단의 중국 선교사와 몇몇 신실한 기도 동역자가 사우스오스트레일리아 주의 애들레이드에서 정기적인 선교 모임을 가졌다. 한번은 큰 기도 부담과 함께 긴박함이 그들의 마음을 짓눌렀다. 그들은 특별히 중국 내지 선교사인 하이든 멜삽을 위해 기도해야겠다는 부담을 느꼈다. 그래서 다른 문제를 제쳐놓고 "곧바로 기도하기로" 합의했다. 그들은 모두가 마음의 평화와 안식을 느낄 때까지 기도했다.

몇 년 후, 하이든 멜샵이 오스트레일리아를 방문했을 때 선교사들은 그에게 그 당시 중국에서 어떤 일이 있었는지 물어보았다. 그런데 정말 놀랍게도 그 무렵에 하이든과 다른 선교사 두 명이 처형당하기 위해 중국 법정의 담을 등지고 서 있었다는 것이다. 그런데 처형 장교가 발사 명령을 내리려는 순간 법정 뜰 문이 열리면서 더 높은 장교가 들어왔다고 한다. 상황을 보고 놀란 고급 장교는 "멈춰!"라고 소리 지른 후 멜샵에게 다가와 그를 껴안더니 다른 사람들까지 무사히 풀어주었다는 것이다. 하이든 멜샵에게 직접 간증을 들은 나는 오스트레일리아 친구에게 그 내용을 책으로 출간하도록 부탁했다.

하나님은 다른 사람들에게 기도 협조를 부탁하도록 인도하실 때가 있다. 우리가 기도체인을 조직하거나 특별한 기도 모임으로 모여 기도할 때 성령님은 많은 이적을 일으키신다. 그렇기 때문에 많은 지교회가 비상 기도체인을 조직한다. 비상기도 요청이 들어오면 먼저 대여섯 사람에게 기도를 부탁한다. 그러면 그 대여섯 사람이 다음 사람에게 기도를 부탁한다. 이렇게 하면 몇 분 안에 많은 사람이 기도할 수 있다. 동양선교회 본부 간부들은 이런 기도체인을 조직해 놓고 있다.

1960년, 케냐에서 마우마우 폭동이 계속되던 어느 날 밤, 선교사 매트 히겐스와 로라 히겐스가 마우마우 지역 중심부를 거쳐 나이로비로 돌아오고 있었다. 그 당시 마우마우 지역에서는 케냐인과 선교사들을 살해하여 시체까지 토막 내는 불상사가 있었다. 그들이 탄 차가 나이로비 밖 27킬로미터 지점에서 갑자기 멈춰 섰다. 히겐스 부부는 어둠 속에서 차를 고치려 했으나 시동조차 켜지지 않았다. 차 안에서 밤을 보내야 했던 그들은 그 순간 시편 말씀을 기억했다.

"내가 평안히 눕고 자기도 하리니 나를 안전히 살게 하시는 이는 오직 여호와이시니이다"(4:8).

날이 밝자 차를 수리할 수 있었다. 몇 주 후, 히겐스 가족은 휴가를 얻어 미국으로 돌아왔다. 그들이 나이로비를 떠나기 전날 밤, 한 지역 교회 목사가 그들을 방문했다. 그 목사는 마우마우 지역 사람 하나가 히겐스 가족을 죽이기 위해 3명과 함께 차에 접근했는데 16명이 에워싸고 지키고 있어서 무서워 그냥 돌아갔노라고 고백했다는 이야기를 전해 주었다. 히겐스는 깜짝 놀랐다. "열여섯 사람이라고요? 도대체 무슨 말이죠?"

그 이야기를 뒤로 하고 미국에 갔는데, 친구인 클레이 브렌트가 히겐스 부부에게 최근 무슨 위험을 겪지 않았느냐고 물었다. 클레이는 3월 23일, 히겐스 가족을 위해 기도해야겠다는 강한 부담이 느껴져서 교회 사람 16명을 불러 모아 부담감이 없어질 때까지 기도했다는 것이다. 하나님이 이 16명을 대표하는 천사 열여섯을 보내 그들의 기도를 북돋아준 것은 아닐까?

하나님이 그분의 나라를 확장하시고 그분의 백성을 보호하시기 위해 특별한 기도 부담감을 어떻게 사용하셨는지에 관한 수많은 놀라운 이야기는 장차 하늘나라에 가면 더욱 분명히 드러날 것이다.

17장 눈물로 씨를 뿌리는 기도

눈물을 흘리며 씨를 뿌리는 자는 기쁨으로 거두리로다 울며 씨를 뿌리러 나가는 자는 반드시 기쁨으로 그 곡식 단을 가지고 돌아오리로다(시 126:5-6).

중보기도를 드리며 흘리는 소망의 눈물이나 기도 응답에 감사하여 하나님을 찬양하는 기쁨의 눈물을 하나님은 고귀하게 보신다. 그리스도께서도 울며 기도하셨다. "예수께서 눈물을 흘리시더라"(요 11:35)는 말씀은 사랑과 긍휼의 크기뿐 아니라 그분의 중보기도의 눈물을 보여준다. 우리와 함께 우시는 주님은 겟세마네 동산에서 악의 세력과 씨름하실 때에도 우리를 위해 우셨다(히 5:7).

이때 눈물은 자기 연민의 눈물이 아니다. 그러나 눈물은 근본적으로 세속적일 수 있다. 자기 연민의 눈물은 우리를 긴장에서 해방시켜준다. "한바탕 부르짖음"이 때로 낙심하거나 절망한 사람들의 기분을 북돋아주기 때문이다. 그러나 자기 연민의 눈물을 자주 흘리는 것을 영적인 깊이가 있다거나 영적인 능력이 있다는 근거로 볼 수는 없다. 우리가 이야기하려는 것은 깊은 영적 열망에서 비롯된 눈물의 능력이다.

사랑의 중보기도를 드리며 흘리는 눈물을 부끄러워하지 말라. 그 눈물은 우리가 중보기도하는 대상과 우리를 동일시하고 있다는 것과 중보기도 저변에 깔린 열정의 강도를 보여주며, 우리를 통해 기도하시는 성령님의 증거가 되기도 한다. 게다가 눈물은 슬픔과 능력의 개인적인 차원을 더해 준다.

특히 하나님과 단 둘이 있을 때, 눈물을 흘리며 중보기도할 수 있다. 대부분 공중 기도보다 개인기도를 할 때 기도가 더 깊어진다. 눈물이란 매우 사적인 것이기 때문에, 하나님이 유일한 증인일 때 비로소 기도하는 우리의 영혼이 더 자연스럽고 자유롭게 울 수 있다. 그러나 실제로 눈물이 우리 뺨을 적시지 않는다 해도 우리는 우는 심령을 가질 수 있다. 하나님은 무엇보다 마음을 통찰하시는 분임을 기억해야 한다(삼상 16:7).

눈물은 말과 마찬가지로 매우 중요하다. 하나님은 우리 모습을 있는 그대로 아시며 보고 계신다(삼하 7:20, 요 21:17). 하나님은 우리가 표현할 수 있는 것 이상으로 우리의 마음의 은밀한 소원을 알고 계신다. 우리가 기도하는 사람들과 우리 자신을 동일시하여 하나님을 향해 우리 마음이 더 깊이 부르짖게 하라. 눈물 흘리는 척하지는 말라. 그것은 위선이다. 성령님이 눈물을 주실 때 자연스럽게 받아들이라. 그러나 성령님이 느끼시는 그 깊은 소원을 마음속 깊이 느낄 수 있도록 더욱 전력하라.

우리가 눈물 흘리길 바라실 때

때때로 하나님은 우리가 눈물 흘리길 바라신다(전 3:4). 이것은 다른 사람들과 우리 자신을 동일시하고 그들의 아픔을 함께 느끼라는 명령이다. 이때 우리는 "저들" 운운하며 기도할 것이 아니라 "우리"라고 표현하여 한 운명 공동체의 기도를 드려야 한다. 곤궁에 처한 사람들을 저주하거나 비난할 것이 아니라 우리를 그들과 동일시해야 한다. "주여, 저들의 차가운 마음을 용서해 주소서"라고 기도해서는 안 되며, "주여, 한 교회로서 우리가 이처럼 차가운 것을 용서해 주소서. 더 깊이 사랑하고, 더 많이 기도하며, 더 유능한 주님의 일꾼이 되도록 힘을 주소서"라고 기도해야 한다.

오늘날 세계 상황을 보면, 여러 이유에서 우리가 마땅히 울어야 할 때라고 생각한다.

인간들은 하나님을 저버렸다. 열국이 하나님을 버렸으며(시 9:17), 하나님에 대한 지식을 원하지 않는다(롬 1:28). 인간들은 하나님의 지속적인 인자와 용납, 인내를 경멸하고 있다(롬 2:4). 하나님께 심판받고 싶은 대로 거두면서도 오히려 마음이 더 완악해지고 있다(롬 2:5, 계 16:21). 따라서 우리는 이 세계를 위해 울어야 한다. "주여, 제멋대로 고집하는 인간들을 용서하소서!"

죄가 급속도로 만연해지고 있다. 악한 사람들은 더 사악해져서 서로 속고 속이고 있다(딤후 3:13). 디모데후서 3장 1-5절에 열거된 죄악들을 보면 이를 분명히 알 수 있다. 그 모든 죄악에 성적 학대와 강간과 음란물 등 무서운 죄악이 더해져 오늘날 사람들의 양심은 매우 무뎌졌다. 죄악은 급증하고 있으며, 테러와 가학증, 치밀하게 계획된 잔인무도한 범행이 해마다 상상을 초월할 정도로 증가하고 있다. 전쟁은 더욱 끔찍해지고, 평화는 더욱 위태한 지경에 놓였다. 인간은 이제 자멸할 위기에 처하게 되었다. 그러니 어찌 우리가 울지 않을 수 있겠는가? "주여, 우리 죄악된 인간들에게 긍휼을 베푸소서!"

교회인 우리는 생기가 없고 능력이 부족하다. 우리는 세계 여러 곳에 있는 헌신된 사역자들과 그들의 사역을 하나님께 감사해야 한다. 그러나 이 세상은 더 이상 교회를 존경하지 않는다. 우리가 하나님께 마땅히 드려야 할 영광을 드리지 않았기 때문이다.

우리는 "살았다 하는 이름"은 가졌으나 영적으로는 죽은 경우가 많다(계 3:1). 우리는 이 세상에 참된 경건과 영적인 능력을 보여주지 못한다(딤후 3:5). 건전한 교리에서 이탈하는 경우가 많고, 심지어 거짓된 신을 숭배하는 경우도 점차 늘고 있다(딤후 4:3-4). 우리의 영적 상태는 라오디게아 교회와 같을 때가 많다. 하나님 앞에서 우리가 얼마나 곤고하고 가련하며 가난하고 눈멀고 벌거벗었는지 깨닫지 못하고 있다(계 3:17). 늘 영적으로 깨어 있고, 성도 대부분이 영혼 얻는 일에 힘쓰며, 선교 사역에 헌신적으로 희생하는 복음적인 교회가 도대체 몇 퍼센트나 되는가? 이런 이유로 우리는 자신을 위해서 울어야 한다. "주여, 우리를 다시 각성시켜주소서!"

하나님의 백성인 우리는 영적인 잠을 자고 있다. "또한 너희가 이 시기를 알거니와 자다가 깰 때가 벌써 되었으니 이는 이제 우리의 구원이 처음 믿을 때보다 가까웠음이라 밤이 깊고 낮이 가까웠으니 그러므로 우리가 어둠의 일을 벗고 빛의 갑옷을 입자"(롬 13:11-12).

추수 때 잠을 잔다는 것은 수치스러운 일이다(잠 10:5). 우리는 초대 교회의 복음 증거와 영혼 구원의 열정을 대부분 잃어버렸다. 소용돌이치는 죄 앞에서는 당황하면서도 한 영혼도 구원해 보지 못한 그리스도인이나, 세상을 위해서는 거의 기도하지 않으면서 오직 자신의 이익을 위해 기도하는 그리스도인을 아무렇지 않게 여긴다. 오순절 이후, 지상 최대 최고의 수확기가 다가왔다. 그런데도 우리는 여전히 우리 일에만 분주하다. 재미 삼아 교회에 다니고, 선교 사역을 교회의 주요 임무라기보다는 취미 정도로 생각하는 경향도 보인다. 하나님이 이런 우리 마음을 감동시켜 눈물을 흘리게 하시기를! "주여, 나를 깨우소서! 나와 교회를 끊임없이 일깨워주소서!"

그리스도의 재림은 매우 가까웠는데 우리는 아직 할 일이 많이 남았다. 그리스도의 재림 전에 있어야 할 것들로 성경에 기록된 여러 징조 가운데 오직 한 가지만 아직 성취되지 않았다.

"이 천국 복음이 모든 민족에게 증언되기 위하여 온 세상에 전파되리니 그제야 끝이 오리라"(마 24:14).

이 구절은 그리스도께서 당시 교회의 대표자인 제자들에게 주신 최대 사명이다. 그러나 아직도 전 세계 인구의 약 4분의 1가량은 그리스도의 이름조

차 들어보지 못했다. 그들 가운데 반 이상은 그리스도를 구세주로 영접할 만큼 지적인 결단을 내릴 능력이 있는지 의문이다. 물론 이런 통계 수치가 전혀 마음에 와 닿지 않을지도 모른다. 그러나 이 수치가 결국은 천국이나 지옥에서 영원을 보내야 할 실제적인 인격들이라는 사실을 잊지 말라.

수년 전, 인도에서 신학교 교장으로 있을 때 학생들과 함께 복음 메시지와 기독교 문헌을 들고 각 마을을 찾아다니며 실습을 한 적이 있다. 우리는 복음을 전하고 사람들을 섬기기 위해 때때로 마을 중앙에 천막을 쳤다.

어느 날 밤, 집회에서 누가복음 2장을 읽고 성탄절에 대해 나누기로 했다. 내가 막 이야기를 시작하려는 순간 한 할아버지가 내 말을 가로막았다.

"하나님의 아들이 태어난 지 몇 년이나 되었소?"

나는 약 2천 년가량 되었다고 대답해 주었다. 그러자 그 할아버지는 나에게 삿대질을 하면서 "당신이 자그마치 2천 년 동안의 일들을 다 안단 말이오? 도대체 누가 그 오랜 시간을 성경에 숨겨두었단 말이오?"라고 대들었다.

당신이라면 어떻게 대답하겠는가? 그 할아버지가 당신의 형제라면 그에게 구원받을 수 있는 기회가 단 한 번도 없었던 것에 대해 뭐라고 변명할 것인가? 이런 상황을 날마다 중보기도해야 할 부담으로 받아들이지 않는다면, 하나님은 우리의 어떤 변명도 인정해 주시지 않을 것이다. 현재 세계 상황을 볼 때 우리는 정말 울지 않을 수 없다. 나는 어머니께서 그리스도의 복음이 미치지 않은 나라에 사는 백성을 위해 중보기도하시면서 눈물 흘리시던 모습을 가장 아름다운 장면으로 간직하고 있다. "주여, 우리가 기도할 때 우리에게 눈물을 주소서!"

눈물 흘린 사람들

욥은 "고생의 날을 보내는 자를 위하여 내가 울지 아니하였는가 빈궁한 자를 위하여 내 마음에 근심하지 아니하였는가"(욥 30:25)라고 말했다. 모세와 하나님의 자녀들은 이스라엘 백성의 죄를 위해 울었다(민 25:6). 시편을 보면 다윗이 하나님의 백성을 위해 어떻게 울며 금식했는지 알 수 있다(시 69:10). 이사야는 백성의 필요를 위해 울었다(사 16:9). 하나님은 요시야 왕에게 이렇게 말씀하셨다. "내가 이곳과 그 주민에게 대하여 빈 터가 되고 저주가 되리라 한 말을 네가 듣고 마음이 부드러워져서 여호와 앞 곧 내 앞에서 겸비하여 옷을 찢고 통곡하였으므로 나도 네 말을 들었노라 여호와가 말하였느니라"(왕하 22:19). 에스라가 백성을 위해 울자 백성도 함께 울며 기도했다(스 10:1). 느헤미야는 (예루살렘을 위해) "앉아서 울고 수일 동안 슬퍼하며 하늘의 하나님 앞에 금식하며 기도하였다"(느 1:4).

예레미야는 눈물의 선지자라고 불린다. 백성을 위해 매우 큰 기도 부담을 가지고 있었기 때문이다.

> 딸 내 백성이 상하였으므로 나도 상하여 슬퍼하며 놀라움에 잡혔도다 …… 어찌하면 내 머리는 물이 되고 내 눈은 눈물 근원이 될꼬 죽임을 당한 딸 내 백성을 위하여 주야로 울리로다 …… 너희가 이를 듣지 아니하면 나의 심령이 너희 교만으로 말미암아 은밀한 곳에서 울 것이며 여호와의 양떼가 사로잡힘으로 말미암아 눈물을 흘려 통곡하리라 …… 너는 이 말로 그들에게 이르라 내 눈이 밤낮으로 그치지 아니하고 눈물을 흘리리니 이는 처녀 딸 내 백성이 큰 파멸, 중한 상처로 말미암아 망함이라(렘 8:21, 9:1, 13:17, 14:17).

내 눈이 눈물에 상하며 내 창자가 끊어지며 내 간이 땅에 쏟아졌으니 이는 딸 내 백성이 패망하여 어린 자녀와 젖 먹는 아이들이 성읍 길거리에 기절함이로다 …… 딸 내 백성의 파멸로 말미암아 내 눈에는 눈물이 시내처럼 흐르도다 내 눈에 흐르는 눈물이 그치지 아니하고 쉬지 아니함이여 여호와께서 하늘에서 살피시고 돌아보실 때까지니라 나의 성읍의 모든 여자들을 내 눈으로 보니 내 심령이 상하는도다(애 2:11, 3:48-51).

위대한 복음 전도자 바울도 눈물의 사역자로 유명하다.

내가 마음에 큰 눌림과 걱정이 있어 많은 눈물로 너희에게 썼노니 이는 너희로 근심하게 하려 한 것이 아니요 오직 내가 너희를 향하여 넘치는 사랑이 있음을 너희로 알게 하려 함이라(고후 2:4).

오매 그들에게 말하되 아시아에 들어온 첫날부터 지금까지 내가 항상 여러분 가운데서 어떻게 행하였는지를 여러분도 아는 바니 곧 모든 겸손과 눈물이며 유대인의 간계로 말미암아 당한 시험을 참고 주를 섬긴 것과 …… 그러므로 여러분이 일깨어 내가 삼 년이나 밤낮 쉬지 않고 눈물로 각 사람을 훈계하던 것을 기억하라(행 20:18-19, 31).

하나님은 눈물로 기도하라고 부르신다

하나님은 요엘 선지자를 통해 "너희는 이제라도 금식하고 울며 애통하고 마음을 다하여 내게로 돌아오라"(욜 2:12)고 부르셨다. 하나님은 기독교 지도자들에게도 백성을 위해 눈물로 기도하라고 부르신다.

여호와를 섬기는 제사장들은 낭실과 제단 사이에서 울며 이르기를 여호와여 주의 백성을 불쌍히 여기소서 주의 기업을 욕되게 하여 나라들로 그들을 관할하지 못하게 하옵소서 어찌하여 이방인으로 그들의 하나님이 어디 있느냐 말하게 하겠나이까 할지어다(욜 2:17).

기도가 효과 있으려면 눈물 이상이 필요하다. 중보기도의 본질은 기도의 짐으로 눌린 마음과 하나님께 부르짖는 영혼이다. 세상이 지옥으로 향하고 있는데도 무감각한 것은 영적인 범죄다. 세상이 죄와 고통 속에 있는데 마른 눈으로 부담감 없이 되는 대로 기도하는 것 또한 영적인 죄악이다. 우는 자와 함께 우는 것은 그리스도를 닮는 것이다(롬 12:15 참조). 마음이 연민으로 가득 차, 죄로 인해 깨지고 결박당하고 파괴된 영혼들을 위해 눈물로 기도하는 것은 그리스도를 닮는 것이다.

그리스도인에게 기도는 유희나 장난이 되어서는 안 된다. 기도는 하나님 나라의 일이다. 성삼위의 심장 고동과 마음의 짐을 함께하여 성부의 상한 마음과 대제사장 그리스도의 애통, 자상하신 성령의 중보에 동참하는 것이다.

눈물로 기도하는 것은 영원한 투자다. 눈물로 기도하는 것은 눈물로 심고 영원한 수확을 하는 것이다. 하나님은 다른 사람을 위해 마음의 부담을 가지고 기도할 때 흘린 눈물을 잊어버리거나 기록해 두지 않거나 무효로 하시는 법이 없다. 눈물로 가득 찬 중보기도는 가장 강력하다. 하나님이 하늘에 계심이 분명하듯이 "눈물을 흘리며 씨를 뿌리는 자는 기쁨으로 거두리로다 울며 씨를 뿌리러 나가는 자는 반드시 기쁨으로 그 곡식 단을 가지고 돌아올"(시 126:5-6) 것 역시 확실하다.

18장 깊은 기도로 이끄는 금식기도

오늘날까지 교회가 금식에 대해 침묵하고 있는 이유는 무엇일까? 사탄은 도대체 어떻게 오늘날 많은 기독교 지도자가 금식에 대해 침묵하도록 하는 데 성공한 것일까? 금식이 구약과 신약에 분명히 기록되어 있고 행해졌는데도 오늘날 금식에 관해 상세한 메시지를 들어본 기억이 없다.

모세는 두 번이나 40일간 금식했고(신 9:9, 18) 마침내 그의 얼굴이 하나님의 영광으로 빛났다. 여호수아도 아이 성 전투에서 패한 후 금식했다(수 7:6). 사사 시대(삿 20:26)와 사무엘 시대(삼상 7:6)에는 온 이스라엘이 금식했다. 다윗은 왕위에 앉기 전에 금식했고, 아들이 병에 걸렸을 때와 적들이 병에 걸렸을 때에도 금식했으며(시 35:13), 백성의 죄악 때문에 금식한 적도 있다(시 69:9-10). 여호사밧과 그의 백성도 금식했으며, 그 결과 하나님은 "이 전쟁에는 너희가 싸울 것이 없나니"(대하 20:17)라고 약속하셨다. 그들은 한 번도 싸우지 않고 피도 흘리지 않은 채 금식과 찬양으로 승리했다. 엘리야, 에스라, 느헤미야, 에스더, 다니엘 등도 금식으로 유명한 인물들이다.

금식은 하나님이 축복하신 초대 교회의 강력한 전략이자, 하나님이 세우신 많은 교회 지도자의 삶에서도 강력한 수단이었다. 바울은 각 교회에서 금식으로 기도했다(행 14:23). 금식하지 않은 신약 교회는 없다.

살라미스의 감독 에피파니우스는 이렇게 말했다. "전 세계 그리스도인이 매주 제4일과 제6일을 금식으로 지킨다는 사실을 모르는 사람이 어디 있는가?" 13세기 아시시의 프란체스코는 거리를 다니며 찬양하고, 증거하며, 기도하고, 금식하며 젊은 영혼들의 구원에 힘썼다. 마르틴 루터는 금식을 지나치게 자주 한다는 비평을 받았다. 존 칼빈은 거의 모든 제네바 사람이 회심할 때까지 금식하며 기도한 결과, 한 집에 적어도 한 사람은 기도하게 되었다. 존 녹스는 메리 여왕이 스코틀랜드의 모든 군대보다 그의 기도가 무섭다고 고백할 정도로 금식하며 기도했다. 래티머, 리들리, 크랜머뿐 아니라 대부분의 개혁자들은 기도와 금식을 많이 했다.

존 웨슬리는 초대 교회의 모범을 따라 일주일에 두 번씩 차 마시는 시간도 금식했다. 또한 그를 따르는 자들에게도 그런 금식을 권했다. 그는 "금식하지 않은 사람은 한 번도 기도해 본 적이 없는 사람과 마찬가지로 결단코 하늘나라에 들어갈 수 없다"고 말했다. 조나단 에드워즈는 금식과 기도에 능했다. 그는 강대상에 설 수 없을 정도로 약해질 만큼 금식했다. 그런 그는 뉴잉글랜드를 뒤집어놓은 위대한 하나님의 사람이 되었다.

1800년대 부흥 운동에서 하나님께 크게 쓰임 받은 찰스 피니는 주일마다 규칙적으로 금식했다. 집회 시 성령의 임재가 사라지는 것을 느낄 때면 사흘 밤낮을 금식하며 기도했다. 그렇게 기도하고 나면 항상 성령님이 능력 있게 역사하셨고 부흥 운동이 계속될 수 있었다.

드와이트 무디는 부흥 전도 중 특별한 필요를 느낄 때마다 무디 성서 학원에 전갈을 보내 교수와 학생들에게 하루를 금식하며 기도하도록 요청했다. 그러면 그들은 때로 새벽 2시, 3시, 4시, 심지어 5시까지 기도했다. 무디는 "하나님이 금식하라고 하시면 금식하겠다는 사람은 결코 금식하지 못할 것이다. 그런 사람은 몹시 냉정하고 무관심한 사람이다. 그러므로 스스로 금식의 짐을 지라"고 말했다.

오늘날 선교지에서는 금식이 상당히 보편적이다. 하나님이 정하신 다른 의식처럼 금식도 오용되거나 남용될 수 있지만, 금식은 여전히 우리 기도에 깊이와 능력을 더하도록 하나님이 정하신 방법이다. 금식의 특권을 이용하지 않는다면 우리는 그만큼 영적으로 빈약해질 것이고, 기도 생활은 하나님이 원하시는 수준에 이르지 못할 것이다.

지금은 민족과 나라를 위해 영적 싸움을 할 때다. 그러나 육신에 속한 그리스도인들은 행진과 과시를 좋아한다. 지금은 연합할 때이지만, 육에 속한 그리스도인들은 자기 자신을 내세운다. 우리에게는 성령의 능력을 힘입은 행동이 필요하나, 육신적인 자아는 자꾸 말을 앞세운다. 지금은 금식의 때이지만, 우리는 축제와 절기를 좋아한다(사 22:12-13).

기독교 시대는 그리스도인들이 자기 재물을 자기 것으로 생각하지 않는 것으로 시작되었다(행 4:32). 그런 초대 교회에 큰 은혜와 능력이 임했다. 그런데 오늘날 우리는 자신을 위해 더 많은 것을 움켜잡으려고 한다. 최신식 이기(利器)를 원하며 물질적 풍요를 바란다. 우리는 금식의 정신이나 그리스도의 십자가를 지는 것에 대해서는 전혀 모른다. 바울은 애쓰고 기도하고 금식하여 로마 제국을 흔들 수 있었다. 예수님은 앞에 놓인 기쁨을 보시고 십자가를 지셨으며(히 12:2), 그분의 이름을 믿는 자들에게 영원한 구원을 선물로 주신다.

금식의 영적인 역할

성경적인 금식은 예수님과 그분의 나라를 위해 자기를 부인하는 한 형식이다. 금식은 영적인 유익을 위해 음식 일부 또는 전부를 일부러 피하는 것이다. 따라서 금식에는 깊은 헌신과 희생이 있어야 한다. 단식은 때로 육체를 이롭게 할 수도 있으나, 그것이 기독교의 금식은 아니다. 성경적인 의미의 금식은 영적인 굶주림을 더 강도 있게 하기 위해서나 중보기도의 도를 더 높이기 위해서, 또는 일시적으로 육체의 필요를 제쳐놓고 기도와 묵상에 전념하면서 영적 전투에만 골몰하기 위해 음식을 섭취하지 않는 것이다.

금식의 정신은 잠에도 적용할 수 있다. 그리스도께서는 성부와 단 둘이 더 깊이 교제하기 위해 가끔 주무시지 않았다. 우리는 음식을 먹지 않는 것과 같은 이유에서 잠을 자지 않을 수도 있다. 동양선교회의 교회 설립 팀 105개 가운데 많은 수가 한 달, 심지어는 일주일 간격으로 금식하고 있으며, 많은 수가 적어도 한 달에 한 번 잠을 자지 않고 철야로 기도하고 있다. 이때에는 새신자들이 동참하기도 한다. 금식의 동기인 영적인 굶주림과 부담감, 영적인 관심이 잠을 자지 않고 기도하는 이면에 깔린 정신인 것이다.

하나님과 단 둘이 하는 교제나 중보기도를 위해 얼마간 친구나 가족과 고의적으로 교제를 단절하는 것도 진정한 금식이다. 한국의 그리스도인들은 40일간 금식 기도할 때 가끔 기도원을 찾는다. 그곳에서 음식을 먹지 않고, 일상적인 교제를 단절하며, 때로는 잠도 자지 않으면서 금식에 힘쓴다.

사람들과의 교제와 음식을 동시에 끊고 기도에만 전념한다면 하루 종일 기도할 수 있을 것이다. 그런데 안타깝게도 많은 사람이 찬송하고 설교를 듣고 음식을 먹고 잠시 시간을 내어 열정적으로 중보기도하는 것을 "하루 종일" 기도에 힘쓰는 것으로 생각한다. 그리스도께서는 기도에만 전념하시기 위해 때로 제자들을 멀리 보내셨다(마 14:23). 세 명의 제자(베드로, 야고보, 요한)만 데리고 기도하러 가시는가 하면(마 17:1), 열두 제자만 남기고 다른 사람들은 돌려보내신 적도 있다.

좀 더 넓은 의미에서 보면, 금식은 영적으로 더 강해지고 하나님 나라의 일을 확장시키기 위해서 행하는 의도적인 자기 부인이나 극기다. 우리는 자신의 야망이나 소망, 계획, 적법한 쾌락, 권리, 기쁨, 위로, 사치를 절제하는 금식을 할 수도 있다. 존 웨슬리는 한 귀족의 대저택을 구경하면서 귀중한 예술품과 부, 문화의 상징인 아름다운 가구를 보고 감탄하며 "나도 이런 것들을 사랑합니다. 그러나 이와는 다른 세계가 있습니다"라고 말했다.

복음의 핵심에 십자가가 있다. 그리스도의 정신은 자기희생이다. 십자가와 자기희생, 자기 부인과 금식은 모두 밀접하게 연결되어 있다. 금식은 하나님과 하나님 나라, 하나님의 뜻과 영원한 목적을 최우선 순위에 놓는 것이며, 날마다 십자가를 지고 그리스도를 따르는 정신이다. 성화된 삶의 중심에는 십자가를 지느냐의 여부가 달린 기로가 있으며, 자기 포기가 있고, 십자가를 지는 삶에 뒤따르는 전적인 헌신이 있다. 성령 충만한 성도는 그리스도의 나라를 위해 금식하는 가운데 기쁨을 발견해야 한다.

금식은 오용될 수 있다

교회 역사를 살펴보면 때때로 잘못된 금욕주의를 볼 수 있다. 우리는 잘못된 동기로 행하는 금식과 지나친 금욕주의를 주의해야 한다. 그러나 복음주의 교회는 지나치게 극단으로 흐를 위험보다는 금식을 원하시는 하나님의 뜻과 은혜의 수단인 금식의 축복을 무시할 위험이 더 크다. 물론 은혜의 수단이 목적이 될 때도 위험하다.

하나님께 축복받기 위해 금식하지 말라. 기도를 많이 하면 하나님이 틀림없이 응답해 주실 것이고, 금식을 많이 하면 우리 기도에 주의를 기울이실 것이라고 여기는 미묘한 위험이 있을 수 있다. 하나님의 귀는 항상 우리에게 열려 있고 그분의 마음은 언제나 자비롭다. 우리 힘으로 다른 사람을 구원할 수는 없으며, 우리 사역에 대한 하나님의 축복이나 교회의 영적 부흥을 우리 공로로 획득할 수도 없다. 이런 것들은 종교 의식이나 광적인 열정으로 얻을 수 있는 것이 아니다. 모두 하나님의 은혜와 자비의 선물이다.

금식으로 순종을 대신하려 하지 말라. 하나님께 뇌물을 바치는 수단으로 금식하는 백성을 하나님은 훈계하신다(사 58:1-11). 하나님은 그들에게 계속 금식하라고 명하는 대신 다툼을 멈추고 불의를 고치라고 권고하신다. 기도하고 금식할 때 하나님의 응답을 기대하려면 가난한 자와 곤궁한 자를 돕고 다른 이의 짐을 덜어줘야 한다고 권고하신다. "보라 너희가 금식하면서 논쟁하며 다투며 악한 주먹으로 치는도다 너희가 오늘 금식하는 것은 너희의 목소리를 상달하게 하려는 것이 아니니라"(4절).

해야 할 일을 하지 않은 죄, 하지 않아야 할 일을 한 죄를 하나님이 생각나게 하거든 회개하라. 그 죄를 회개하기 전까지는 기도가 방해받을 것이다. 금식으로 우리의 불순종을 모른 척하시게 할 수는 없다. 하나님은 제사보다 순종을 원하신다. 그러나 제사와 순종이 함께한다면 하나님이 더 기뻐하실 것이다.

다른 사람에게 좋은 인상을 주기 위해 금식하지 말라. 이스라엘을 향한 스가랴의 메시지도 이사야와 동일하다. 그는 금식이 저절로 하나님의 축복을 가져오는 것은 아니며, 자비와 긍휼이 없고 불의하면 금식을 무효화시킬 수 있다고 설파했다. 이스라엘 자손은 하나님을 알기 위해서가 아니라 사람들에게 자신을 드러내기 위한 수단으로 금식을 해온 것이다.

그리스도께서는 우리가 기도할 때(기도 "한다면"이 아니라 기도 "할 때"다) 은밀히 하라고 가르치셨다. 다른 사람들에게 경건해 보이려고 세수도 하지 않고 얼굴에 기름도 바르지 않는 위선적인 바리새인처럼 하지 말고 남모르게 하라고 가르치셨다. 금식은 하나님을 향한 것이어야 한다. 다른 사람들이 알든 모르든 하나님을 향해서만 금식해야 하는 것이다.

단지 형식으로만 금식하지 말라. 많은 그리스도인에게 세례와 성만찬, 성경봉독, 십일조가 공허한 의식이 될 수 있는 것처럼 기도와 금식도 단순한 형식이 될 수 있다. 자칫하면 은혜의 수단이 목적 그 자체로 전락할 수 있다. 이때 유일한 치료책은 그 행위를 멈추고, 여호와를 향한 깊은 사랑과 헌신의 마음으로 행하도록 노력하는 것이다.

율법적인 의무감에서 금식하지 말라. 성경에서 가르친 행위는 율법적인 속박이 될 수 있다. 기도 시간의 양에 얽매일 수 있고, 헌금의 양에 속박될 수도 있으며, 심지어는 교회 출석률에 얽매일 수도 있다. 물론 그런 것을 해결하는 방법은 그 행위를 중지하는 것이 아니라, 그 모든 것을 하나님께 가까이 나아갈 수 있는 방편으로 사용할 만큼 하나님을 뜨겁게 사랑하는 것이다.

자기 훈련은 결코 율법주의가 아니다. 자기 훈련은 우리가 특정한 때에 최소한의 시간을 정하고 기도 목록을 작성하여 기도에 금식을 더할 수 있도록 도와줄 수 있다. 물론 계획되지 않았거나 예기치 않았는데 성령님이 금식과 기도로 인도하실 때도 있으므로 대비하라. 이런 것들은 우리의 풍요한 체험이 될 수 있다. 기도하고 싶을 때만 기도하고 금식하고 싶을 때만 금식한다면, 우리는 영적으로 나약해질 것이며 하나님이 우리에게 주고 싶어하시는 큰 축복을 놓쳐버릴 것이다.

하나님을 위한 금식

여호와를 즐겁게 하기 위해 금식하라. 하나님께 가까이 나아가기 위해 금식하라. 하나님께 값비싼 선물을 바치고 싶거든 금식하라. 그분이 우리를 위해 고통당하셨다는 것을 깨달았다면 그분의 십자가 정신 안으로 즐겨 들어가기 위해 금식하라. 하나님을 더욱 사랑하고 싶거든 금식하라. 하나님은 "그 금식이 나를 위하여, 나를 위하여 한 것이냐"(슥 7:5)고 물으셨다. 우리가 하나님을 기쁘시게 하기 위해 금식할 때 그분은 우리의 금식을 귀하게 여기신다.

하나님의 부르심에 대한 응답으로 금식하라. 신구약을 막론하고, 남자든 여자든, 평신도든 하나님의 특별한 종이든 금식은 경건의 특별한 표였다. 구약에서 선지자 요엘은 "거룩한 금식을 정하라"고 권면했다(욜 1:14, 2:15). 신약에서 예수님은 그분의 백성이 금식하기를 기대하신다는 것을 분명히 밝히셨다(눅 5:33-35).

우리는 하나님을 섬기도록 부름 받았다. 성경은 금식이 특별히 "섬기는 것"이라고 말한다(눅 2:37, 행 13:2). 따라서 우리가 전혀 금식하지 않는다면 우리의 섬김에 무언가가 결핍된 것인지도 모른다.

하나님 앞에서 겸손해지기 위해 금식하라. 성경에서 금식은 때로 회개와 밀접하게 연결되어 있다(왕상 21:27, 시 35:13). 그러나 금식에는 회개의 초기 단계라는 것보다 더 깊은 의미가 있다. 우리는 다윗처럼 거듭 하나님 앞에서 자신을 낮춰야 한다(시 35:13). 금식은 마음의 공허와 우리의 부족함, 그리고 우리에게 하나님이 필요하다는 사실을 깨우쳐준다. "그러나 더욱 큰 은혜를 주시나니 그러므로 일렀으되 하나님이 교만한 자를 물리치시고 겸손한 자에게 은혜를 주신다 하였느니라"(약 4:6). 금식은 하나님의 강한 손아래 겸손히 자신을 낮추는 수단이다(벧전 5:6).

하나님을 더 분명히 찾기 위해 금식하라. 우리는 전 존재를 다해, 즉 온 마음과 온 영혼과 온 지혜와 온 힘을 다해 하나님을 사랑해야 한다(막 12:30, 33). "너희가 온 마음으로 나를 구하면 나를 찾을 것이요 나를 만나리라"(렘 29:13). 금식은 온 마음으로 하나님을 찾는 거룩한 방법이다.

그리스도께서는 하늘의 응답을 받기 위해서는 "구하고, 찾고, 두드려야 한다"고 가르치셨다(마 7:7). 이 세 단어는 그 정도가 점점 깊어짐을 가리킨다. 금식도 하나님을 찾으려는 강한 열망을 드러낸다. 하나님을 보고 싶은 열망과 그분의 사역에 대한 굶주림이 큰 나머지 음식에 대한 욕구를 잃어버릴 수 있다. 비록 배는 고파도 마음의 소원을 심화시키기 위해 일부러 금식할 수 있다.

영혼의 거룩한 훈련으로 금식하라. 존 웨슬리는 기도와 금식으로 하나님의 얼굴을 찾을 수 있다고 믿었고 그렇게 가르쳤다. 그는 하나님과 동행하는 방법 method을 강조했기 때문에 웨슬리의 초기 추종자들은 "메소디스츠"(Methodists, 감리교도)라고 불렸다.

예수님의 제자는 훈련된 추종자다. 그분을 따르는 자들에게 규칙적인 기도와 금식의 습관은 자연스런 영적인 삶이다. 예수님의 제자들에게는 하나님께 가까이 나아가는 방법과, 하나님 앞에서 자신을 점검하고 중보기도의 삶으로 깊숙이 들어가는 길이 있어야 한다. 자기 십자가를 지고 예수님을 따르는 것은 고귀한 일이다(마 16:24).

사도들의 방법은 여전히 유효하다. 사탄은 금식을 미워하지만 하나님은 금식을 소중히 여기신다. 교회가 하나님을 위해 전략적인 전투에서 승리해야 하는 이 선교의 시대에, 기도에 금식을 더하는 하나님의 전략의 중요성을 다시 한 번 인식하라.

19장 지속적인 기도

그리스도인은 기도하는 사람이다. 물론 그리스도인이라면 누구나 때때로 기도할 것이다. 이러한 일상 기도는 즐거운 축복이다. 그러나 종종 특별한 기도를 드려야 할 때가 있다. 그런데 놀랍게도 성숙한 그리스도인조차 특별한 기도를 많이 하지 않는 것이 현실이다. 항상 기도에 힘쓰는 사람이 하나님과 인간에게 영향력을 끼칠 수 있다.

지속적인 기도, 기도 전쟁, 기도로 사탄을 결박하는 것, 하나님을 위해 산더러 옮기라고 지시하는 믿음의 명령 사이에는 본질적인 연관성이 있다. 즉 이 모든 것은 갈보리에서의 그리스도의 승리와 성령의 능력과 관련된다. 성령님은 우리가 특정한 단계에서 기도하게 하신 다음, 차츰 더 깊은 단계로 인도하실 때가 있다. 바울은 영적 전쟁에 뛰어들라고 촉구하면서 신자들에게 "모든 기도와 간구로 하되 항상 성령 안에서 기도"하라고 권면했다(엡 6:18). 그리스도께서는 우리에게 이런 하나님의 전략을 사용하는 방법을 하나씩 가르쳐주실 것이다.

왜 지속적인 기도가 필요한가? 지속적인 기도를 경험한 적이 있는가? 언제 지속적으로 기도해 보았는가? 지속적으로 기도하는 법을 알고 싶은 열정이 있는가? 이 질문들은 매우 중요하다. 성공적인 기도는 지속적인 기도를 하고 싶어하는 열망이 얼마나 되느냐에 달려 있다.

왜 지속적인 기도가 필요한가

"지속적"이라고 번역된 "prevail"은 "난관에도 불구하고 성공하다, 완전히 지배하다, 이기고 승리하다"라는 뜻이 있다. 지속적인 기도란 모든 난관과 어려움을 뚫고, 사탄의 방해를 물리치고, 하나님의 뜻을 얻어내는 기도다. 지속적인 기도의 목적은 하나님의 뜻을 이 땅에 실현하는 것이다. 지속적인 기도는 주도권을 잡을 뿐 아니라 영적으로 승리할 때까지 하나님을 위해 계속 공격적인 자세로 나아가는 기도다.

많은 상황에서 기도가 응답되기도 전에 행동하는 사람이 많다. 구원받은 자든 그렇지 않은 자든, 인간은 다른 사람의 뜻을 조종할 수 없다. 하나님이 인간에게 선택의 자유를 주셨기 때문이다. 사람 말고도 성령과 사탄이 인간의 전 생애에 영향력을 행사한다.

성령님은 성경 말씀과 다른 사람들의 말을 통해 직접 말씀하신다. 때로는 사람이 그 근원을 알 수 없는 생각을 천사들을 통해 떠오르게 하신다. 성령님은 외부에서 압력을 가하거나 특정 행동들이 가능한 환경을 예비하시기도 한다. 비슷하게 거짓의 아비인 사탄도 다른 이들의 말이나 행동을 통해서 마귀적인 생각이 떠오르게 해서 사람들의 사고와 생활에 영향을 끼치려고 한다.

다음과 같은 상황에서는 지속적인 기도가 필요하다.

영적 전투에서 사탄을 대적할 때. 구원받지 못한 사람을 그리스도께 인도하기 위해 기도할 때, 우리는 하나님의 뜻과 성령의 사역, 하나님의 천사들의 도움과 조화를 이루며 기도하는 것이다. 그러나 또한 그 순간 사탄과 모든 사악한 영과 대적하며 기도하는 것이다.

하나님의 뜻과 일치되는 기도를 하고 있다고 확신하는 순간에도 우리는 때로 놀랄 만한 반격에 직면한다. 하나님은 결코 인간의 의지를 강제로 꺾지 않으신다. 그분은 인간의 양심에 말씀하신다. 그러나 인간의 양심이란 마비될 수도 있다. 사탄의 주요 전쟁터는 인간의 마음이다. 그러므로 우리는 악한 귀신들을 대항하며 쫓아내야 한다.

죄인들은 사탄의 말을 비교적 쉽게 듣는다. 그러므로 사탄의 악한 계획을 분쇄하기 위해서는 정말 많이 기도해야 한다.

그리스도인을 넘어뜨리려는 사탄의 유혹을 이기려 할 때. 심지어는 굳건한 신자들도 사탄의 꾐에 넘어갈 수 있다. 그 예로 사탄은 다윗의 마음을 "충동"하여 그를 범죄하게 만드는 데 성공했다(대상 21:1). 사탄은 베드로가 예수님과 정반대로 생각하게 만들었다. 그러나 예수님은 베드로가 무의식적으로 사탄의 생각을 말하고 있다는 사실을 아셨다(마 16:23). 사탄은 야고보와 요한에게도 악한 생각을 품게 했다(눅 9:55-56).

영적으로 뛰어난 사람도 일시적으로 나약해질 때가 있다. 중요한 모임에서 비판적인 말을 하거나, 험담을 늘어놓거나, 중요한 결정을 내릴 때 믿음 없는 행위를 보이는 것 등은 사탄의 생각에서 비롯된 것인지도 모른다.

사탄이 사십 일 밤낮 그리스도를 시험하며 그분의 마음속까지 꿰뚫고 들어갈 수 있었다면(마 4:1-11), 우리가 지속적으로 기도해야 한다는 사실은 더 말해 무엇하겠는가!

사람들을 사탄의 직접적인 공격에서 보호할 때. 사탄에게 몸을 공격당한 사람은 욥만이 아니다. 욥의 세 친구가 기도하는 그리스도인이었다면, 아마 그의 시련은 더 빨리 끝났을 것이다. 바울의 육체의 가시는 사탄의 사자였다(고후 12:7). 성경에는 사탄에 의해 18년간 불구가 된 여인(눅 13:10-17)과, 악한 영에 의해 벙어리가 되고 경련을 일으키는 소년(막 9:17-20)이 등장한다.

치명적인 부상을 입을 뻔한 사건들 때문에 종종 기독교 사역자들은 사탄이 자신들을 죽이려 한다고 확신한다. 우리 사역자들은 선교지로 가는 길에 인도의 산악 지대에서 갑자기 맹수들을 만난 적이 있다. 새해 아침에는 일단의 새신자들이 코끼리떼에 크게 놀란 일도 있다. 이 코끼리떼는 전에도 세 번이나 교회 건물을 부순 적이 있었다.

누구를 이기며 지속적으로 기도해야 하는가

자신을 이기며 지속적으로 기도해야 한다. 지속적으로 기도하는 일은 매우 피곤하다. 영적으로 나약하고 빈약하며 영적인 활력이 부족한 그리스도인들은 기도하는 데 몇 분을 넘기지 못한다. 그들은 영적으로 몹시 빈약하기 때문에 진정한 영혼의 수고로 기도하는 법을 잘 모른다.

또 어떤 그리스도인은 매우 육신적이어서 그들의 육체적 특성이 기도를 멀리할 뿐 아니라, 기도하는 것을 두려워하고 오래 기도하기를 피하며 지속적으로 기도하지 못하는 이유를 이것저것 둘러대기도 한다. 그러나 성령 충만한 사람은 기도에 갈급해하며 남은 시간에 기도하기를 즐거워하고 다른 것을 희생해서라도 더 많이 기도하고 싶어한다.

따라서 많은 사람이 기도하지 않는 자신의 삶을 고백하고 그 가운데서 구원해 달라고 하나님께 간청해야 한다. 기도 전쟁에서 좌절하고 내적으로 주저하며 기도하지 않는 삶에서 승리하게 해달라고 믿음으로 구하라.

사탄을 이길 때까지 지속적으로 기도해야 한다. 사탄과 귀신들은 우리가 기도의 비결을 터득하길 원하지 않는다. 그들은 복음 증거나 사역보다 우리의 기도를 더 두려워한다. 우리가 한 시간 기도하는 것보다 하루 종일 하나님을 위해 바쁘기를 더 원할지도 모른다.

영적 전쟁에서는 보통 영적 승리를 얻는다. 그러나 우리는 기도 전쟁에 잘 참여하지 않기 때문에 위대한 영적 승리를 많이 거두지 못하고 있다. 우리는 아무렇게나 기도하기 때문에 무능하고 열매도 많이 거두지 못한다. 우리는 결코 기도 전쟁을 하는 법을 배우지 못했다. 싸우기를 원치 않는다면 위대한 승리도 기대하지 말라(엡 2:2, 6:11-12, 요 14:30, 요일 4:4, 5:19).

다니엘의 기도는 응답되었으나 귀신의 세력에 막혀 그 응답이 21일이나 지체되었다(단 10:12-13). 다니엘이 3주 동안 금식하지 않고 기도 전쟁을 하지 않았다면, 그가 승리하기 하루 전에 기도 전쟁을 중지했다면, 그 위대한 다니엘 10장은 탄생하지 못했을 것이다. 하나님의 뜻 안에서 무엇인가를 요청하고도 지속적으로 기도하지 않는다면 하나님의 응답을 받지 못할 것이다.

하나님 앞에서 지속적으로 기도해야 한다. 우리는 우리 자신과 흑암의 세력을 이기며 지속적으로 기도해야 한다. 또한 하나님이 우리의 진지함과 갈망의 깊이를 시험하시므로 하나님 앞에서 지속적으로 기도해야 한다.

예수님은 귀신들려 고생하는 딸을 둔 가나안 여인을 시험하셨다(마 15:21-28). 처음에 예수님은 침묵하셨다. 그러자 제자들이 "그 여자가 우리 뒤에서 소리를 지르오니 그를 보내소서"(23절)라고 말했다. 그러나 그 여인은 예수님께 자기 사정을 끝까지 아뢰었다. 어린 딸이 완전히 구원 얻을 때까지 지속적으로 예수님께 간청한 것이다.

겟세마네 동산에서 예수님은 세 시간 동안 지속적으로 기도하셨다. 기도의 고통이 큰 나머지 하나님은 천사를 보내어 그분을 도우셨다.

하나님이 기도 응답을 늦추시는 것을 통해 우리는 많은 영적 교훈을 얻을 수 있다. 아마 하나님은 우리에게 지속적으로 기도하는 법을 가르치시기 위해 기도 응답을 늦추시는지도 모른다.

지속적인 기도는 짧지만 격렬한 전쟁이 될 때도 있다. 그러나 보통 지속적인 기도는 다음과 같은 특성을 지니고 있다.

기꺼이 시간을 드려야 한다

영적으로 중요한 문제에 하나님이 바로 응답하시는 경우는 극히 드물다. 하나님은 긴박한 상황에서 간구하는 기도에 직접 응답하셔서 이적을 행하기도 하신다. 그러나 영적인 전투에는 시간이 들기 마련이다. 물론 기도에 들인 시간으로 하나님께 축복을 받을 수 있는 것은 아니다. 그러나 기도하는 데 많은 시간을 보내지 않고는 누구도 기도 용사가 될 수 없다. 이사야의 증거를 들어보라.

> 나는 시온의 의가 빛같이, 예루살렘의 구원이 횃불같이 나타나도록 시온을 위하여 잠잠하지 아니하며 예루살렘을 위하여 쉬지 아니할 것인즉 …… 예루살렘이여 내가 너의 성벽 위에 파수꾼을 세우고 그들로 하여금 주야로 계속 잠잠하지 않게 하였느니라 너희 여호와로 기억하시게 하는 자들아 너희는 쉬지 말며 또 여호와께서 예루살렘을 세워 세상에서 찬송을 받게 하시기까지 그로 쉬지 못하시게 하라(사 62:1, 6-7).

느헤미야는 밤낮으로 하나님께 간구했다.

> 이제 종이 주의 종들인 이스라엘 자손을 위하여 주야로 기도하오며 우리 이스라엘 자손이 주께 범죄한 죄들을 자복하오니 주는 귀를 기울이시며 눈을 여시사 종의 기도를 들으시옵소서(느 1:6).

다니엘은 시간을 정해 놓고 정기적으로 기도했으며 특별한 필요가 있을 때는 3주씩 또는 지속적으로 기도에 힘쓰기도 했다(단 10:2). 바울은 새신자와 새로 세운 교회들을 위해 밤낮을 가리지 않고 지속적으로 기도했다(살전 3:10). 우리도 지속적으로 기도하는 법을 배우면 바울 못지않을 수 있다. 예수님도 자주 밤을 새우며 기도하셨다.

> 이때에 예수께서 기도하시러 산으로 가사 밤이 새도록 하나님께 기도하시고 (눅 6:12).

> 하물며 하나님께서 그 밤낮 부르짖는 택하신 자들의 원한을 풀어주지 아니하시겠느냐 그들에게 오래 참으시겠느냐 내가 너희에게 이르노니 속히 그 원한을 풀어주시리라 그러나 인자가 올 때에 세상에서 믿음을 보겠느냐 하시니라(눅 18:7-8).

기도하면서 기도하는 법을 배워야 한다. 가수는 발성 연습과 리허설을 하면서 노래하는 기술을 개발한다. 운동선수는 체력을 단련하고 기술을 연마하기 위해 훈련한다. 끊임없는 훈련으로 다져지지 않은 군대는 전쟁에서 승리하지 못한다. 기도를 배우는 방법은 오직 한 가지뿐이다. 기도에 관한 서적을 읽는 것도 아니고, 기도에 관한 것을 노래하는 것도 아니며, 기도에 관한 설교를 듣는 것도 아니다. 바로 되도록 많이 기도하는 것이다.

기도 전투에서 승리하려면 시간을 많이 투자해야 한다. 기도의 목표는 오래전부터 진 치고 있는 적들을 소굴에서 쫓아내는 것이다. 또한 사람들의 마음을 변화시키는 것이다. 따라서 사람들이 하나님의 뜻을 이해하고 그 뜻에 순종하고 싶어할 때까지 그들을 위해 여러 날 기도해야 하는 경우도 있다. 기도 응답은 종종 하나님이 사건과 우리 삶을 복잡하게 연결시키고 앞뒤 시간을 맞추시는 방식으로 나타날 때가 많다.

그 누구도 대항할 수 없을 정도까지 기도를 쌓을 수 있다. 은혜를 쌓아올릴 수는 없으나 기도는 쌓아올릴 수 있다. 무섭게 범람하는 거센 홍수의 물결은 그 어떤 방해물도 무너뜨리며 심지어는 거대한 댐도 무너뜨린다. 이처럼 지속적인 기도로 쌓아올린 기도의 힘은 그 어떤 장애물도 제거할 수 있다. 이런 일이 가능하려면 우선 쉬지 않는 기도로 기초를 튼튼히 해야 한다. 따라서 지속적인 기도는 단순한 활동 이상이 되어야 한다. 바로 삶의 자세가 되어야 하는 것이다.

성령 안에서 기도해야 한다

수십 세기의 기독교 역사는 성령과 기도의 관계를 보여준다. 스펄전은 "기도는 성령님만이 가르쳐줄 수 있는 기술이다. 성령님은 우리에게 온갖 기도를 할 수 있게 하시는 분이다"라고 말했다. 또한 바운즈는 "강한 능력을 가지신 성령님이 없는 것이 모든 나약한 기도의 원인이다"라고 했다.

성령 안에서 지속적으로 기도하려면, 성령 충만하고 성령 안에서 살아가야 한다. 성령에 대한 체험이 없으면 기도가 나약해진다. 성령 충만이란 성령님께 지배받는 것이다. 성령님만이 우리에게 효과적인 기도를 할 능력을 부여하신다.

모든 기도와 간구를 하되 항상 성령 안에서 기도하고 이를 위하여 깨어 구하기를 항상 힘쓰며 여러 성도를 위하여 구하라(엡 6:18).

사랑하는 자들아 너희는 너희의 지극히 거룩한 믿음 위에 자신을 세우며 성령으로 기도하며(유 20절).

이와 같이 성령도 우리의 연약함을 도우시나니 우리는 마땅히 기도할 바를 알지 못하나 오직 성령이 말할 수 없는 탄식으로 우리를 위하여 친히 간구하시느니라 마음을 살피시는 이가 성령의 생각을 아시나니 이는 성령이 하나님의 뜻대로 성도를 위하여 간구하심이니라(롬 8:26-27).

이는 그로 말미암아 우리 둘이 한 성령 안에서 아버지께 나아감을 얻게 하려 하심이라(엡 2:18).

성령님은 성령 시대에 능력을 주시는 분이다. 그리스도인들 가운데서 성령님은 마땅히 기도할 수 있도록 힘을 주신다. 따라서 우리는 기도로 성령님과 진정한 동역자가 되는 것이다. 주의 깊게 관찰하고 기도하기 위해서는 성령님의 인도와 제재, 허락에 민감하게 반응해야 한다. 영적으로 깨어 있어야 성령 안에서 행할 수 있으며, 성령 안에서 살아갈 수 있고, 성령 안에서 기도할 수 있다. 이렇게 할 때 비로소 성령님의 소원과 뜻을 체험할 수 있다.

절박한 마음으로, 지속적으로 기도해야 한다

끈질기게 조르는 것은 부끄러움을 무릅쓰고 무엇인가를 달라고 끊임없이 요구하는 것이다. 이런 태도는 절박한 영적 요구를 나타낸다. 영적으로 절박하면 창피하다는 이유로 점잔 빼고 있을 수만은 없다. 성경은 실망하거나 포기하지 않고 끈질지게 기도하는 것이 중요하다는 것을 우리에게 거듭 보여 준다.

예수님은 비유를 통해 이 진리를 제자들에게 가르치셨다. 하나님과 인간에게 마음을 닫은 불의한 재판관이 있었다. 그러나 그 불의한 재판관도 곤궁에 빠진 과부가 창피를 무릅쓰고 졸라대자 그 과부에게 반응했다(눅 18:1-8). 심지어 불의한 재판관도 끈질긴 요구에 응답하는데 하나님이 자녀의 지속적인 기도에 어찌 응답하시지 않겠느냐고 예수님은 말씀하셨다.

예수님은 우정으로도 도우려 하지 않던 자도 절박하게 지속적으로 요청하면 그 요구를 들어줄 것이라고 말씀하시면서 이런 결론을 내리셨다. "내가 너희에게 말하노니 비록 벗 됨으로 인하여서는 일어나서 주지 아니할지라도 그 간청함을 인하여 일어나 그 요구대로 주리라"(눅 11:8). 그리고 나서 예수님은 다음과 같은 기도 명령과 약속을 주셨다. 이 명령에는 간청의 정도가 강해지는 모습이 잘 드러나 있다. "내가 또 너희에게 이르노니 구하라 그러면 너희에게 주실 것이요 찾으라 그러면 찾아낼 것이요 문을 두드리라 그러면 너희에게 열릴 것이니"(눅 11:9).

저드슨은 이렇게 말했다. "하나님은 끈질긴 기도 없이는 우리에게 많은 축복을 베풀지 않으실 정도로 끈질긴 기도를 좋아하신다." 절박하고 끈질긴 기도가 우리를 기도의 사람으로 훈련한다. 바운즈는 다음과 같이 적고 있다. "오랜 끈질긴 기도만큼 인간의 영혼에 활력과 영원한 생명력을 부여하는 것은 없다." 우리가 지속적으로 기도할 때 바로 은혜 가운데서 놀라운 성장과 영적 성숙을 경험하게 된다.

절박하고 지속적인 기도는 우리의 전 존재와 영혼을 쏟아 붓는 기도다. 지속적인 기도는 우리의 모든 영혼이 하나님을 향해 나아가는 운동이다. "너희가 내게 부르짖으며 내게 와서 기도하면 내가 너희들의 기도를 들을 것이요 너희가 온 마음으로 나를 구하면 나를 찾을 것이요 나를 만나리라 이것은 여호와의 말씀이니라 나는 너희들을 만날 것이며"(렘 29:12-14).

바운즈는 "천국은 마음을 반만 드린 기도를 들을 만큼 한가한 곳이 아니다"라고 말했다. 하나님은 미지근한 태도를 결코 용납하지 않으신다. 기도는 열정을 먹고산다. 불타는 열정을 가진 중보기도자가 세상을 정복할 수 있다. 불타는 열정으로 드리는 중보기도는 가히 천하무적이다. 불타는 기도는 뻔뻔함도 무릅쓴다. 마음속에서 열정이 불타오를 때 그 불길이 하나님께로 향하는 것이 기도다.

뜨겁게 불타오르는 기도는 하나님의 보좌에 나아가는 길에 있는 방해물을 모두 태워버린다. 우리가 할 수 있는 최고의 기도 준비는 불타는 마음이다. 불타오르는 기도는 성령님에게서 나오는 것이다. 성령의 불이 기도 전사인 우리 마음에 세례를 베풀며 기도에 능력을 준다. 기도가 거룩한 불로 타오르지 않고 있다면 우리는 아직 하나님의 심장 고동을 느끼지 못하고 있는 것이다. 우리 마음과 기도가 거룩한 불로 타오르게 하려면, 하나님의 뜻과 목적, 그분의 열정과 영광에 깊이 심취해야 한다.

우리 스스로 성령의 불을 만들어낼 수는 없다. 그러나 그 불을 준비하고 영접할 수 있으며, 그 불을 받을 때까지 기도하며 그 불이 꺼지지 않도록 할 수는 있다. 때로는 불타오르는 기도가 잠을 달아나게 하고 영적인 갈망을 심화시켜 금식하게 하기도 한다. 인위적인 감정은 값싼 것이며, 인간적인 열정은 우리의 비위를 상하게 한다. 그러나 성령의 능력을 힘입은 기도는 하늘에서 불이 내려오게 하며, 우리 영혼에 불이 붙게 하고, 우리 영을 유쾌하게 한다.

바운즈는 "불은 기도의 생명이다. 불타는 마음으로 끈질기게 조르는 기도가 있어야 천국에 이를 수 있다"고 했다. 천국은 진지하지 않은 요구에는 그다지 주의를 기울이지 않는다. 하나님은 빈약한 요구나 생기 없는 기도, 영적인 태만에는 조금도 감동하지 않으신다. 그분께 나아오는 자들의 영혼이 거룩한 열정으로 불타오르는 모습을 즐거워하신다.

천국은 물론 지옥도 진지하고 대담하며 끈질긴 기도를 존중한다. 기도에는 소심함이 들어갈 여지가 없다. 우리는 담대히 은혜의 보좌 앞에 나아가야 한다(히 4:16). 하나님은 미지근한 자들이 단지 지나가는 환상으로 드리는 기도에 낭비할 시간이 없으시다. 이사야는 "스스로 분발하여 주를 붙잡는 자가 없사오니"(사 64:7)라고 애통해했다.

지속적인 기도는 우리에게 요구되는 필요와 그 필요에 대한 하나님의 응답에만 관심을 쏟기 때문에 다른 것은 모두 무시한다. 이것이 능력 있는 기도의 비결이다. 예수님이 끈질기게 요구한 과부의 비유를 들어 설명하신 것은 제자들이 "주여 우리에게 기도하는 법을 가르쳐주소서"라고 요청했을 때였다.

절박한 기도는 응답이 올 때까지 점점 깊어진다. 기도하는 법에 사로잡힌 사람은 하나님의 뜻을 알기 때문에, 그리고 하나님의 영광을 보아야 하기 때문에 결코 중간에 기도를 멈출 수 없다.

하나님이 우리 마음을 특별히 일깨우시겠다고 약속하신 뒤에도 우리는 적극적인 믿음으로 전진해야 한다. 엘리야는 하나님이 비를 내리기로 약속하신 것을 알고 있었다. 그런데도 얼굴을 두 무릎 사이에 대고 일곱 번이나 지속적으로 기도했다(왕상 18:41-46). 다니엘은 유대인을 구원하실 것이라는 하나님의 약속을 알고 있었다. 그래도 하나님이 기도에 응답하시고 자신을 매우 사랑하신다는 사실을 알리기 위해 천사장을 보내실 때까지 계속 기도했다(단 10:10-11, 19).

지속적인 기도는 고통스러울 수 있다. 기도는 중노동보다도 힘들다. 기도하면서 새로운 활력을 얻을 때도 있지만, 기도가 힘들고 매력 없는 노동이 될 때도 있다. 기도는 현실이다. 앞에 가로놓인 산들을 제거하고 귀신들을 물리쳐야 한다. 믿음이 얕은 그리스도인은 노동이자 투쟁이고 전투인 기도를 싫어한다. 그러다가 비극적인 사건이나 치명적인 병, 죽음이 임박해 오면 그때서야 지속적으로 기도할 줄 아는 그리스도인들에게 기도를 부탁한다. 그들은 절박한 상황에 이르러서야 지속적인 기도의 중요성을 깨닫는 것이다.

기도는 마치 얍복 강가의 야곱처럼 씨름하는 것이다. 그 씨름은 조용히 이루어질 수도 있으나 진땀을 흘리게 하기도 한다. 골로새서 4장 12절을 보면

에바브라가 애쓰며 기도하는 모습이 나온다. "그가 항상 너희를 위하여 애써 (문자적으로 하면 '고통으로 번뇌하며') 기도하여 너희로 하나님의 모든 뜻 가운데서 완전하고 확신 있게 서기를 구하나니."

친구와 교회, 국가를 위해 이런 자세로 기도하고 있는가? 바울은 자신을 위해 이처럼 고통하며 끈질기게 부르짖어 기도해 달라고 당부했다. "형제들아 내가 우리 주 예수 그리스도와 성령의 사랑으로 말미암아 너희를 권하노니 너희 기도에 나와 힘을 같이하여 나를 위하여 하나님께 빌어(문자적으로 하면 '나와 함께 기도의 고통을 나누어')"(롬 15:30).

모세는 이스라엘을 위해 하나님께 중보기도를 드릴 때, 고통하며 끈질기게 기도했다. 바울도 구원받지 못한 유대인들을 위해 기도할 때, 고통하며 끈질기게 간구했다. "내가 그리스도 안에서 참말을 하고 거짓말을 아니하노라 나에게 큰 근심이 있는 것과 마음에 그치지 않는 고통이 있는 것을 내 양심이 성령 안에서 나와 더불어 증언하노니 나의 형제 곧 골육의 친척을 위하여 내 자신이 저주를 받아 그리스도에게서 끊어질지라도 원하는 바로라"(롬 9:1-3).

그리스도께서 겟세마네 동산에서 땀이 핏방울이 되도록 기도하신 것도 이런 끈질긴 기도의 고통에서 나온 것이다(눅 22:44).

우리는 지속적으로 기도하는 법을 배울 수 있다. 하나님이 천사들을 보내 속히 응답하시는 모습을 볼 때까지 자신과 사탄을 눌러 이기며 지속적으로 기도하는 법을 배울 수 있다. 물론 오랜 시간이 걸릴 것이다. 이런 지속적인 기도는 우리가 계속 중보기도의 삶을 살아갈 때 비로소 자연스런 결과로 나타난다.

우리는 응답이 있을 때까지 지속적으로 기도하는 법을 배워야 한다. 기도할 때 성령님의 완전한 통제 아래 한 단계씩 중보기도하는 법을 배워야 한다. 사탄의 방해를 뚫느라 응답이 지연되어도 낙심하지 않으면서 온몸과 온 영혼으로 하나님께 기도할 때, 비로소 하나님은 신속히 응답하신다. 우리는 모든 필요에 이렇게 기도하지 않으려 할지도 모른다. 또한 날마다 이런 식으로 기도하려고 하지는 않을지도 모른다. 그러나 하나님이 우리를 인도하시면 마음이 절박해질 것이다.

절박한 문제를 놓고 지속적으로 기도할 때 그 강도가 깊어져 진정으로 기도하며 씨름할 때가 있다. 이것은 육체적인 씨름이 아니라 영적인 씨름이다. 지속적인 기도는 하나님의 뜻을 방해하려는 사탄의 모든 능력을 누르고 승리한다. 지속적인 기도는 하나님의 이적적인 능력을 가져온다. 그리하여 인간의 필요를 초자연적인 방법으로 채워준다.

20장 오랜 시간 홀로 드리는 기도

하루나 주말, 아니면 며칠간 시간을 내어 기도에만 전념할 수 있다면 하나님과 오랜 시간 교제할 수 있을 것이다. 나는 따로 시간을 내어 기도하지 않았다면 영적으로 능력 있게 살지 못했을 것이라는 간증을 수도 없이 들었다. 시간을 따로 내어 하나님과 단 둘이 교제할 때, 하나님은 내가 결코 생각지도 못한 일을 전혀 상상하지 못한 방식으로 여러 번 계시해 주셨다. 나는 무슨 일이 있더라도 그런 체험을 놓치고 싶지 않다. 그런 체험이 하나님을 섬기는 일에 큰 영향을 끼칠 것이기 때문이다.

예수님과 함께 둘만의 시간을 오래 나누면, 개인의 영적 부흥을 경험할 뿐 아니라 역경 가운데서도 마음의 평화와 평강을 유지할 수 있다. 더 나아가 하나님의 인도하심과 뜻을 더 분명히 알 수 있다. 그래서 무슨 일을 계획할 때나 중요한 순간에 직면했을 때, 하나님의 뜻과 인도하심을 분명히 깨달을 수 있다. 따라서 하나님과 둘만의 시간을 갖기 전에 중요한 결정을 내리는 것은 지혜롭지 못하다. 특별히 기도에만 전념할 시간을 내는 것은 주의 길을 준비하는 데도 매우 중요하다(25, 26장을 참조하라).

바울 이후 최대 부흥 전도자로 꼽히기도 하는 찰스 피니는 1850년대에 하나님께 크게 쓰임 받은 사람이다. 그의 부흥 집회로 시작된 대부흥 운동에서 50만 명 이상이 그리스도께로 돌아왔다. 1857-1858년만 하더라도 그의 사역에 직간접적으로 영향을 받아 그리스도께 돌아온 사람이 10만 명이 넘으며, 그의 부흥회에서 회개한 자들의 85%가 처음 헌신을 그대로 지키며 교회의 일원이 되어 믿음 안에서 성장했다. 그런데 오늘날에는 각종 전도 집회에서 믿음을 고백한 자들의 단 6%만 교회 생활을 계속하고 있는데도 만족하고 있다!

무엇이 다른가? 피니는 하나님이 자신에게 쏟아 부으신 성령의 강한 능력을 이렇게 말했다. "성령님이 마치 내 몸과 마음 깊은 곳까지 들어오신 것 같았다. 그리고 사람들에게 몇 마디 말만 해도 이곳저곳에서 즉시 회개할 만큼 하나님의 큰 능력이 내게 임한 것을 알았다. 내 말은 마치 끝이 매우 날카로운 화살처럼 사람들의 영혼에 박히는 것 같았다. 칼처럼 사람들의 마음을 가르고, 망치처럼 그들의 마음을 부수었다. 지금도 수많은 사람이 그 경험을 간증하려고 한다. …… 때때로 나는 이런 하나님의 능력이 내게서 사라진 것을 발견한다. 여러 곳을 심방하면서 애써보았지만 아무 효과가 없었다. 권면도 해보고 기도도 했지만 결과는 마찬가지였다. 그래서 하루는 온종일 시간을 내어 금식하며 기도하기로 결정했다. …… 나를 겸손히 비우고 울면서 도움을 간청하자 다시금 능력이 돌아왔다. 이것이 내 삶의 간증이다."

인도의 장로교 선교사인 존 하이드는 웨일즈에 대부흥이 있었던 1904년에 인도에서 시알코트 대회를 주최했다. 시알코트 대회는 오늘날까지도 교회가 축복받을 수 있었던 큰 원천으로 내려오고 있다. 첫 대회를 열기 전에 하이드와 맥셰인 패터슨은 30일 동안 하나님 앞에서 기도했다. 일주일이 조금 지나 조지 터너도 그들과 함께했다. 그리하여 21일 동안 세 사람은 하나님의 능력이 강하게 임하기를 간청했다. 그들이 드린 기도는 어떤 가치가 있었는가? 바로 그들의 기도를 통해 수년간 문자 그대로 수천 명이 그리스도의 나라로 들어온 것이다.

일상적인 일에서 벗어나 홀로 기도에만 전념하는 것은 분명 성경에 근거한다. 에녹도 승천하기 전에 기도로 하나님과 단 둘이 교제했을 가능성이 매우 크다. "에녹은 …… 삼백 년을 하나님과 동행하며 …… 하나님이 그를 데

려가시므로 세상에 있지 아니하였더라"(창 5:21-24). 모세는 두 번이나 40일간 시내산에서 하나님과 단 둘이 시간을 보냈다. 그 기간에 하나님은 모세에게 전무후무할 정도로 자신을 분명히 계시해 주셨다. 엘리야도 그릿 시냇가에서 대부분 이스라엘과 유다를 위해 기도하며 보냈을 가능성이 매우 크다(왕상 17:2-7).

예수님도 따로 시간을 내셔서 기도에만 전념하셨다. 예수님은 40일간 금식하고 기도하신 후에 사역을 시작하셨다. 때로는 밤새도록 기도하셨다(눅 6:12). 예수님은 주로 감람산에서 홀로 오랜 시간 기도하신 것 같다(눅 21:37).

한국의 교회 지도자들은 이 말 뜻을 잘 안다. 그들은 하나님의 얼굴을 구하고 그 뜻을 알기 위해 주님과 단 둘이 시간을 보내는 것을 일종의 규칙으로 삼고 있다. 동양선교회가 한국에서 사역한 지 75주년이 되는 해에 우리는 한국 교회에 관한 세미나를 개최했다. 한국의 복음주의 교회 교인의 삶에 관한 세미나였다. 그때 일단의 한국 목회자들이 우리 질문에 대답했다. 그런데 대화 주제가 금식으로 옮겨가자, 한국에는 40일 넘게 금식하며 기도한 사람이 무려 2만 명이 넘는다는 놀라운 보고를 전해 주었다.

우리 가운데는 기도원에서 40일을 보내거나 오랫동안 금식하도록 성령님이 인도하지 않은 사람도 있을 것이다. 그러나 어찌되었든 한 가지는 분명하다. 개인적으로 따로 시간을 내어 하나님의 얼굴을 힘써 구하면 엄청난 축복을 받을 것이다.

따로 시간을 내어 기도에만 전념하는 목적

따로 시간을 내어 기도에만 힘쓰는 목적은 하나님께 가까이 나아가기 위해서다. "하나님을 가까이하라 그리하면 너희를 가까이하시리라"(약 4:8). "하나님께 가까이함이 내게 복이라"(시 73:28).

예수 그리스도의 심장에 가까이 나아가는 데 시간을 사용할 수 있는 특권이란 얼마나 대단한가!

　중요한 문제에 대한 하나님의 뜻을 알기 위해 하나님과 단 둘이 시간을 보내고 싶을 때도 있을 것이다. 결코 당황하지 말라. 하나님은 우리가 그분의 뜻을 알길 원하신다. 그분은 우리를 위한 "선하시고 기뻐하시고 온전하신 뜻"(롬 12:2)을 가지고 계시다. 우리를 "모든 신령한 지혜와 총명에 하나님의 뜻을 아는 것으로 채우게 하시기를"(골 1:9) 원하신다. 하나님은 우리가 시간을 따로 내어 집중적으로 기도할 때 새로운 뜻을 계시해 주실 것이다. 하나님은 실제로 내게 그렇게 행하셨다. 어쩌면 하나님은 언젠가 우리가 그분의 뜻을 완전히 깨닫기를 바라셔서 지금 그 기초를 가르쳐주시는 것인지도 모른다. 우리를 몹시 사랑하시기 때문에 우리가 그분의 뜻을 알고 행하기를 원하신다.

　특별히 중요한 문제나 절박한 사정이 있을 때에는 하나님과 둘만의 시간을 연장할 수도 있다. 하나님의 일, 국가, 공동체, 친구, 가족, 나 자신과 관련된 특별한 문제가 있을 때는 얼마든지 많은 시간을 내어 기도할 수 있다. 개인의 필요를 위해 기도하는 것을 결코 주저하지 말라.

따로 시간을 내어 기도하기 위한 준비

방해받지 않고 기도할 수 있는 장소를 물색하라. 인도에 있을 때 사생활을 지키기 어려울 때면, 나는 기차를 타고 한 정거장을 간 뒤 역 대합실에 앉아 성경을 읽고 기도하면서 하루를 보냈다. 비록 주위에 항상 사람들이 있기 때문에 최상의 조건은 아니었지만 그래도 비교적 덜 방해받았다.

　동양선교회와 교류가 있는 한국의 많은 교회는 건물에 한 사람이 들어갈 만한 기도실을 여러 개 만들어 놓는다. 교회 성도는 누구나 아무 때든 와서 여러 시간, 심지어는 하루나 이틀씩 기도할 수 있다. 교회 성도면 누구나 이용할 수 있도록 산에 특별한 기도원을 지어놓은 교회들도 있다.

아내와 함께 인도에서 선교사로 섬기고 있을 때다. 우리는 여름이 되면 뜨거운 더위를 피해 몇 주 동안 히말라야 산맥 무소리에의 란두르로 갔다. 하루는 그곳 산등성이에서 기도에만 전념할 수 있는 이상적인 장소를 몇 군데 발견했다. 그 뒤로는 종종 그중 한 곳에 가서 하나님과 단 둘이 하루를 보냈다. 얼마나 복된 시간이던지!

인도 알라하바드 시에서 지낼 때에는 친구들과 함께 빈 창고를 기도실로 사용했다. 그곳에는 전화도, 사람도 없어서 하나님과 단 둘이 교제하기에 더할 나위 없이 좋았다. 다른 때에는 교회의 빈방을 기도실로 사용했다.

오랜 시간 하나님과 교제하기를 갈망한다면 하나님이 우리를 좋은 장소로 인도하실 것이다.

여러 압력과 방해에서 벗어날 수 있는 시간을 잡으라. 짧은 시간 동안 기도에 전념하려면 주일 오후가 좋다는 사람이 많다. 오랜 시간 기도에 전념하려면 휴가를 내거나 직장이 쉬는 날을 잡으면 될 것이다. 저녁 식사 때부터 밤 12시까지, 또는 밤 시간의 반을 기도로 보내는 계획을 세울 수도 있다. 원한다면 저녁 한 끼를 굶고 간단하게 금식하면서 기도에만 전념하는 것도 좋다.

기도할 때 필요한 물품들을 잘 챙기라. 기도에만 전념하고자 할 때 가지고 가야 할 물품은 다음과 같다.

(1) 성경 (2) 찬송가 (3) 공책과 연필 (4) 성구 사전(성경에 성구 사전이 없다면) (5) 2-4개의 다른 번역본(신약만이라도 좋다) (6) 경건 서적. 또는 영적 부흥, 기도, 성령에 관한 책 (7) 전등(필요하다면) (8) 방석이나 무릎을 꿇을 때 깔고 앉을 만한 것 (9) 시계나 자명종(특별히 여러 날 기도할 계획일 때) (10) 담요 (11) 기도 수첩.

누군가에게 비상 연락처를 알리라. 하나님과 보내는 이 거룩한 시간을 드러내 놓고 광고할 건 없지만 교인이나 가족에게 어디서 기도할지는 알리는 것이 좋다. 우리가 없을 때 누군가가 우리를 만나고 싶어하면 연락처를 알려주어야 할지도 모른다. 이때 경계해야 할 점은 우리 자신이 드러나서는 안 되며 모든 영광을 하나님께 돌려드려야 한다는 것이다.

편안한 마음으로 기도를 시작하라. 여러 날 기도할 때는 하나님과 시간을 나누기 위해 적절히 휴식해야 한다. 몸이 피곤해 잠을 자야 한다면 자는 것도 전적으로 영적인 것이다. 가끔 다시 기도와 묵상을 시작하기 전에 잠깐 동안 눈을 붙여야 할지도 모른다. 이럴 때 자명종이 꼭 필요하다.

어떻게 기도할 것인가

하나님은 때때로 우리가 기도 방법을 바꾸길 원하신다. 성령님이 인도하도록 그분께 모든 것을 맡기라. 그리고 더불어 다음 제안도 유익할 것이다.

즐거운 경배로 기도를 시작하라. 성경은 하나님께 감사와 찬양으로 나아가라고 권면한다(시 100:4). 하나님의 성품과 사랑, 속성에 대해, 하늘을 버리고 땅에 내려오신 은혜에 대해, 하나님의 사랑의 행위에 대해, 그리스도의 죽으심과 부활에 대해, 우리를 향하신 하나님의 선하심과 아름다운 창조에 대해, 믿는 친구들과 교회를 주신 것에 대해 하나님께 특별히 감사하라.

요한계시록을 보면 천사와 하늘의 존재들, 하나님의 성도도 찬송을 부른다(계 4:8-11, 5:6-14, 7:9-12, 14:2-3, 15:2-4, 19:1-7). 하나님은 찬송을 좋아하신다. 천사들은 이 세상에 인간이 있기 전부터 하늘에서 기쁘게 찬송하고 있었다(욥 38:7). 하나님은 친히 우리로 인해, 그리고 우리와 함께 기뻐 노래하시는 분으로 묘사되고 있다(습 3:17). 하나님은 새와 인간, 천사를 노래하도록 창조하셨다. 소리 내어 하든지 마음속으로 하든지, 우리가 하나님을 찬양하면 하나님은 매우 기뻐하신다.

교회의 위대한 찬송 가운데 일부는 찬양하는 찬송들이다. 그중에 몇몇 가사는 암기해 두고 날마다 기도할 때 사용해도 좋을 것이다.

나는 특별히 기도하기로 정한 후 그 시간에 기도 장소로 나아갈 때마다 기쁨으로 마음이 흥분하는 것을 여러 번 경험했다. 이제 예수님과 단 둘이 만나러 가는 것이다! 얼마나 거룩한가! 이 얼마나 멋있는가! 이 얼마나 복된가!

하나님 말씀을 섭취하는 것으로 기도를 시작하라. 보통 하나님 말씀을 먼저 듣는 것이 중요하다. 듣는 것은 말하는 것만큼 중요하다. 또한 하나님 말씀을 먹는 것은 중보기도만큼 중요하다. 우리는 성경 말씀을 읽어 하나님의 음성을 자주 들을 수 있다.

하나님의 말씀으로 우리 마음을 흠뻑 적시는 데 많은 시간을 할애하라. 때로 성경 일부분을 무릎 꿇고 읽고 싶을 때가 있을 것이다. 어쨌든 성경을 여기저기 읽는 것보다는 체계적으로 읽는 것이 더 지혜롭다. 시편의 일부분을 읽으면서 기도를 시작하고 싶을 때도 있을 것이다. 즉 시편을 스물다섯 편가량 읽고 기도를 시작하고 싶을 때도 있고, 복음서나 서신서 가운데 한 권을 읽고 기도를 시작하고 싶을 때도 있을 것이다. 어찌되었든 성령님이 우리 마음에 지시하시는 대로 자유롭게 따르라.

축복받기 위해 성경을 읽으라. 주님이 지시하시지 않는 한 분석적으로 성경을 읽거나 형식에 따라 성경을 공부하지 말라. 단지 말씀을 먹고 그 선하심을 맛보라. 하나님과 교제하고, 그분 발아래서 경배하며, 남을 위해 중보하고, 기도 전쟁에서 승리하도록 마음을 준비하는 데 신경 쓰라. 이상의 어떤 경우에서든 하나님 말씀은 견고한 기초가 될 것이다.

하나님의 관심에 기도를 집중시키라. 주님이 제자들에게 가르쳐주신 기도를 보면 다음과 같은 우선순위를 알 수 있다.

✚ 성부 하나님의 이름을 거룩하게 하는 것(하나님에 대한 존경과 명예와 영광)

✚ 하나님 나라의 도래(교회와 세상을 향한 하나님 계획의 완전한 성취, 인간을 다스리는 하나님 통치의 도래, 예수님의 재림)

✚ 지금 이 땅에서 하나님 뜻의 성취

이런 요소들은 매일의 기도 관심사가 되어야 하지만 특히 오랜 시간 기도할 때는 더욱 그래야 한다.

하나님의 백성이 영적으로 부흥하도록 기도하라. 교회 전체가 거룩하게 살고, 세상적인 태도와 행동에서 구별되며, 모든 사람, 특히 믿는 형제들 사이에 넘치는 사랑을 드러낼 수 있게 해달라고 기도하라. 그러면 믿지 않는 자들이 1세기 교회를 보며 말한 것처럼 오늘날에도 "보라, 이 그리스도인들이 서로 어떻게 사랑하는지를!"이라고 말할 것이다.

믿지 않는 자들이 구원받도록 기도하라. 믿지 않는 자들에게 복음이 선포될 때, 세계 곳곳에서 새신자가 생길 때, 하나님은 영광 받으신다. 이것이 하나님의 최대 목적이자 교회의 지상 명령이다. 잃어버린 자들을 위한 기도는 모든 성도의 기도가 되어야 한다.

자신의 필요와 관심에만 몰두한 나머지 남을 위해 기도하는 일을 게을리 하지 않도록 주의하라. 자기중심적인 기도는 응답받지 못할 것이다. 자신과 가족보다 남을 위해 더 많이 기도하는 습관을 들이라. 예수님이 가르쳐주신 우선순위를 따른다면 자신의 필요를 채우는 기도 시간이 줄어들 것이다. "너희는 먼저 그의 나라와 그의 의를 구하라 그리하면 이 모든 것을 너희에게 더하시리라"(마 6:33). 이것이 주님의 약속이다.

하나님 앞에서 겸손하라. 개인의 필요를 간구하려면 먼저 하나님 앞에서 겸손해야 한다. 하나님이 필요하다는 것을 솔직히 고백하라. 그리고 그분의 주권을 인정하라. 하나님 앞에서 겸손히 머리를 숙이라. 하나님께 눈을 들 때 기뻐하며 감사를 드리라. 그러고 나서 기도를 시작할 때 겸손한 마음으로 경배하라.

개인적, 단체적, 국가적 죄를 느껴 기도하지 않을 수 없을 때가 있다. 이럴 때에는 무엇보다 죄를 고백하고 하나님 앞에서 겸손히 머리를 숙여야 한다. 개인적인 죄책감을 깊이 느끼고 하나님께 나아간 다윗도 그렇게 기도했다(시 51편).

마음에 죄를 품고 있으면 하나님은 기도를 듣지 않으실 것이다(시 66:18). 가데스바네아에서 이스라엘 백성이 자기 연민의 눈물을 흘렸을 때 하나님은 그들의 기도를 듣지 않으셨다(신 1:45). 하나님은 회개치 않는 자의 기도는 듣지 않으실 것이다(욥 35:13). 집중적으로 기도하기 전에 우리는 먼저 지은 죄를 용서해 달라고 간구하면서 형제들과 화해해야 한다(마 5:23-24, 롬 12:18).

하나님의 빛 가운데 거하며 성령 충만한 그리스도인이 하나님 앞에 나올 때는 기쁜 마음으로 나와야지, 마치 세리처럼 고개를 숙이고 땅만 바라볼 필요는 없다(눅 18:13). 오히려 예수님처럼 눈을 들어 하늘을 바라보면서 하나님을 찬양하고 그분의 사랑을 기뻐해야 한다. 그 다음에는 하나님 나라의 관심사에 대해 기도하고, 마지막으로 개인적 필요를 간구하는 것이 올바른 순서다.

하나님의 선하심과 인자하심에 감사하는 태도로, 그러나 진정 겸손하게 그런 하나님의 선하심을 맛볼 자격이 없음을 하나님께 고백하고 하나님께 자주 영광을 돌리지 못했음을 실토하라(롬 3:23). 그 다음 하나님의 거룩하신 빛으로 우리 마음을 살펴보면서 우리가 얼마나 성급하게 말했으며, 얼마나 어리석게 행동했고, 얼마나 성령을 근심케 했는지 자백하라. 그러고 나서 "우리가 우리에게 죄 지은 자를 사하여 준 것같이 우리 죄를 사하여 주시옵고"(마 6:12)라고 기도하라.

겸손하게 모든 염려를 주께 맡기라(벧전 5:7). 하나님은 통회하고 겸손히 자신을 낮추는 자의 영을 받으신다(사 57:15). 하나님의 백성이 자신을 겸손히 낮추고 죄를 자백하면 하나님은 항상 모든 죄를 용서하시고 고쳐주신다(대하 7:14).

하나님께 개인적인 간청을 드리라. 우리는 하나님의 자녀이기 때문에 하늘 아버지와 함께 나눌 수 없을 만큼 큰 문제도, 그분께 말씀드리기 창피할 만큼 작은 문제도 없다. 기도는 하나님이 모르시는 것을 우리가 알리는 것이 아니라, 우리 마음의 열망과 문제, 필요를 하나님과 함께 나누는 것이다. 우리는 이런 문제들을 가지고 사랑하는 주님과 대화할 수 있다. 이런 문제들을 하나님께 가지고 나아오면 하나님은 우리 기도를 들어주신다. 그분은 우리가 개인적인 간청을 드리길 기다리고 계시기 때문이다.

시간을 내어 집중 기도할 계획을 세울 때 기도해야 할 사람들의 이름과 필요를 목록으로 작성했다면 이제 그 목록을 보고 기도하라. 새로운 기도 제목이 떠오르면 즉시 노트에 적으라. 한 가지씩 하나님께 우리의 간청을 아뢰라. 하나님께 개인적인 간청을 할 절호의 기회는 우리가 하나님의 면전에 있을 때다(요일 5:14-15, 빌 4:19).

히스기야가 위협 섞인 산헤립의 편지를 받자마자 성전에 올라가서 여호와 앞에 그 편지를 펴놓고 기도한 것처럼(왕하 19:14-20), 우리도 마음을 열고 하나님과 자유롭게 대화할 수 있다. 그러면 여호와께서 히스기야에게 응답하신 것처럼 우리에게도 "내가 네 기도를 들었느니라"고 말씀하실 것이다.

장기간 기도하면서 약간의 다양성과 변화를 계획하라. 여러 시간 계속해서 기도하면 몸이 몹시 피로해진다. 그럴 때는 자세를 바꾸어보라. 일어나서 주변을 약간 걸어도 좋을 것이고, 조용히 찬송을 부르는 것도 도움이 될 것이다. 또한 침묵으로 하는 기도와 소리 내어 드리는 기도를 번갈아 사용해도 좋을 것이고, 기도 속도에 변화를 주어도 좋을 것이다. 금식하지 않는다면 간단한 음식이 원기를 회복시켜줄 것이다. 하나님은 우리 아버지이시기 때문에 우리의 육체적 필요를 잘 이해하신다. 하나님 앞에서 자유롭고 편안하게 행동하라.

하나님의 약속을 붙잡으라. 기도를 시작할 때, 먼저 하나님 말씀을 먹고 귀를 기울이면 하나님이 특별한 약속을 각인시키실 때가 있다. 실제 기도할 때 그 약속을 사용하라. 하나님의 임재를 가깝게 느낄 때나 남들과 우리 자신의 필요를 놓고 기도할 때, 하나님이 다른 약속들도 기억나게 하실 때가 있다. 또는 하나님이 다시 하나님의 말씀을 읽도록 인도하셔서 우리가 오랫동안 눈여겨보지 못했거나 언젠가 기도에 사용한 약속을 다시 생각나게 하실 때도 있다. 거듭 사용해 온 하나님의 약속보다 우리에게 더 큰 축복을 주는 것은 없다. 하나님은 때로 그 약속들을 새롭고 신선한 방법으로 우리의 필요에 적용하신다.

야곱이 가나안에 돌아와 밤새 기도했을 때 그는 하나님께 그분이 하신 약속을 상기시켰다(창 32:9). 모세도 하나님 앞에서 중보기도할 때 그분의 말씀을 상기시켰다(출 32:13). 시편 기자는 이렇게 노래했다. "주의 종에게 하신 말씀을 기억하소서 주께서 내게 소망을 가지게 하셨나이다"(시 119:49). 베드로는 오순절에 모인 무리에게 하나님의 약속을 주장하라고 권면했다(행 2:39). 우리도 아브라함처럼 "믿음이 없어 하나님의 약속을 의심하지 않고 믿음으로 견고하여져서 하나님께 영광을 돌리며 약속하신 그것을 또한 능히 이루실 줄을 확신하여야"(롬 4:20-21) 한다. 성경을 손에 들고 그분의 약속에 손가락 걸며 담대히 확신을 가지고 은혜의 보좌 앞에 기쁨으로 나아가라(엡 3:12 참고).

"그러므로 형제들아 우리가 예수의 피를 힘입어 성소에 들어갈 담력을 얻었나니 그 길은 우리를 위하여 휘장 가운데로 열어놓으신 새로운 살 길이요 휘장은 곧 그의 육체니라 또 하나님의 집 다스리는 큰 제사장이 계시매 우리가 마음에 뿌림을 받아 악한 양심으로부터 벗어나고 몸은 맑은 물로 씻음을 받았으니 참 마음과 온전한 믿음으로 하나님께 나아가자"(히 10:19-22).

찬송과 경배와 감사로 기도를 마치라. 기도를 마칠 때는 하나님이 마음에 평안과 새로운 확신, 진정한 기쁨을 주실 것이다. 이제 하나님을 찬송할 시간이다. 다시 한 번 하나님을 사랑한다고 고백하고, 그분을 찬양하며 찬송하라.

비록 하나님이 확답을 주시지 않았고 어떻게 역사하실지 분명하게 보여주시지 않았다 해도 감사하는 마음과 새로운 믿음을 품고 일상으로 돌아가라.

21장 중보기도

하나님이 기도해 주고 싶은 사람들을 생각나게 하실 때가 있다. 그 사람들의 필요를 하나님이 채워주시기를 간구하면서 날마다 짧게 중보기도를 드릴 수 있다. 정기적이고 체계적인 기도로 많은 사람에게 축복을 끼치는 사람은 참으로 복된 사람이다.

하나님이 누군가의 영적인 상황을 죄에서 구원으로, 자기중심적 삶에서 순종의 삶으로 바꾸기 원하실 때에는 우리를 부르셔서 그를 위해 집중적으로 기도하게 하신다. 우리가 기도하기 원하시는 대상이 우리와 친한 친척이나 가족인 경우도 있고, 국가적, 세계적, 정치적 지도자인 경우도 있다.

교육계, 실업계, 스포츠계, 법조계, 언론계, 군부 등의 사회 각 분야를 위해 우리는 어떻게 기도해야 하는가? 다음은 오랜 시간 중보기도할 때 사용할 수 있는 제안들이다. 짧은 시간 동안 기도할 때도 응용해 볼 수 있을 것이다.

하나님께 초점을 맞추고 기도를 시작하라

✚ 모든 인간과 세상을 향하신 하나님의 선하신 뜻과 사랑에 감사하라.
✚ 우리가 기도하는 특정 인물을 하나님이 끔찍이 사랑하신 것에 감사하라.
✚ 하나님이 그 특정 인물을 위해 새 생명의 계획을 갖고 계신 데 감사하라.
✚ 예수님이 십자가에서 죽으신 것이 그 특정 인물을 위한 것임에 감사하라.
✚ 그 특정 인물에 성령님이 임재하시고 역사하신 것에 감사하라. 성령님이 그와 그의 일과 필요를 늘 보살피신다는 사실(창 16:13, 대하 16:9, 슥 4:10,

계 5:6)에 감사하라. 또한 성령께서 그 사람의 삶을 섭리로 이끄신다는 사실과 필요할 때면 언제든지 그를 도우신다는 사실에 감사하라.

+ 예수님이 그 사람 곁에 서서 사랑이 가득한 얼굴로 두 팔을 벌리시고 "내가 여기 있노라, 내가 여기 있노라"고 말씀하시는 모습을 머릿속에 그려보라(사 65:1-2).
+ 예수님이 그 사람을 향해 사랑의 눈물을 흘리시는 모습을 그려보라 (마 23:37).
+ 우리 기도에 응답하시기 위해 천사들을 항상 대기시켜 놓으신 것에 감사하라(히 1:14).

우리가 기도하는 사람에 대해 하나님께 감사하라

그 사람을 주신 것에 대해 하나님께 감사하면서 기도를 시작하라. 그 사람을 헐뜯고 비난하고 싶은 유혹에 넘어가지 말라. 그 사람이 완고하고 다루기 힘들며 제멋대로라고 비난하지 말라. 남을 정죄하는 것은 사탄이 원하는 것이다. 사탄은 그리스도의 형제들을 비난하게 만들 뿐 아니라(욥 1:6-11, 2:1-5, 슥 3:1, 계 12:10), 그리스도인들끼리 분열시키기 위해 서로 정죄하게 만든다.

부정적, 비판적 정신은 우리의 사랑을 방해하고 믿음을 파괴하며 찬양을 없애버린다. 부정적 비판으로 가득 찬 기도에 응답이 있을 것이라고 기대하지 말라.

+ 그 사람의 가능성과 능력, 재능에 감사하라.
+ 우리가 생각할 수 있는 그 사람의 장점에 대해 감사하라.
+ 아직 눈에 보이지는 않지만 성령님이 이미 사역을 시작하셨음에 감사하라.
+ 하나님의 응답이 그분의 때에 나타날 것을 믿고 감사하라.

그 사람을 위해 중보기도하라

+ 그 사람에 대한 관심이 더 깊어지고, 그를 위한 기도를 성령님이 인도하시길 하나님께 간청하라.
+ 그 사람을 해하려는 사탄의 계획을 가로막고 좌절시켜달라고 간구하라.
+ 단지 우연이나 행운이 아니라 하나님의 선하심이 축복의 근원이라는 사실을 명백히 알도록 그 사람에게 복을 베푸시고 하나님의 선하심을 드러내주시길 간청하라.
+ 그 사람의 성품이 더 좋아지게 하시고, 그 사람의 모든 소망과 결정이 올바르게 성취될 수 있도록 하나님께 간구하라.
+ 그 사람이 하나님의 음성에 마음 문을 열고 귀를 기울일 뿐 아니라, 자신의 죄와 허물을 자백하고 자신의 필요를 절실하게 깨달을 수 있게 해달라고 기도하라.
+ 그 사람을 편견에서 끌어내주시고 죄와 악습, 사탄의 권능의 사슬에서 해방시켜달라고 하나님께 간구하라.
+ 그 사람에게 하나님의 거룩한 임재가 늘 함께하고 그가 과거의 수많은 하나님의 은혜를 깨닫게 해달라고 간청하라. 또한 하나님이 새롭고 능력 있게 은총으로 간섭하시고, 하나님의 크신 사랑 앞에 주저하지 않게 해달라고 간청하라.
+ 성령에 대항하는 세력을 가장 적절한 방법으로 격퇴시켜달라고 간구하라. 하나님의 어떤 자녀든, 사람의 어떤 상황이든, 천사들의 어떤 사역이든 마음대로 사용하셔서 성령에 대항하는 세력을 제거해 달라고 하나님께 기도하라.

구원을 베푸시고 필요를 채우시겠다는 하나님의 약속을 주장하라

+ 기도하는 대상에게 적용될 수 있는 하나님의 약속들을 굳게 믿으라.

✚ 새로운 상황이 전개될 때 그 상황에 적용될 수 있는 약속을 구하라.
✚ 하나님의 특별한 약속이 우리가 기도하는 대상에게 생생하게 이뤄지길 간구하라. 성령님이 특정한 성경 구절에 마음이 쏠리게 하실 때가 있다. 그럴 때면 계속 기도하면서 그 구절을 가지고 하나님께 거듭 간청하라.

계속 기도하라

✚ 하나님께 우리가 그를 사랑한다는 사실을 고백하고, 하나님의 사랑은 죄인들을 향해 한없이 흘러넘치신다는 사실을 기억하라.
✚ 하나님의 기도 응답 가운데 일부는 기도한 후 즉각 나타나지 않는다는 점을 기억하라. 하나님이 침묵하시는 것처럼 보인다고 해서 그분이 일하시지 않는 것은 아니다. 한 사람의 생각을 오류와 편견과 자의성에서 구출해내는 데는 보통 시간이 걸린다. 때로는 우리의 기도 대상이 하나님의 음성을 깨닫지 못하거나 하나님 말씀을 완전히 이해하지 못하는 경우도 있다. 그러므로 성령님과 함께 인내하라.
✚ 우리가 하는 기도는 결코 사라지지 않는다는 사실을 기억하라. 우리가 기도할 때마다 성령님은 새로운 방식으로 그 사람에게 말씀하실 것이다.
✚ 하나님의 목적은 보통 한 사람의 머리나 가슴 안에서 성취된다는 점을 기억하라. 하나님은 여행을 가로막거나 계획을 취소하게 만들거나 아프게 하는 등 외적으로 간섭하실 수도 있다. 기도 대상의 삶에서 하나님이 일하시는 모습을 우리 눈으로 확인할 수 없다 해도 하나님이 활동하고 계시다는 사실은 확신해도 좋다.
✚ 외적으로 나타나는 것이 내부에서 일어나고 있는 것과는 정반대의 모습을 띠기도 한다는 점을 기억하라. 그 사람이 돌처럼 딱딱한 얼굴을 하고 무감각해 보이는 바로 그때, 하나님은 가장 세게 그의 마음 문을 두드리고 계실지도 모른다. 하나님은 성령의 충동을 거스르며 발길질하는 것

이 매우 고생이라는 사실을 사울에게 상기시키셨다. 성령님이 빛나는 스데반의 얼굴과 용서의 기도에 대한 기억으로 사울의 양심을 마구 찌르던 바로 그 순간, 박해자 사울은 가장 격렬하게 그리스도께 대항하고 있었다(행 26:14).

✚ 우리를 낙심케 하는 징조와 적대적인 반항이 있더라도 하나님을 신뢰하라. 하나님은 아무도 멸망치 않고 다 회개하기에 이르기를 원하신다(벧후 3:9).

✚ 하나님은 다른 이들에게 기도를 부탁하도록 인도하실 때가 있다. 그러나 이 일은 하나님이 인도하신다는 확신과 함께 지혜롭고 신중하게 해야 한다. 우리는 누군가를 넘어뜨리기 위해서가 아니라 참 권능과 축복을 베풀기 위해 합심하여 기도해야 한다.

✚ 하나님은 기도 중에 그를 기억하고 있다는 사실을 그 사람에게 말하도록 인도하실 때가 있다. 그가 당장은 감사하는 태도를 보이지 않아도 언짢게 여기지 말라. 하나님이 우리가 참고 인내하며 끈질기게 기도하는 모습을 그의 뇌리에 떠오르게 하실 것이다. 우리가 개인적으로 만날 수 없는 사람을 위해 기도할 때 이것은 특히 강한 증거가 될 수 있다.

✚ 하나님이 마음에 특정한 기도 제목을 주셨다면, 빠른 응답을 기대해도 좋다. 한 사람을 위해 장시간 많이 기도하면, 끝내 그가 하나님 앞에 굴복할 때가 갑작스럽게 다가올 것이기 때문이다. 하나님은 헛된 기도를 하라고 우리를 부르신 것이 아니다. 그러므로 응답이 있을 때까지 기도하고 믿고 찬양하라.

한 사람을 위해 수년간 기도했는데도 영적으로 아무런 응답이 보이지 않을 때도 있다. 이런 경우 기도가 아무 효과가 없는 것은 아닌지 의심하기 쉽다. 그러나 낙심하지 말라. 하나님은 우리가 생각한 것보다 훨씬 크게 일을 성취시키시고 계신지도 모른다.

22장 합심기도

예수님은 그분의 이름으로 합심하여 기도하는 자들에게 특별한 축복을 약속하셨다(마 18:19-20). 서로 멀리 떨어져 있고 오직 편지와 전화로만 소통할 수 있다 해도 언제든 합심하여 기도할 수 있다. 물론 두세 사람이 함께 모여 기도한다면 더 깊이 기도할 수 있을 것이다. 자주 함께 모여 기도해 온 사람들은 관계가 밀접하지 않은 사람들보다 더 쉽게 합심하여 기도할 수 있다.

오하이오 주 리마에 있는 플라스틱 주식회사 회장 스탠리 탐 박사는 국제동양선교회 이사회의 부이사장이기도 한데, 23년간 라마의 또 다른 실업가인 아트와 기도 시간을 정해 놓고 함께 기도했다. 그들은 특정 기도 제목을 놓고 기도할 때 놀랍게 응답되는 것을 직접 목격했다.

합심기도의 축복

하나님의 임재를 더 깊이 느낄 수 있다. 하나님은 전능하시기 때문에 항상 우리와 함께하신다는 사실을 신학적으로는 알고 있다. 그리고 그리스도의 이름으로 함께 모일 때 그리스도께서 항상 함께하신다는 사실을 안다(마 18:20). 그러나 우리가 다른 사람과 합심하여 기도하면 자주 하나님의 임재를 깊이 느낄 수 있다. "우리가 무엇이든지 구하는 바를 들으시는 줄을 안즉 우리가 그에게 구한 그것을 얻은 줄을 또한 아느니라"(요일 5:15).

하나님의 뜻을 분명히 아는 데 도움이 된다. 하나님은 합심기도하는 그룹 가운데 한 사람에게 하나님의 뜻에 대한 내적 확신을 주시고, 그것을 그룹의 다른 구성원들에게 알리게 하실 때가 종종 있다. 여러 사람이 함께 모여 기도할 때 그중 누군가가 하나님의 뜻을 더 분명히 깨달을 수 있다는 뜻이다. 게다가 계속 합심기도를 하다 보면 성령님이 하나님의 목적과 소원에 대해 모든 사람에게 똑같은 확신을 주신다. 이런 공통의 확신은 하나님의 뜻이 무엇인지 분명히 깨닫는 데 큰 도움이 된다. 이런 확신은 혼자 기도할 때 얻을 수 있는 확신과는 비교도 안 될 만큼 큰 힘을 준다.

기도 그룹 구성원들이 서로에게 더 깊은 관심을 갖게 된다. 친밀하게 기도 교제를 하다 보면 서로 마음이 열리고 마음을 나누게 된다. 이렇게 되면 하나님이 한 사람의 마음의 열정을 통해 다른 이의 영적 갈망을 심화시키기도 하신다. 함께 기도하다 보면 말이나 눈물로 마음의 간절한 소원을 표현할 때가 있다. 하나님은 이를 이용하셔서 기도 그룹 전체를 축복하신다. 참된 마음의 굶주림은 하나님 앞에서 중보기도할 때 큰 능력을 발휘한다.

기도를 정결케 한다. 때로는 욕심이나 바람직하지 못한 동기로 기도할 수 있다. 그러나 여럿이 합심하여 기도하다 보면, 하나님이 모든 이의 동기를 인도하시고 정결케 하시며 깨끗하게 하신다.

하나님 앞에서 우리의 믿음과 확신을 더욱 굳게 한다. 하나님은 깊은 확신과 거룩한 담대함으로 기도하기를 원하신다. "그러므로 우리는 긍휼하심을 받고 때를 따라 돕는 은혜를 얻기 위하여 은혜의 보좌 앞에 담대히 나아갈 것이니라"(히 4:16). 한 사람이 거룩한 주관을 가지고 끈질기게 기도하면, 다른 사람들이 중보기도의 긴급성을 깨닫고 동참하게 된다. 하나님은 이런 거룩한 확신과 담대함을 높이 평가하신다(엡 3:12, 히 10:19).

지속적으로 기도할 수 있는 능력을 심어준다. 완전히 응답받기 전에 지속적으로 기도해야 할 상황에서는 합심기도가 필요하다. 예수님은 제자들이 지속적으로 기도하는 법을 배우길 원하셨다(눅 18:1). 여러 사람이 합심해서 기도하면 서로가 서로에게 격려가 되는 법이다.

관련된 모든 사람에게 영적인 축복을 가져온다. 중보기도를 하면서 느끼는 영적 연합은 기도에 참여한 이들이 서로 더 깊이 이해하고 교제할 수 있게 한다. 합심기도는 성령 안에서 연합을 더 돈독하게 한다(엡 4:3, 13). 그리스도의 제자들은 성령이 임하시기 전 오순절에 10일간 기도에만 전념했다. 제자들의 사소한 질투심과 이기적인 야망을 없애기 위해서는 이런 기다림이 필요했다! 기도를 많이 하는 데 가장 큰 방해물은 분쟁이다. 교회 부흥의 역사를 보면, 성령 안에서의 연합이 영적 각성과 부흥의 원인임을 알 수 있다.

합심기도하는 방법

다른 이들과 함께 합심기도를 시작하다 보면 처음부터 필요의 특정 측면에서 의견이 일치하기도 한다. 그러나 하나님의 얼굴을 구할 때는, 서로의 마음이 좀 더 완벽하게 조화를 이루어야 한다. 다음 단계를 따르다 보면 그럴 수 있을 것이다.

✚ 하나님이 기도하게 하셨다는 것에 한마음을 품으라.
✚ 공동관심사와 믿음 안에서 필요한 문제를 하나님께 간구하겠다는 자세를 유지하도록 의견을 하나로 모으라.
✚ 우리 기도의 궁극적인 동기는 하나님의 영광에 있다는 사실을 모든 구성원이 인정하도록 하라.
✚ 기도 그룹 구성원들이 서로 다른 표현으로 기도할지라도 "아멘"은 만장

일치로 할 수 있음에 모두 동의하도록 하라.
- 하나님이 필요를 채워주실 것이라는 일치된 믿음을 가지라.
- 하나님이 기도에 응답하시기 위해 성령을 통해 지금까지 역사해 오고 계시며, 지금도 역사하고 계시다는 사실을 모두 인정하도록 하라.
- 응답이 있을 때까지 기도하겠다는 데 의견이 하나 되게 하라.
- 하나님의 기도 응답을 방해하는 사탄에게 대항하겠다는 자세를 보이라.
- 우리가 사탄에게 대항하면 사탄이 도망갈 것이라는 사실을 믿고 믿음 위에 굳게 서라(약 4:7).
- 하나님이 인도하시는 대로 사탄을 결박하라(마 12:29, 18:18-20).
- 하나님이 우리 기도에 응답해 주신다면 모든 영광을 하나님께만 돌리겠다는 확실한 자세를 견지하라.

23장 기도에 힘을 더해 주는 찬양

계속 간청하는 것보다 하나님을 찬양하는 것이 더 중요할 때가 있다. 찬양은 우리가 전쟁에서 승리를 바라보게 한다. 그리스도는 이미 승리자이시고 승리자이신 그분이 우리 마음속에 계시므로, 우리 삶과 기도 속에서 승리를 소유할 수 있다. 보통 모든 기도는 찬양으로 시작되어야 한다(시 100:4). 성령님은 우리가 무거운 중보기도의 짐에서 벗어나 자주 승리의 찬송을 부르기를 원하신다. 중보기도의 짐을 지는 것도 성경적이지만 찬양하는 것은 더욱 성경적이다.

우리가 하나님께 충분한 찬양을 드리지 못하기 때문에 하나님의 응답이 때때로 지연된다는 사실을 깨달은 적이 있는가? 우리가 찬양하지 않기 때문에 어려움의 산들이 가끔 우리 앞을 가로막는다는 사실을 깨달은 적이 있는가? 믿음의 명령을 제외하고는 찬양이 어느 방법보다 빨리 사탄을 쫓아낼 수 있다는 사실을 알고 있는가? 믿음의 명령이 때로는 찬양과 연관 있다는 사실이나 계속 찬양의 제사를 드리면 우울증이 사라질 수 있다는 사실을 알고 있는가? 찬양은 암흑을 꿰뚫고, 견고한 장애물을 파괴하며, 지옥의 귀신들을 패주케 한다.

『사막의 강물』Streams in the Desert의 저자이자 남편과 함께 동양선교회를 시작한 레티 카우만 여사는 그리스도인들이 "기도가 상황을 변화시킨다"는 말을 되풀이하지만 때로는 찬양이 상황을 변화시킨다는 사실은 망각하고 있다고 지적했다. 오랫동안 반복해서 기도해 왔는데도 하나님의 응답이 없을 때, 중보기도를 그치고 찬양을 시작하면 속히 하나님이 응답하시는 경우가 있다. 카우만 여사는 하나님의 보좌에 이르기 위해서는 영혼의 두 날개, 즉 기도와 찬양의 날개가 필요하다고 강조했다. 성경은 기도보다 찬양을 더 많이 권면하는데도 왜 우리는 찬양보다 기도에 더 중점을 두는 것인가?

삶에 축복을 주고 기도에 효력을 더하는 찬양에는 세 단계가 있다. 첫째, 하나님이 이미 하신 일에 대한 찬양, 둘째, 하나님이 하시길 기대하는 일에 대한 찬양, 셋째, 하나님의 인격과 성품에 대한 찬양이다. 이러한 찬양은 예배로서 가치가 있을 뿐 아니라 강력한 영적 전쟁의 무기이기도 하다.

하나님은 찬양을 어떻게 사용하시는가

찬양은 우리 힘을 새롭게 한다. 하나님을 바라보고 그분 안에서 소망하는 것은 우리의 영과 몸을 새롭게 한다(사 40:29-31). 우리를 새롭게 하고 새로운 능력을 더하며 활기차게 하는 데 하나님을 찬양하는 것이 기도보다 효과적일 때가 많다.

그리스도인은 때때로 영적인 메마름을 느낀다. 특히 영적인 전투를 경험하고 난 후, 지적으로 감정적으로 탈진할 때가 많다. 따라서 우리는 거듭 성령으로 충만해져야 한다. 이때 찬양은 기분을 전환시켜주고 신앙과 기쁨의 샘을 열어준다. 찬양은 우리 속사람을 새롭게 하는 하나님의 한 방법이다(고후 4:16, 시 103:1-5). 진정으로 하나님을 찬양한다면, 그 찬양은 거룩하며 하나님을 기쁘시게 하고 강력한 힘을 발휘한다.

날마다 찬양하며 하나님과 동행하는 삶을 산다면 영적으로 더 강해질 수 있다. 하나님을 찬양하는 것을 삶의 일부로 삼는다면 우리는 육체적으로도 더 건강해질 수 있다. 하나님을 찬양하면 걱정은 달아나버린다. 찬양은 좌절과 긴장과 낙심을 물리친다. 어둠을 몰아내고 하나님의 빛이 비치게 한다. 찬양은 사탄의 의심과 비난, 초조함의 분위기를 새롭게 한다. 찬양은 우리에게 하늘의 피를 수혈해 준다.

심프슨은 찬양을 건강에 좋은 자극제이자 강장제라고 했다. 찬양은 우리의 삶과 가정, 교회의 분위기를 바꾸어준다. 한마디 찬양의 말이나 짧은 찬송이 가정의 경건 시간을 되살릴 수 있다. 우리가 찬양을 계획하고 끊임없이 실천한다면 날마다 영적인 능력 안에서 성장할 수 있을 것이다. 스펄전은 이렇게 말했다. "하나님의 자비로 인해 우리가 하나님을 찬양하면 그 자비를 연장하는 것이고, 불행으로 인해 하나님을 찬양하면 그 불행을 끝내는 것이다."

찬양은 시각을 명료하게 한다. 사탄은 우리가 눈치 채기 전에 우리 마음에 그의 관점을 주입시키려고 한다. 사탄은 사물을 검게 칠하기를 좋아한다. 작은 일을 크게 떠벌리길 좋아하고, 하늘을 회색빛으로 어둡게 하며, 난관을 불가능해 보이게 만든다. 사탄은 우리가 스스로 오판하기를 원한다. 사탄은 우리가 하나님께 중요하지 않은 존재라고 비난하며, 하나님이 사용하시기에는 몹시 미약한 존재요 실패자라고 비웃는다. 사탄은 악의 세력을 실제보다 훨씬 강하고 지혜로워 보이게 한다.

하나님을 찬양하기 시작하라. 그러면 사탄이 주는 생각들을 떨쳐버릴 수 있을 것이다. 하나님을 찬양하라. 성령님이 우리 시각을 명확하게 하실 것이다. 사탄의 관점은 늘 우리를 속인다. 사탄은 우리가 그의 일부분만 보기를 원한다. 여호와를 찬양하라. 성령님이 하늘의 관점을 주실 것이다. 찬양은 사탄을 축소시키고, 사탄이 고하는 것이 허구이며 공허하다는 것을 깨닫게 해준다.

찬양은 하나님이 지금까지 역사해 오신 것과 하나님의 응답이 가까웠다는 사실을 성령의 관점에서 볼 수 있게 해준다. 우리를 전쟁터의 먼지 속에서 끌어올려, 성부의 우편에 앉아 계신 성자의 관점에서 상황을 내려다볼 수 있게 해준다. 찬양은 사탄의 주장이 허위임을 밝혀내고 우리가 하나님의 천사들처럼 볼 수 있게 해준다.

찬양은 영혼을 깨끗하게 한다. 그리스도인들의 기도가 얼마나 많은 방해를 받는지 알면 아마 크게 놀랄 것이다. 세속적인 삶 때문에 수많은 기도가 지붕을 넘지 못하는 경우가 많다. "내가 나의 마음에 죄악을 품었더라면 주께서 듣지 아니하시리라"(시 66:18). 악한 생각, 세속적인 태도, 자기중심적인 자세 등이 기도의 능력을 파괴한다. 이런 것들은 하나님이 우리의 기도와 소원에 귀를 닫으시게 만든다.

성경에는 인간들이 기도하지만 하나님이 듣지 않으시는 모습이 종종 등장한다. 야고보는 우리와 하나님의 관계가 진실하고 그분 앞에서 우리의 동기가 순수해야 하나님이 기도를 들으신다고 말한다(약 4:3). 교만 때문에 기도가 상달되지 못한다는 것이다(4:6). 비판적인 태도, 남을 용서하지 않는 자세, 마음속에 품은 증오가 기도를 막는다. 기도가 응답받기를 원한다면 성령님이 우리를 정결케 하시도록 해야 한다(4:6-10).

우리는 찬양의 정신으로 순결을 유지할 수 있다. 사탄이 사악한 생각을 던지면 찬양으로 생각을 깨끗케 하라. 찬양은 우리 자신에게서 눈을 돌려 예수님을 바라보게 해준다. 부정적인 태도와 자기 연민, 자기중심성과 자기 숭배를 제거한다. 찬양은 은혜의 보좌 앞에 나아갈 때 하나님이 우리를 용납하실 수 있도록 우리를 아름답고 정결하게 해준다.

찬양은 기도에 힘을 더해 준다. 환난을 당할 때 감사의 제물을 드리는 것은 구원을 위한 기도의 합당한 전주곡이 된다(시 50:14-15). 다시 말해 찬양은 우리의 간구를 더욱 효과적이게 한다. 하나님은 우리를 위해 이미 큰일을 이루어놓으셨다. 그런데 우리는 합당한 감사를 드리지 않고 있다. 우리가 하나님께 사모의 찬양을 드리면, 하나님의 마음이 부드러워질 뿐 아니라 신속한 기도 응답을 받을 수 있다.

영적 전쟁의 전문가가 있다면, 바로 마르틴 루터일 것이다. 그는 자신에게 대항하는 귀신의 세력을 잘 알고 있었다. 루터는 "기도할 수 없을 때면 나는 늘 찬양한다"고 말했다. 찬양은 하나님의 능력이 우리 위에 임하게 한다. 하나님은 찬양을 통해 백성을 죄악의 습관에서 구원해내셨다. 하나님의 백성은 유혹이 다가올 때마다 그 유혹이 사라질 때까지 여호와를 찬양했다. 여호와를 찬양하다가 병이 나은 사람도 많다. 존 웨슬리도 이 비밀을 알고 있었다. "찬양은 더 큰 은혜로 나아가는 문을 열어준다."

찬양은 신앙을 배가시킨다. 여호와를 찬양하기 시작할 때 우리의 관심의 초점은 복잡한 문제를 떠나 하나님의 넘치는 능력으로 이동하고, 긴급한 필요에서 그 필요를 충족시켜주는 여호와의 능력으로 향한다. 하나님을 찬양할 때, 우리는 하나님이 다른 경우에 우리를 어떻게 도우셨는지 기억할 뿐 아니라 우리 신앙도 기대 가운데 성장하게 된다. 하나님을 찬양할 때, 우리는 하나님이 지금 우리를 도우실 능력이 있으실 뿐 아니라 기꺼이 우리를 도우시려 한다는 사실을 깨닫는다. 더 많이 찬양할수록 우리 앞에 놓인 어려움의 산이 하나님의 위대하심 앞에서 점점 작아 보일 것이다.

찬양은 우리 눈을 돌려 예수님을 바라보게 하며, 그 순간 우리는 거의 무의식적으로 짐을 주님께 맡겨버린다(시 55:12). 찬양으로 우리는 사탄과 귀신들이 매우 하잘것없는 존재라는 것을 깨닫고, 그들이 갈보리 십자가의 승리로 인해 얼마나 철저하게 패배했으며 얼마나 크게 두려워하고 있는지를 느낀다. 찬양은 예수님의 이름으로 서서 사탄을 꾸짖을 수 있는 용기를 준다. 찬양은 신앙을 증진시키는 수단일 뿐 아니라 신앙이 어느 정도인지 보여주는 증거이기도 하다.

찬양은 천사들과 영으로 하나가 되게 한다. 보이지 않는 세계에서 일어나는 영적 전쟁에서 승리하는 방법은 기도와 우리를 돕도록 임명받은 하나님의 천사들의 도움을 이용하는 것이다(히 1:14). 가브리엘은 미가엘과 함께 자신들을 대항해 오는 악한 영들을 패배시킨 후에야 다니엘에게 기도 응답을 전해 주러 올 수 있었다(단 10:12-13).

천사들의 큰 기쁨은 예수님을 찬양하고 경배하는 것이다. 우리가 하나님을 찬양하기 시작하면 천사들이 우리 주위에 몰려들어 우리의 찬양과 기쁨에 동참할지도 모른다. 우리가 보지는 못하지만 그들은 분명 그곳에 있다. 우리가 찬양할 때 하늘은 우리 가까이에 있다. 이에 하나님과 천사들이 즐거워하는 것이다.

찬양은 사탄을 도주하게 만든다. 사탄과 귀신들은 예수님의 임재와 권세를 두려워한다. 그들은 예수님이 그들의 최후 운명인 불못에 그들을 언제라도 추방하실 수 있음을 알고 있다. 그런 형벌에 대한 두려움과 거룩하신 임재가 그들을 괴롭히는 것이다(마 8:29).

예수님을 찬양하면 많은 귀신의 무리가 패주한다. 사탄이 우리에게서 도망칠 것을 기대하라(약 4:7). 루터는 언젠가 "우리 모두 찬송을 부르고 사탄에게 침을 뱉자"고 말한 적이 있다. 사탄과의 전쟁이 끝날 것 같지 않고 거의 절망적인 것처럼 보일 때 하나님을 찬양하라. 사탄의 졸개들이 도망칠 것이다.

우리는 하나님을 그리 많이 찬양하지 않는다. 그저 기도 가운데서 가끔씩 찬양할 뿐이다. 이제 하나님을 더욱 찬양하라. 지금까지는 하나님을 경배할 때 찬양을 사용해 왔으나, 앞으로 사탄을 쫓아낼 때에도 찬양을 사용하라. 여호와를 찬양할 때 나타나는 놀라운 결과는 한두 가지가 아니지만, 우리 마음이 축복을 느낀다는 사실만으로도 여호와를 찬양할 만한 가치가 있다. 무엇보다 찬양은 그리스도인들의 중화기(重火器)다. 기도는 원자 폭탄보다 효과적이며, 찬양은 승리에 이르는 전략이다.

어떻게 하나님을 찬양하는가

우리는 다른 사람이 눈치 채지 못하게 영혼으로 홀로 하나님을 찬양할 수 있다. 사무실에서 말 없는 찬양으로 하루를 시작하라. 심방할 때 마음속으로 예수님을 찬양하면서 집 안에 들어서라. 혹시 상담하는 자리에 가거든 조용히 예수님의 이름을 반복해 부르면서 찬양을 드릴 수도 있다. 병문안을 갔을 때에도 환자가 하나님의 임재를 느낄 수 있을 때까지 소리 내지 않고 여호와를 찬양할 수 있다. 여호와를 찬양해야 할 때가 얼마나 많은가!

우리 마음 깊은 곳에서 찬양이 흘러넘칠 수도 있고(시 103:1), 마음속으로 찬양할 수도 있으며(30:12), 많은 사람 앞에서 찬양할 수도 있고(35:18), 다른 사람 앞에서 찬양할 수도 있다(34:3). 우리는 찬송을 전할 수 있고(9:14), 노래할 수도 있으며(33:1), 기뻐 외칠 수도 있다(33:3, 71:23). 악기로 찬송할 수 있고(92:1), 입과 입술로 찬송할 수도 있다. "내가 여호와를 항상 송축함이여 내 입술로 항상 주를 찬양하리이다"(34:1). "그러므로 우리는 예수로 말미암아 항상 찬송의 제사를 하나님께 드리자 이는 그 이름을 증언하는 입술의 열매니라"(히 13:15).

찬양은 매일의 삶을 변화시킬 수 있다. 기도 생활을 변화시킬 수 있고, 기도 전쟁에서 승리를 앞당길 수 있다. 어느 것도 찬양을 대신할 수 없다. 찬양은 하나님을 영화롭게 하고 천사들에게 기쁨을 가져다주며 악한 영들에게 공포를 심어준다. 분위기를 쇄신하고 우리 영을 맑게 하며 신앙을 돈독하게 하고 우리로 하나님의 임재와 능력으로 덧입게 한다. "내 영혼아 여호와를 송축하라 내 속에 있는 것들아 다 그의 거룩한 이름을 송축하라"(시 103:1).

24장 말씀과 함께 하는 기도

성경은 하나님이 우리에게 주신 사랑의 선물이다. 성경은 세계 최대의 문헌적 보고이며, 교회의 기초이자 우리 신앙의 근거다. 그러나 우리는 하나님이 친히, 또한 특별히 우리에게 성경을 주길 원하신다는 사실을 곧잘 잊어버린다. 하나님은 우리가 영의 양식으로, 개인적인 기도 자료로, 영적인 전쟁의 무기로 날마다 성경을 사용하길 원하신다.

사도 요한은 우리로 믿게 하려고 복음서를 기록했다고 분명하게 밝히고 있다(요 20:31). 성경은 일반 사람들이 아닌 바로 우리를 위한 것이다.

성경의 교훈은 우리를 위한 것이다. 사도 바울은 구약을 언급하면서 "무엇이든지 전에 기록된 바는 우리의 교훈을 위하여 기록된 것이니 우리로 하여금 인내로 또는 성경의 위로로 소망을 가지게 함이니라"(롬 15:4)고 기록했다. 하나님의 말씀 가운데서 살아갈수록 우리의 영적인 삶은 더욱 강건해질 것이다.

성경의 본보기는 우리를 위한 것이다. 바울은 출애굽 때 하나님이 모세를 어떻게 사용하셨는지 언급하고는 "그들에게 일어난 이런 일은 본보기가 되고 또한 말세를 만난 우리를 깨우치기 위하여 기록되었느니라"(고전 10:11)고 말했다. 하나님은 우리가 성경 곳곳에서 발견되는 본보기를 배우고 개인적으로 적용하기를 원하신다.

예를 들어 예수님의 동생 야고보는 엘리야를 예로 들어 우리에게 기도하라고 권면한다. "엘리야는 우리와 성정이 같은 사람이로되 그가 비가 오지 않기를 간절히 기도한즉 삼 년 육 개월 동안 땅에 비가 오지 아니하고 다시 기도하니 하늘이 비를 주고 땅이 열매를 맺었느니라"(약 5:17-18). 하나님 말씀의 모든 본보기는 우리를 위한 것이다.

말씀의 양식은 우리를 위한 것이다. 예레미야는 "내가 주의 말씀을 얻어먹었사오니 주의 말씀은 내게 기쁨과 내 마음의 즐거움"(렘 15:16)이라고 증거했다. 시편 기자는 "주의 말씀의 맛이 내게 어찌 그리 단지요 내 입에 꿀보다 더 다니이다"(119:103)라고 노래했다. 기도를 시작할 때, 특히 한 시간 이상 하나님과 교제할 때, 말씀의 양식은 항상 놀라운 축복의 원천이 된다.

"내 살은 참된 양식이요 내 피는 참된 음료로다 …… 나를 먹는 그 사람도 나로 말미암아 살리라"(요 6:55-57).

예수님은 이 말씀의 의미를 더 분명히 밝히시면서 "살리는 것은 영이니 육은 무익하니라 내가 너희에게 이른 말이 영이요 생명이라"(63절)고 덧붙이셨다. 예수님의 말씀을 먹지 않고는 영적인 건강과 생명을 유지할 수 없다.

"먹는 것"에는 읽는 것과 이해하는 것, 복종하는 것이 모두 포함된다. 성경은 우리에게 "먹으라고" 주어진 것이다. 마음이나 영혼에 양식으로서는 전혀 가치가 없는 글들도 있다. 그저 맛을 보는 것으로 그치는 글들도 있다. 그러나 성경은 그리스도인의 주식이다. 그리스도인에게 성경을 대신할 만한 것은 아무것도 없다. 날마다 말씀을 읽지 않는 그리스도인은 얼마나 오랫동안 그리스도를 믿었든, 교회에서 어떤 직책을 맡고 있든 간에 강한 그리스도인이 될 수 없다. 경건 서적이 유익할지 모르나 하나님 말씀을 대체할 수는 없다. 하나님 말씀을 무시하고 기도 용사가 된 사람은 없다. 허약한 기도와 빈약한 영혼의 원인은 하나님의 말씀을 무시한 데서 찾아볼 수 있다.

성경의 약속은 우리를 위한 것이다. 가끔 아이들이 이런 찬송을 부르는 소리를 들을 수 있다. "성경 안의 모든 약속을 제게 주셨어요. 성경의 모든 장, 모든 구절, 모든 행을 다 제게 주셨죠." 하나님의 말씀은 사용하라고 주어진 것이다. 수십 세기 전 처음에는 성경이 특정한 상황에서 개인들에게 말씀되거나 주어졌지만, 그 기본 진리는 그때나 지금이나 진실하며, 그 당시 사람들이나 지금 우리에게나 같다. 오순절에 베드로는 설교에 귀를 기울인 자들에게 이렇게 말했다. "이 약속은 너희와 너희 자녀와 모든 먼 데 사람 곧 주 우리 하나님이 얼마든지 부르시는 자들에게 하신 것이라 하고"(행 2:39).

베드로가 언급하는 약속을 알기 위해 이사야 44장 3절을 살펴보자. "나는 목마른 자에게 물을 주며 마른 땅에 시내가 흐르게 하며 나의 영을 네 자손에게, 나의 복을 네 후손에게 부어주리니."

이사야 44장은 누구에게 말하고 있는가? 그것은 원래 그리스도가 탄생하기 700여 년 전에 이스라엘에게 주어진 말씀이다. 그 메시지는 진정 그들을 위한 것인가? 그렇다. 그들을 위한 것이었고, 오순절에 베드로의 설교를 들은 자들을 위한 것이며, 우리를 위한 것이다.

하나님은 우리를 축복하시려고 성경 말씀에 영감을 넣으셨다. 베드로가 언급한 약속은 예수님이 "내 아버지께서 약속하신 것"(눅 24:49)이라고 말씀하신 그것이다. 이 약속의 성취로 성령님은 오순절에 깨끗하게 하시고(행 15:9) 권능을 부여하시며(행 1:8) 성령으로 충만케 하셨다(행 2:4, 4:31). 이스라엘에게 하신 구약의 약속은 오순절에 이스라엘의 영적 후계자인 교회를 위해 성취되었다. 우리는 그리스도의 교회의 일원이다. 따라서 베드로는 "이 약속은 너희를 위한 것이다"라고 말하는 것이다.

하나님이 하신 약속은 우선 그 사람에게 그 무엇보다 의미가 크지만, 하나님이 성경의 한 인물에게 행하신 것은 필요하다면 우리에게도 행하실 수 있다. 모세와 제자들에게 하신 약속은 일반적으로 우리에게 하신 약속이나 다

름없다. 바울이 교회들에 한 약속도 우리를 위한 것이라고 볼 수 있다. 바울이 교회들에 보낸 서신 가운데 한 기도가 오늘도 계속 응답되고 있는 것이다.

전심으로 십일조와 헌물을 바칠 때 하나님이 복을 베푸실 것이라고 말라기 선지자가 이스라엘에게 한 약속은 그 당시 사람이나 오늘날 우리에게나 동일하게 유효하다.

"내가 너희를 위하여 메뚜기를 금하여 너희 토지 소산을 먹어 없애지 못하게 하며"(말 3:11).

하루는 아버지께서 정원을 손질하다가 토마토 벌레 때문에 이웃 정원이 다 망가진 것을 발견하셨다. 이제 우리 정원 차례였다. 그러나 신실하게 십일조를 드리고 있던 아버지는 토마토 밭 한가운데로 들어가서 하나님의 약속을 붙잡고 기도하셨다. 그랬더니 토마토 벌레들이 우리 집 벽에서 멈추었다! 우리 집에는 토마토 벌레가 단 한 마리도 없었다. 그러나 이웃들은 토마토를 수확할 수 없었다. 아버지가 이런 약속을 주장하는 것이 합당한 일인가? 그렇다. 그 약속은 아버지를 위한 것이었고, 바로 우리를 위한 것이다.

출애굽할 때 모세를 돕겠다고 하신 하나님의 약속은 그 당시를 위한 것이었다. 그러나 영적으로 적용하면, 그것은 오늘날 하나님이 어떤 기도에 응답하시는지를 보여준다.

우리가 인도로 항해하기 전날 밤, 레티 카우만 여사는 동양선교회가 인도에서 사역할 수 있도록 길을 열어주시면서 하나님이 주신 약속을 우리에게 상기시켜주었다. "내가 …… 너희를 처음보다 낫게 대우하리니"(겔 36:11).

수년 동안 나는 그 약속이 어떻게 성취될지 궁금했다. 그러나 이제는 하나님이 그 약속을 성취시키셨다고 확신한다. 인도 선교 초기에는 금식과 기도를 많이 하고 열심히 애썼으나 그만 한 열매를 맺지 못했다. 그러나 이제 하나님은 인도에서 그 일을 급속도로 성장시키고 계신다.

카우만 여사가 성경을 잘못 사용한 것인가? 수십 세기 전에 다른 이들에게 주신 약속을 우리를 위한 것이라고 주장할 수 있는가? 그렇다. 다음과 같은 조건에서라면 얼마든지 그럴 수 있다.

+ 성경이 주어진 원래 대상들에게 그 약속이 무슨 의미였는지 세심하게 연구하라. 하나님의 약속을 영적으로 우리 것으로 적용하기 위해서는 문자적인 의미의 빛 아래서 해야만 한다.
+ 그것이 우리를 위한 하나님의 약속이라면, 하나님은 그것이 우리에게 더욱 인상 깊게 만드실 뿐 아니라, 다른 그리스도인들의 의견이나 깊은 마음의 평안, 섭리 등 2차적인 지지 증거를 주실 것이다.
+ 그 약속의 실현이 우리에게 이익이 된다 해도 사적인 이익이 마음의 동기가 되지 않고, 오직 하나님의 영광을 위해서라는 순수한 동기를 끝까지 유지하라.

기도할 때 성경을 사용하는 방법

성경과 기도는 서로 관련되어 있을 뿐 아니라 필수 불가결한 관계다. 모든 기도는 성경에 계시된 하나님에 관한 지식에 근거한다. 우리는 성경에서 기도의 표본들과 기도 응답을 보며 더욱 기도에 힘을 얻는다. 이제 더욱 효과적으로 기도하기 위해 성경을 사용하는 방법을 살펴보자.

날마다 하나님의 말씀으로 기도 시간을 시작하라. 기도하기 전에 성경을 통해 하나님 말씀에 귀를 기울인다면 기도 시간이 더 효과적일 것이다. 이것이 "믿음의 사도"인 조지 뮬러에게 하나님이 가르쳐주신 비밀이다. 성경을 먼저 읽으면 하나님의 직접적인 임재를 느끼고, 생각을 집중하기가 쉬우며, 기도에 포함해야 할 것들을 깨달을 수 있다. 말씀을 읽고 하나님 음성에 귀를 기울이는 시간을 기도만큼 많이 할애하라. 기도 시간을 한 시간으로 정해 놓았다면 30분 동안은 성경을 읽으라. 물론 특별한 기도 부담을 느낄 때는 예외다.

읽은 성경 말씀을 삶에 적용하라. 개인적으로 격려하시는 말씀을 발견했는가? 그 말씀이 어떻게 도울 수 있을 것 같은가? 새로운 영적 교훈의 내용은 없는가? 말씀에 비추어볼 때 고쳐야 할 점이나 따라야 할 점은 무엇인가? 그 말씀이 오늘 어떤 축복을 가져다주는가? 하나님의 말씀에서 발견한 것을 항상 삶에 적용하도록 힘쓰라.

기도 전에 읽은 말씀을 우리 것으로 소화하여 하나님께 기도드리라. 찬양이나 기도의 내용을 내 것으로 소화하여 기도의 일부분으로 만들라. 우리는 하나님이 성경을 통해 우리에게 말씀하신 것을 위해 기도할 수 있다.

예를 들어 기도 전에 "감사함으로 그의 문에 들어가며 찬송함으로 그의 궁정에 들어가서 그에게 감사하며 그의 이름을 송축할지어다 여호와는 선하시니 그의 인자하심이 영원하고 그의 성실하심이 대대에 이르리로다"(시 100:4-5)라는 구절을 읽었다면, 다음과 같이 기도할 수 있다.

"주여, 제가 감사함으로 주님의 문에 들어갑니다. 오늘 아침 제 마음은 감사로 가득 차 있습니다. 이제 주님께 감사하며 주님의 이름을 찬양합니다. 주님은 지금까지 제게 항상 선하셨으며, 언제나 저를 사랑해 주셨습니다. 주님은 제게 정말 신실하셨습니다!"

이렇게 하나님의 말씀을 쉽게 풀어서 기도하면 우리 마음이 하나님께 대한 경배와 찬양을 드릴 준비를 갖출 수 있다.

"예수를 너희가 보지 못하였으나 사랑하는도다 이제도 보지 못하나 믿고 말할 수 없는 영광스러운 즐거움으로 기뻐하니"(벧전 1:8). 이 구절을 읽을 때 우리는 잠시 멈춰 서서 우리 마음을 하나님께 올려 드릴 수 있다.

"주여, 저는 눈으로 주님을 볼 수 없습니다. 그러나 마음으로 주님을 봅니다. 주님, 언젠가는 주님을 얼굴과 얼굴로 뵙게 될 날이 올 것이라고 굳게 믿습니다. 주님은 제가 주님을 사랑한다는 사실을 아십니다. 주님은 제게 정말

소중한 분입니다. 주님을 사랑할수록 저는 마음에 더 큰 기쁨을 느낍니다. 주님을 믿습니다. 주님의 약속을 신뢰합니다. 주님의 말씀을 사랑합니다. 주님의 이름을 찬양합니다!"

예를 하나 더 들어보자. "항상 우리를 그리스도 안에서 이기게 하시고 우리로 말미암아 각처에서 그리스도를 아는 냄새를 나타내시는 하나님께 감사하노라 우리는 구원받는 자들에게나 망하는 자들에게나 하나님 앞에서 그리스도의 향기니"(고후 2:14-15). 이 구절을 자기 것으로 소화하여 하나님께 이렇게 기도할 수 있다.

"주님, 저는 주님이 갈보리에서 사탄을 이기신 것이 무척 기쁩니다. 흑암의 세력을 이기고 승리자가 되신 주님이 저를 한 발자국씩 인도하신다는 사실에 기쁨을 금할 수 없습니다. 주여, 저는 주님을 좇기를 즐거워합니다. 저를 주님의 승리의 행렬 가운데 끼워주신 것에 감사드립니다. 저는 세상이 저를 바라보고 있다는 사실을 압니다. 주여, 제 얼굴에 주님의 기쁨과 승리를 나타내도록 도와주소서. 제 얼굴과 삶에 주님의 아름다움을 나타내고 어떤 환경에서든 그리스도의 정신을 드러낼 때, 이것이 성부께 주를 기억나게 하는 향기가 되게 하신 것에 감사드립니다.

주여, 저는 이런 특권을 누릴 자격이 없습니다. 제가 그리스도의 향기를 더 드러낼 수 있도록 도와주소서. 제가 세상 앞에 향기가 되게 하시고, 제 모든 언행과 심사가 사람들에게 주님을 기억나게 하는 향기가 되게 하소서. 또한 구원받지 못한 자들에게 축복의 향기가 되게 하소서. 오, 주여 저는 이 일을 감당하기에는 몹시 미약합니다. 주님만 의지합니다. 저를 축복하소서. 제가 오늘 주님을 위한 향기가 될 수 있도록 도우시고 그렇게 인도하소서."

신앙 성장을 위해 영혼이 성경에 흠뻑 젖도록 하라. "그러므로 믿음은 들음에서 나며 들음은 그리스도의 말씀으로 말미암았느니라"(롬 10:17). 이 구절은 믿지 않는 자들뿐 아니라 우리의 신앙 성장과 양분을 위한 말씀이기도 하다. 우리 자신이 하나님 말씀에 푹 젖어들지 않고는 신앙이 성장할 수 없다. 우리 영혼을 하나님 말씀에 푹 적실수록 믿음이 더 굳건해진다.

기도 가운데 유용하게 사용할 수 있는 성경 구절들을 암기하라. 복음을 전할 때나 기도할 때 사용할 수 있는 성경 구절들을 암기하는 것은 매우 중요하다. 주기도문은 반드시 암기하라. 그러면 개인 경건 시간에 주기도문을 반복해서 사용하고 싶은 마음이 들 것이다. 그 다음 단계로 성경 구절을 암기하라. 성령님이 그 구절들을 기억나게 하실 때, 그 구절들을 통해 우리는 축복받을 것이다.

하나님을 찬양하고 경배할 때 성경을 사용하라. 찬양의 역할은 23장에서 다루었다. 우리가 기도할 때 사용할 수 있는 좋은 성경 구절들은 다음과 같다.

역대상 29장 10-13절, 느헤미야 9장 5-6절, 시편 8편, 27편 4절, 36편 5-9절, 40편 5절, 71편 14-19절, 73편 23-25절, 103편 1-5절, 20-22절, 108편 1-5절, 115편 1절, 118편 28-29절, 139편 17-18절, 145편 1-21절, 이사야 25장 1절, 예레미야 32장 17-21절, 로마서 11장 34-36절, 요한계시록 1장 5-6절, 4장 8절, 11절, 5장 12-13절, 7장 12절, 15장 3-4절.

우리의 무가치함을 고백할 때 성경을 사용하라. 기도 응답을 받기에는 우리가 무가치하다고 여호와께 고백하는 것은 큰 축복이다. 기도할 때 사용할 수 있는 귀한 성경 구절들, 특히 각자 상황에 맞게 적용할 수 있는 성경 구절들은 다음과 같다.

창세기 32장 10절, 사무엘하 7장 18절, 열왕기상 3장 7절, 역대상 29장 14-16절, 예레미야 1장 6절, 누가복음 7장 6-7절, 사도행전 20장 19절, 에베소서 3장 8절.

성경에 나오는 기도와 기도 표현들을 사용하라. 기도할 때 성경 구절들을 사용하고 싶을 때가 있다. 성경 구절은 가끔 우리가 말하고 싶은 바로 그것을 말해 줄 때가 있다. 문제는 기도할 때마다 성경 구절을 찾아볼 시간이 없다는 것이다. 따라서 성경 구절을 외워두면 하나님이 그 말씀들을 우리에게 큰 축복이 되게 하실 것이다. 개인기도할 때 아래 대표적인 성경 구절들을 사용하라.

✚ 죄 용서를 비는 기도_ 시편 19편 12-13절, 51편 1-10절.

✚ 성경을 읽을 때 축복을 간구하는 기도_ 시편 119편 15-16절, 18절, 97절, 103-105절.

✚ 하는 일에 축복을 베풀어주시길 비는 기도_ 시편 90편 16-17절.

✚ 하나님의 약속이 성취되길 간구하는 기도_ 사무엘하 7장 25-26절, 28절, 시편 119편 81-82절, 162절.

✚ 인도하심을 간구하는 기도_ 시편 5편 8절, 25편 4-5절, 31편 3절, 43편 3절, 86편 11절.

✚ 마음을 살펴주시기를 비는 기도_ 시편 26편 2-3절, 139편 1-10절, 23-24절.

✚ 하나님을 갈급해하는 기도_ 시편 42편 1-2절, 61편 1-5절, 63편 1-8절, 84편 1-2절, 123편 1-2절, 130편 5-6절, 143편 5-8절.

✚ 하나님께 기도를 들으시고 도와달라고 간구하는 기도_ 느헤미야 1장 5-6절, 시편 5편 1-2절, 17편 1절, 19편 14절, 27편 8-9절, 69편 16-17절, 70편 1절, 5절, 121편 1-2절, 130편 1-2절, 142편 5-6절.

✚ 하나님을 향한 사랑의 기도_ 시편 18편 1절, 139편 17-18절.

✚ 개인의 성장을 위한 기도_ 로마서 12장 1-2절, 에베소서 3장 16-21절,

4장 12-16절, 빌립보서 1장 10-11절, 3장 12-15절, 4장 4-8절, 골로새서 1장 9-12절, 3장 12-17절, 데살로니가전서 5장 16-24절, 베드로후서 1장 5-8절.

✚ 영적 부흥을 위한 기도_ 시편 85편 6-7절, 이사야 43장 18-19절, 44장 2-3절, 51장 9절, 54장 2-4절, 55장 6-13절, 57장 14-15절, 59장 12-13절, 62장 1절, 10절, 64장 1-5절.

✚ 기도 전쟁에서 도움을 구하는 기도_ 에베소서 6장 10-18절.

성경의 약속들을 성취시켜달라고 간구하라. 하나님 말씀에 풍성한 약속이 얼마나 많은가! 그 약속들을 어떻게 우리 것으로 만들 수 있는지는 이미 논의했다.

사탄을 꾸짖을 때 성경을 사용하라. 하나님의 말씀은 성령의 검이다(엡 6:17). 예수님은 사탄을 패배시키고 쫓아낼 때 성경을 인용하셨다(마 4:1-11). 우리는 예수님과 똑같이 행할 수 있는 모든 권세를 소유하고 있다. 사탄을 가볍게 생각하지 말라. 그렇다고 두려워하지는 말라. 사탄을 대적할 때 성경의 사실과 약속을 사용하라. 하나님의 천사들이 우리가 사용한 성경 말씀을 실행에 옮기고 사탄을 도망가게 할 것이다(약 4:7).

기도의 가능성

4부

25장 하나님의 길을 예비하다

세계는 거대한 영적 각성이 필요하다. 많은 사람이 하나님을 잊고 있다. 죄와 폭력과 범죄가 문명의 가능성을 파괴하고 있다. 책과 언어, 대중 매체가 오염되고 있다. 젊은이들은 하나님을 거의 인식하지 못하거나 잘 알지 못한 채 성장하고 있다. 겨우 한두 세대 만에 수많은 가정이 하나님 없는 불경건한 가정이 되어버렸다.

"중생한 복음주의자"라고 자처하는 사람들이 많이 있지만 교육 제도나 정부, 사회에 별로 영향을 끼치지 못하고 있다. 우리는 하나님께 돌아가야 한다. 하나님은 그분께 돌아가는 새로운 개혁과 영적 각성, 하나님의 영의 운동을 언제 허락하실 것인가? 그때는 언제인가? 바로 우리가 여호와의 길을 예비할 때다.

이 세대를 하나님께 돌아오게 하고 교회가 전 세계를 향해 나아갈 수 있는 방법은 무엇인가? 기독교 사역자와 선교사들이 비자를 받기가 점점 어려워지고 있는데, 어떻게 해야 복음을 듣지 못한 사람들에게 복음을 전할 수 있는가? 적대적인 환경에 있는 소수의 신자들이 어떻게 교회를 설립할 수 있는가? 이 모든 질문에 대한 대답은 한 가지뿐이다. 복음 사역자와 신자들, 그리고 그들의 사역을 위해 중보기도하면서 길을 예비하는 기도 용사가 충분해야 한다.

닫힌 지역이 열리는 것을 보고 싶다면 반드시 집중적이고 전투적인 기도를 준비해야 한다. 영적 각성과 큰 수확을 보고 싶다면 많이 기도하는 것이 가장 중요하다. 이것이 이사야가 오늘을 향해 주는 메시지다. "주의 길을 예비하라!"

가장 큰 소망

하나님은 충분히 준비하신 후에 비로소 큰 역사를 행하신다. 그분은 이스라엘 자손을 출애굽시켜 새로운 고향인 가나안으로 인도하시고, 그들을 우상 숭배에서 구원해내기로 계획하셨다. 그리고 그들을 구약의 하나님께 계시를 받은 메시아의 백성이 될 민족으로 삼기로 계획하셨다. 그러나 그러기 위해서 하나님은 많은 것을 준비시키셔야 했다.

하나님은 모세가 이스라엘을 이끌어내도록 하시기 전에 그를 광야에서 40년간 준비시키셨다. 애굽에서 열 가지 재앙으로 이적과 심판을 행하셔서 이스라엘을 종의 신분에서 해방될 준비를 갖추게 하셨다. 이 사건으로 이스라엘은 여호와 한 분만 참 하나님이라는 사실을 받아들일 준비를 갖춘 것이다. 십계명과 구약 율법을 받기 위해서도 준비가 필요했다. 그래서 하나님은 광야에서 그들을 준비시키시고 시내산에서 모세에게 자신을 계시하셨다.

바벨론 유수는 마침내 유대인들의 고질적인 우상 숭배의 죄악을 뿌리째 뽑아버렸다. 그 후 지금까지 유대인들은 우상 숭배를 증오한다. 우상 숭배가 철저히 뿌리 뽑히기 전까지는 그리스도께서 오실 수 없었다.

예수님의 오심도 세심하게 계획되고 준비되었다. 말라기 이후 400년 동안 하나님은 어떤 선지자도 세우지 않으셨다. 하늘은 침묵한 것 같았다. 로마 제국의 잔인한 통치 아래 유대인들은 메시아를 대망했다. 마침내 모든 것이 준비되었고 "때가 차매" 하나님이 예수님을 이 땅에 보내셨다. 주의 길을 예비하는 공적인 최후 준비는 세례 요한이 맡았다. 세례 요한은 자신을 가리켜 주의 길을 곧게 하라고 보내심 받은, 광야에서 외치는 자의 소리라고 했다. 이것은 이사야 40장 3-5절의 예언을 언급한 것이다.

외치는 자의 소리여 이르되 너희는 광야에서 여호와의 길을 예비하라 사막에서 우리 하나님의 대로를 평탄하게 하라 골짜기마다 돋우어지며 산마다, 언덕마다 낮아지며 고르지 아니한 곳이 평탄하게 되며 험한 곳이 평지가 될 것이요 여호와의 영광이 나타나고 모든 육체가 그것을 함께 보리라 이는 여호와의 입이 말씀하셨느니라.

이사야의 예언은 고대의 왕들이 자기와 경호원들이 여행할 곳에 미리 사신을 파견하던 역사적 사실을 말하고 있다. 사신들이 왕의 길을 준비하라고 선포하면 왕의 군대의 도움으로 지역 주민들이 "왕의 대로"를 준비하도록 동원되었다. 그 당시의 대로는 대부분 주변 지역보다 높이 건설되었다. 따라서 산악 지역에 길을 뚫고, 울퉁불퉁한 곳은 평평하게 하고, 굽은 곳은 곧게 하고, 모든 장애물을 제거했다. 수많은 백성에게 이 일은 엄청난 수고가 따르는 고된 작업이었다. 그러나 왕에게 걸맞은 도로를 건설하려면 반드시 해야 할 준비였다.

그리스도의 초림의 길을 얼마나 많은 숨은 중보기도자가 준비했는지는 오직 하나님만 아신다. 에스라와 느헤미야의 중보기도로 유대인들이 본국에 돌아갈 수 있던 것처럼, 하나님의 수상자 명단에는 수세기 동안 그리스도의 성육신의 길을 예비한 중보기도자들의 이름이 기록되어 있을 것이다(출 32:32, 시 56:8, 87:6, 말 3:16). 그들의 역할은 그리스도의 심판대 앞에서 인정받을 것이다(고후 5:10). 그때 그들은 자신의 이야기를 간증할 것이며 영원의 역사가들이 그들의 증언을 연구할 것이다.

그리스도 당시, 이런 신실한 중보기도자로 의인인 시므온(눅 2:25-35)과 금식과 기도로 주를 섬긴 여선지자 안나(눅 2:36-38)가 있다. 그들은 메시아의 오심을 기대하고 끊임없이 그것을 간청한 많은 사람(눅 2:38) 가운데 두 사람일 뿐이다. 메시아의 도래를 갈망하던 자들 가운데 또 한 사람은 아리마대 요셉

(눅 23:51)이었다. 그리스도의 오심을 준비하는 역할을 담당한 자들이 영원한 세계에서는 얼마나 큰 상급을 받겠는가! 우리에게도 중보기도로 그리스도의 재림을 준비하는 데 일조할 수 있는 특권이 부여되어 있다.

하나님은 유대인들이 문명 세계 곳곳에 흩어져 주요 중심지마다 회당을 건설하게 하셨고, 그렇게 해서 오순절 이후 수십 년간 십자가를 전한 첫 사신들이 회당을 유용하게 이용할 수 있게 하셨다. 하나님은 헬라어를 팔레스타인과 로마를 포함한 지중해 세계의 상업 또는 교역 용어가 되게 하셔서 헬라어로 쓰인 신약성경이 초대 교회 여명기에 지중해 전 지역에서 즉시 사용될 수 있게 준비하셨다. 복음이 더 빨리 확산되도록 로마의 도로와 로마의 지배, 로마의 평화를 준비하시고 또 사용하셨다.

교회 역사상 위대한 영적 각성이나 큰 영적 수확이 있을 때마다 하나님 백성의 준비가 있었다. 하나님은 보통 선지자적 메시지를 가진 복음 전도자를 사용하신다. 특별히 큰일을 행하시기 전에는 더욱 그렇다. 그러나 하나님이 이런 일을 행하실 때 실제로 더 큰 준비를 하는 자들은 종종 남모르는 곳에서 기도하는 무명의 기도 용사들이다. 기도로 얼마만큼 준비했는지는 종종 하나님의 능력이 역사한 후에야 비로소 알려진다.

1800년대 중반에 미국 전역을 풍미했고 거의 100만 명을 그리스도께로 돌아오게 한 연합 기도 모임 the United Prayer Meetings의 부흥에서도 마찬가지였다. 또한 100만 명 넘게 그리스도의 나라에 들어온 1904-1906년의 웨일즈 부흥 운동에서도 그러했다. 이것은 오늘날에도 세계 곳곳에서 계속되고 있다. 선교 역사를 보면, 기도 준비 없이는 하나님의 강한 능력이 역사하지 않음을 알 수 있다.

왜 준비가 필요한가

구원과 영적 수확, 영적 부흥은 성령님의 초자연적인 사역이다. 아무리 경건한 신자도 그들의 힘만으로는 영적인 결과를 만들어낼 수 없다. 물론 하나님은 늘 인간을 사용하신다. 이것이 하나님이 택하신 방식이다. 그럼에도 영적인 사역은 하나님의 사역이다. 우리의 노력으로 하나님의 축복을 얻어낼 수는 없다. 영적인 공로를 아무리 많이 쌓았다 해도 하나님이 기도에 응답해야 할 책임이 있는 것은 아니다.

우리는 조직의 체제와 능률을 극대화시킬 수 있다. 복음 사역과 관련된 사람의 수를 증가시킬 수도 있다. 문서와 라디오, 기타 대중 매체를 더 많이 이용할 수도 있고, 더 많이 광고할 수도 있다. 그런데도 영적인 열매를 전혀 맺지 못할 때가 있다. 올바르게 말하고 성경을 올바로 인용하며 올바른 방법과 적절한 인물을 사용해도, 하나님이 인정하시고 능력을 주시며 도와주시지 않는다면 우리의 열매는 단지 인간적인 열매일 뿐이다. 결국 영적으로 우리는 불모가 되는 것이다.

구원과 영적인 결실의 크신 능력을 행사하길 원하실 때 하나님은 그 백성을 불러 무릎 꿇게 하신다. 또한 성령님은 그분의 음성을 들을 수 있을 만큼 친밀한 하나님의 자녀들에게 마음 깊이 영적 갈망을 느끼게 하신다. 그렇게 해서 그들이 진정으로 하나님께 부르짖으면 성령님은 그들을 더욱 오래 기도하도록 인도하신다. 더욱이 성령님은 같은 기도의 부담을 지닌 자들과 연합하도록 인도하신다. 때로 그들의 마음의 열망이 몹시 강렬해서 하나님의 초자연적인 간섭을 찾기 위해 특별한 조치를 원할 때에는 하나님이 그 기도 위에 금식을 더하게 하신다.

하나님은 특별한 기도 요청을 선언하실 때나 기도일과 금식일을 따로 정하기 원하실 때, 목사나 그 밖의 기독교 지도자들을 사용하시는 경우가 많다. 그러나 하나님은 그들 각자가 더욱 깊은 기도 생활로 들어가도록 개별적으로 인도하시는 경우가 더 많다. 특정 지역에서 일어난 수많은 영적 각성 운동은 두세 사람이 이곳저곳에서 몇 달 또는 수년간 혼자나 함께 모여 기도로 준비한 결과인 경우가 허다하다. 그들이 하나님 앞에 겸손히 무릎 꿇고 그분의 약속과 긍휼을 간구할 때, 성령님은 그들을 사용하셔서 하나님의 크신 사역을 준비하시는 것이다. 이것이 하나님이 우리에게 원하시는 역할이다.

26장 어떻게 주의 길을 예비할 수 있을까

어떤 의미에서 이 책의 목적은 지교회든, 공동체든, 교파든, 선교단체든, 선교지든 간에 우리가 하나님의 길을 더 효과적으로 준비할 수 있도록 돕는 데 있다. 우리는 이 모든 것을 위해 기도할 수 있으나, 어떤 의미에서는 세계의 비전, 세계의 짐, 즉 중보기도를 통한 세계 사역의 짐을 져야 한다.

이번 장에서는 좀 더 광범위한 그룹이나 폭넓은 지역을 위한 기도를 살펴보겠다. 영적 각성을 위한 기도든 영적 수확을 위한 기도든, 이런 기도에 대한 실제적인 제안들을 소개한다.

구성원들 가운데 기도에 대한 열정이 뜨거울 뿐 아니라 특별한 믿음과 인내를 가지고 늘 성령 충만하기 위해 기도하는 이들이 있다면, 이보다 복된 공동체는 없을 것이다. 하나님의 길을 예비하는 숨은 중보자로 쓰임 받고 싶은 열망이 있는가?

마음을 준비하는 법

진심으로 하나님이 택하신 숨은 중보기도자로 쓰임 받고 싶다면, 그 사역을 담당하기 위해 마음을 준비해야 한다.

영적 각성과 수확에 대한 성경 기사나 역사를 읽어 마음을 늘 새롭게 하고 도전을 받으라. 다윗(대상 28:1-29:25), 아사(왕상 15:9-24, 대하 14-16장), 엘리야(왕상 17-18장), 여호사밧(대하 17장, 19:1-20:33), 히스기야(왕하 18-19장, 대하 29-32장), 요시야(왕하 22:1-23:30), 신약 교회(사도행전) 때 나타난 영적 부흥의 축복을 읽고 또 읽으라.

미국과 웨일즈, 그 밖에 세계 곳곳에서 일어난 영적 각성을 다룬 전율할 만한 기사들을 읽으라. 이 증언들은 우리의 영적 갈증을 더 심화시켜줄 것이며, 우리의 믿음을 더욱 굳건하게 해줄 것이다.

세계와 교회의 절박한 필요를 보여주는 자료들을 수집하라. 아직도 복음이 닿지 않은 종족이 많다는 사실, 비기독교 종교들의 영적 흑암과 그 비극, 복음에 대해 일부 지역에서 보인 놀라운 반응, 일부 지역의 어려운 역경을 주목하라. 인류의 죄악과 불안, 불의와 범죄, 부도덕성과 테러, 그 밖에 만연한 악을 깊이 생각해 보라. 그리스도인이라고 자처하는 이들의 영적 불감증과 수많은 교회의 예배 출석률 하락, 세계 곳곳의 새로운 영적 생명과 도전의 필요성을 주목하라.

하나님이 큰 축복과 수확을 약속한 성경 구절과 하나님 자녀들이 영적 각성과 부흥을 위해 기도한 성경 구절을 묵상하라. 역대하 7장 14절, 시편 80편 18-19절, 85편 6절, 이사야 32장 12-17절, 35장, 예레미야 33장 23절, 예레미야애가 3장 40-50절, 호세아 6장 1-3절, 14장 1-2절, 하박국 3장 2절, 요한복음 7장 38절.

마음속에 기도를 방해할 만한 것이 없도록 유의하라. 마음에 품은 죄(시 66:18), 교만(벧전 5:5-6), 용서하지 못하는 마음(눅 11:4), 다른 사람과의 개인적 분쟁(마 5:23-24), 결혼생활의 불화(벧전 3:7)가 기도를 가로막을 수 있다.

여호와의 길을 예비하는 방법

기도 목록에 영적 각성과 부흥에 대한 항목을 두라. 날마다 이 항목을 놓고 기도하라.

특별한 기도 사항들을 목록으로 만들라. 장기간 계획적으로 기도할 때는 기도 목록 항목들을 체크해 가며 기도하라. 다음과 같은 항목을 정해 놓고 하나님께 기도하라.

- ✚ 한 그룹의 구성원들이나 한 지역의 그리스도인, 우리가 돌보아야 할 사람들의 영적인 갈증을 심화시켜주소서.
- ✚ 하나님의 거룩하심과 능력을 새로운 차원에서 보여주소서. 이것은 하나님의 큰 역사가 있기 전에 늘 준비해야 할 중요한 기도다.
- ✚ 현 상태에 거룩한 불만을 품게 하소서.
- ✚ 이렇게 일하는 것이 하나님의 뜻이라는 믿음을 새롭게 하시고 굳건하게 하소서.
- ✚ 하나님의 자녀들에게 하나님의 인도하심과 음성을 민첩하게 분별할 수 있는 새로운 감수성을 허락해 주소서.
- ✚ 하나님의 백성에게 하나님께 쓰임 받고 복종하고 싶은 강한 열망을 허락해 주소서.
- ✚ 하나님 앞에서 겸손한 마음과 죄를 회개하는 심령을 품게 하시고, 모든 영광을 하나님께 돌리는 자세를 허락해 주소서.
- ✚ 이 필요의 절박성을 하나님의 자녀들에게 새롭게 인식시켜주소서.
- ✚ 하나님이 사용하기 원하시는 핵심 인물들을 준비시켜주소서.
- ✚ 수많은 그리스도인에게 기도의 동기를 부여하시고 진지하고 열정적으로 기도하게 하소서.

하나님의 시간과 방법, 그분의 사람들을 받아들일 마음의 준비를 갖추라. 하나님을 내 계획대로 이용하려 하지 말라. 우리가 생각하거나 계획한 것을 넘어선 방식으로 역사하시는 하나님을 전적으로 신뢰하라.

남는 시간을 기도에 할애할 수 있도록 늘 기회를 엿보라. 놓치고 지나간 귀중한 시간들이 지닌 무한한 잠재력에 대해 우리는 매우 무감각하다. 매순간이 하나님을 위해 사용된다면 무한한 축복의 가능성을 소유하게 될 것이다. 잃어버린 순간은 다시 찾을 수 없다. 영원을 위해 투자할 순간을 찾으라. 그리고 이러한 필요에 대해 하나님께 도움을 구하라.

자신을 위한 특별한 기도 일정을 세우라. 여기저기서 시간을 절약하여 기도에 투자한 순간들은 그 가치가 영원하다. 낮에도 자주 하나님께 부르짖으라. 진정한 기도 가운데 무의미한 기도는 없다. 그러나 특별히 시간을 정해 놓고 기도하면 기도가 더욱 깊어지고 강해진다. 집중적으로 많이 기도하라. 되도록 매주 일정한 날을 정해 하나님과 특별한 시간을 가져 주의 길을 예비할 수 있을 것이다. 필요하다면, 친구들에게 특별한 약속이 있다고 말하라. 하나님과의 약속은 정말 특별하다.

영적 각성과 수확을 위해 공적으로 기도하라. 공중 예배 때 자원하여 기도할 기회가 있으면 이 필요를 놓고 공적으로 기도하라. 이것은 다른 이들에게 기도의 관심을 불러일으킬 뿐 아니라 기도에 동참시킬 수 있다.

간증할 기회가 있을 때 이런 관심사를 언급하고 참석한 자들에게도 이를 격려하라. 기도 모임이나 대화중에 간증할 기회가 있으면, 영적 각성과 수확을 위한 우리의 기도와 믿음을 하나님이 어떻게 심화시키셨는지 나누라. 그러면 하나님이 다른 지역에서는 어떻게 역사하셨는지 듣게 될 것이다. 우리의 간증을 통해 다른 이들을 격려하는 데 하나님이 우리를 사용하실 것이라는 사실을 믿으라.

다른 이들에게 동기를 부여하기 위해 기독교 전단이나 소책자, 논문을 이용하라. 저렴한 책이 있으면 구입하여 기도하는 마음으로 사용하라. 서신을 보낼 때나 친구와 만나 대화할 때, 기도회로 모였을 때, 그 밖에 하나님이 인도하시는 상황에 따라 그것을 이용하라. 도전이 되는 책은 돌려가며 읽으라. 하나님의 길을 준비하는 데 되도록 많은 사람이 참여할 수 있게 하라.

특별한 모임이 있을 때 대화 주제로 영적 각성이나 영적 부흥을 제의해 보라. 계획 위원회와 같이 계획과 관련된 회의에 참석할 기회가 생기면, 중요한 주제로 영적 부흥이나 각성을 제안하라.

영적 각성과 부흥에 관한 자료를 잘 정리해 두라. 영적 각성과 부흥에 관한 논문이나 시, 보고 자료가 있으면 오려두었다가 필요할 때 사용할 수 있도록 정리해 두라.

정기적인 기도 외에 금식을 하라. 마음이 갈급하거나 상황이 긴급하거나 사태가 중요하기 때문에 기도 외에 금식을 하고 싶을 때가 있다. 한 끼나 그 이상을 금식하고 싶을 때도 있을 것이다. 기억하라. 영적인 금식은 하나님을 향한 우리의 영적 갈망을 더욱 심화시킨다. 하나님은 금식을 보시고 귀하게 여기신다. 그러나 우리가 금식으로 하나님께 기도 응답을 얻어내는 것은 아니다(20장을 참조하라). 초대 교회는 수요일과 금요일에 금식했다. 존 웨슬리도 그를 따르는 자들에게 이런 선례를 따르라고 요구했다. 정기적인 금식 계획을 세우려면, 되도록 식사 시간에 기도하는 것이 좋다. 단, 다른 이들에게 금식한다는 사실을 알리지 말라.

기도 시간에 관한 제안

즐거운 마음으로 기도 시간을 시작하라. 하나님 앞에 나아갈 때는 감사함으로 나아가야 한다(시 100:4). 영적 각성과 부흥을 위해 몇 주 동안 기도하다 보면 가끔 마음에 깊은 부담을 느낄 때가 있을 것이다. 그러나 즐거운 기도 자세를 잃지 않도록 주의하라.

성령의 감정에 민감하라. 성령님은 내 안에 거하시고, 나를 사랑하시며, 나를 통해 기도하기 원하시는 인격이시라는 사실을 기억하라. 변화 없이 오랫동안 한 감정 상태를 유지한다는 것은 육체적으로 매우 피곤한 일이다. 성령님은 기도의 부담감으로 탄식하시며 슬퍼하시나(롬 8:26-27), 우리도 반드시 그렇게 해야만 하는 것은 아니다. 성령님은 우리를 통해 기도하실 때, 때로는 부담을 느끼시지만 또 때로는 매우 즐거워하신다.

인도의 장로교 선교사이자 위대한 기도 용사였던 "기도하는 하이드"는 시알코트 대회를 앞두고 계속 기도의 부담을 느꼈다. 그래서 그는 몇 시간씩, 심지어 며칠씩 기도했다. 기도의 중압감에 눌려 슬피 울고 있는데 성령님이 그에게 하나님의 약속을 강하게 부각시켜주셨다. 그는 여호와를 찬양하고 노래할 수 있었으며 심지어는 기쁨의 웃음을 웃을 수 있었다!

하나님 말씀에 귀를 기울이라. 우리는 믿음을 굳건하게 해줄 특별한 성경 구절이나 약속을 계속 상기할 수 있다. 그러나 가장 좋은 방법은 성경 말씀을 정기적으로 꾸준히 읽는 것이다. 하나님의 모든 말씀은 축복으로 가득 차 있다. 우리가 좋아하는 몇몇 성경 구절이 아닌 하나님 말씀 전체 위에 삶을 세우라. 그러면 우리에게 필요한 하나님의 축복이 그날 읽은 성경 말씀 속에서 나오는 경우를 자주 발견할 것이다.

기도할 때 찬송 가사나 찬송시를 이용하라. 기도 중에 찬송가 한 구절이 생각날 때가 있다. 그럴 때는 그 구절을 인용해서 조용히 읊어보라. 주위에 아무도 없고 큰소리로 노래하고 싶거든 그렇게 해도 좋다. 찬송가 가사가 우리 영혼의 갈망과 믿음을 적절하게 표현해 주는 경우가 적지 않다. 많은 사람이 기도 장소에 찬송가가 있는 것이 축복이 될 수 있음을 경험하고 있다.

연필과 종이를 옆에 놓고 기도하라. 영적 부흥과 수확을 위해 특별히 기도하는 순간, 관련되지 않은 특별한 내용을 기도해야겠다고 느낄 때가 있다. 그럴 때면 그것들을 잊어버리지 않도록 적어놓으라. 그 기도 제목이 주된 기도 관심사와 관련된 것이라면 즉시 그것부터 기도하고, 그 다음에 일반적인 기도 제목을 놓고 기도하는 것이 좋다.

하나님은 우리 기도에 응답하실 때, 우리가 따라야 할 순종의 각 단계를 생각나게 하시는 경우가 있다. 그럴 때면 나중에 잊어버리지 않도록 그것을 간단히 메모해 두라. 써야 할 편지가 생각날 때도 있고, 도와야 할 사람이 떠오를 때도 있다. 그럴 때마다 하나님이 주신 제안들을 종이에 메모한 후 주된 기도 제목을 놓고 다시 기도하는 것이 좋다. 특히 가장 중요한 기도 제목에서 벗어나지 않도록 주의하라.

사랑과 연합을 돈독히 할 수 있는 순종은 즉각 행동에 옮기라. 기도 가운데 하나님 음성에 순종하고 우리가 저지른 실수에 대해 용서를 구하는 순간, 성령의 충만한 역사가 시작되고 감화되는 경우가 많다(마 5:23-24). 한편 대인관계에서 갈등을 겪고 있는데도 이 말씀에 순종하지 않는다면 기도는 응답받지 못할 것이다.

문제는 누가 잘못했느냐가 아니다. 누군가가 우리와 서먹서먹하고 우리에게 부정적인 태도를 보이며 우리 때문에 상처를 입었다는 사실을 알고 있다면, 예물을 제단 앞에 두고 먼저 형제와 화해하라고 하나님은 명령하셨다. 우리가 이 말씀에 순종하지 않는다면 우리의 기도는 막힐 것이다. 그러나 겸손히 순종한다면, 상대방이 그에 반응하든 반응하지 않든 우리의 기도 통로에는 방해물이 없을 것이다.

기도 시간을 찬양으로 끝내라. 주님이 가르쳐주신 기도는 찬양으로 시작해서 찬양으로 끝난다. "할렐루야 시편"(시편 146-150편)의 일부도 비슷하다. 기도를 마칠 때, 우리가 주님을 얼마나 사랑하는지를 또다시 하나님께 고백하라. 주님의 선하심과 약속을 믿고 기뻐하라. 하나님이 기도를 들으셨다는 사실을 확신하고, 우리가 하나님의 길을 예비하는 데 일익을 담당했다는 사실을 인식하면서 기쁨으로 우리가 가야 할 길을 가라.

27장 영적 부흥을 체험하고 나누라

하나님은 우리와 하나님의 교회가 가장 큰 축복을 경험하길 바라신다. 각 그리스도인 안에 영원토록 성령이 거하시도록 돌보신 하나님의 사랑 깊은 배려를 고려해 볼 때, 그리스도인이 예배하고 섬기기 위해 모이는 곳에 성령님이 임하시리라는 것을 쉽게 기대할 수 있다. 하나님은 물질 영역에서 우리에게 한없이 많은 것을 허락하신다. 그렇다면 영적인 영역에서 우리를 위해 준비해 놓으신 것은 얼마나 많겠는가!(눅 11:13)

영적 부흥은 하나님의 보편적인 계획이다

하나님은 인간과 자연과 교회가 모두 갱신하기를 바라고 계획하시는 것 같다. 음식은 우리 몸에 영양을 공급하여 힘을 주고 몸을 새롭게 한다. 잠은 몸과 마음에 안식과 회복을 가져다준다. 지구의 많은 부분에서도 계절의 순환은 1년마다 한 번씩 갱신을 가져다준다. 황량한 겨울이 지나간 뒤 나무들에서 새싹이 돋는 봄을 맞이하는 일은 얼마나 기쁜가? 인도와 그 밖의 열대 나라에서는 인간은 물론 자연까지도 바싹 마른 땅덩이를 재생시켜줄 계절풍의 폭우가 내리길 기다리며 건조하고 무더운 기나긴 계절을 견뎌낸다.

그리스도인도 마찬가지다. 하나님은 새로운 생명과 능력, 영적인 기쁨과 축복, 새로운 향기와 열매가 특징인 영적 갱신의 시간을 정해 놓으셨다. 우리는 흔히 이것을 "부흥"이라고 부른다. 오늘날에는 이런 영적인 축복의 기간이 매우 드물고, 한 번도 영적으로 부흥하지 못한 교회도 있다. 심지어는 계속 영적 부흥의 상태에서 살기를 추구하는 목회자와 성도조차 자신들의 특별한 불순종이나 고의적인 무시에서도 원인을 찾을 수 없는 영적으로 메마른 시기가 있다고 시인한다. 그러므로 모든 그리스도인은 늘 삶에 하나님의 새로운 손길이 임하는 것이 필요하다. 진정으로 "새롭게 되는 날"은 주께로부터 오는 것이다(행 3:19).

성경에서 성령을 상징한 표현을 보면, 성령의 임재와 사역의 풍성함을 예상할 수 있다. 성령을 상징하는 기름이 아론의 머리에 얼마나 풍성하게 부어졌는지 그의 수염에 흘러서 옷깃까지 적셨다(시 133:2). 성령을 상징하는 물 또한 풍성히 주시겠다고 약속되어 있다. 하나님은 물이 넘치게 하신다(시 78:20, 105:41, 사 35:6, 48:21). 하나님은 축복의 강과 시내들(복수)을 우리에게 주신다(시 46:4, 78:16, 126:4, 사 30:25, 33:21, 35:6). 에스겔의 초자연적인 강은 흐르는 곳마다 생명을 가져다주었고(겔 47:9, 12) 이적처럼 깊어지고 넓어졌다(겔 47:1-5).

하나님은 그 백성 위에 성령을 생명수같이 "부으신다." "나는 목마른 자에게 물을 주며 마른 땅에 시내가 흐르게 하며 나의 영을 네 자손에게, 나의 복을 네 후손에게 부어주리니"(사 32:15, 44:3, 겔 39:29, 욜 2:28-29, 행 2:17-18 참조). 성령님은 하나님의 자녀들 안에 부어질 뿐 아니라, 그들의 삶을 통해 자신을 생명 시내처럼 밖으로 흘러넘치게 하셔서 다른 이들에게 축복을 가져다주신다(요 7:38-39).

사람이 한 일이 영적일수록 하나님의 잦은 임재가 더욱 절실하다. 단순한 생존과 풍성한 삶은 많이 다르다. 또한 정통 복음주의와 활력이 넘치는 복음주의도 크게 다르다. 현 상태에 만족하는 것과 전율할 만한 성령의 새로운 기름 부음을 체험하고 하나님을 위해 새로운 기원을 이룩하는 것도 많은 차이가 있다.

우리는 모두 영적인 갱신과 부흥을 믿는다. 그리고 그것이 필요하다는 것도 알고 있다. 그러나 실제로 하나님의 얼굴을 구할 만큼 영적인 부흥을 원하는가? 여호와의 길을 예비하는 데 필요한 대가를 치를 만큼 영적인 부흥을 갈망하는가? 아무도 영적인 부흥을 예언할 수 없다. 그 누구도 영적인 부흥을 계획하거나 얻어낼 수 없다. 신실하고 분주하게 노력하는 영적인 활동을 통해 부흥을 일으킬 수도 없다. 하나님만이 영적 부흥의 유일한 근원이시기 때문이다.

영적 부흥이란

복음 전도 evangelism 와 부흥 revival 은 서로 명확히 구별되어야 한다. 하나님의 백성 사이에서 일어나는 하나님의 영의 광범위한 모든 운동은 복음 전도자나 선지자와 같은 인간 도구와 관련되어 보인다. 그러나 축복과 영적 열매를 가져오는 하나님 중심적이고 하나님의 영광 지향적인 복음 전도도 부흥에 이르기에는 거리가 멀다. 그렇다면 진정한 부흥이란 무엇인가?

부흥이란 거룩하시고 전능하시며 주권적인 하나님의 현현 manifestation 이다. 하나님이 특별하고 새로운 축복을 가지고 그 백성을 찾으시는 것이다. 부흥은 보통 하나님에 대한 새로운 의식과 계시, 새로운 감수성을 가져오며, 때로는 하나님의 거룩하심과 의로운 법을 민감하게 의식한다. 하나님이 그 백성을 구원하시기 위해 거룩하신 팔을 걷어 올리시고 백성의 내적인 의식 속에 그분의 거룩한 음성을 들려주시는 때가 바로 부흥이다. 부흥은 교회의 삶과 증거 속에 하나님의 주권적이고 초자연적인 사역이 갑작스럽게 간섭하는 것이다. 어떤 의미에서는 그리스도의 최후 승리를 미리 맛보는 것이다. 따라서 부흥은 항상 거룩하신 성령의 사역이다.

부흥에 관한 극단적인 견해로 두 가지 주장이 있다. 하나는 부흥의 실재를 인정하면서도 부흥은 하나님의 주권적 사역이기 때문에 전적으로 하나님께 의존하며, 따라서 우리는 하나님이 우리를 찾으시기로 마음먹으실 때까지 기다릴 수밖에 없다는 주장이다. 또 다른 주장은 종교적인 노력으로 우리가 부흥을 일으킬 수 있다는 것이다. 많이 기도하고 겸손하게 자신을 낮추고 하나님의 뜻을 충분하게 행한다면 언제라도 부흥을 볼 수 있다는 것이다. 그러나 성경의 진리와 하나님의 백성이 겪은 일들을 볼 때, 여호와의 길을 예비하는 데 하나님의 백성이 매우 중요한 역할을 하는 것은 사실이나, 어느 개인이나 단체도 언제 어디서 어떻게 부흥을 일으킬지를 계획할 수는 없다.

어떤 이들은 요한복음 3장 8절("바람이 임의로 불매")을 성령의 사역의 불확실성으로 해석한다. 내 생각에 이 구절은 성령님이 그 사역에 관한 주권적인 뜻을 소유하고 계심을 설명하고 있다. 이 구절은 성령의 사역의 불가견성을 가리키는 것이지, 그 사역의 불확실성을 가리키는 것이 아니다. 하나님의 사역의 신비를 가리키는 것이지, 하나님의 변덕을 가리키는 것이 아니다. 성령님은 바람이 아니시다. 단지 어떤 의미에서 바람으로 상징된 것뿐이다. 성령님은 목적의 하나님이다. 그분의 계획에 따라, 거룩한 이유로 역사하신다. 그분은 약속의 하나님, 변하지 않는 언약의 하나님이다. 성령님은 거룩과 능력의 하나님이며 우리가 그분의 사역에 동참하기를 원하신다.

하나님의 언약과 약속은 그 백성을 축복하는 것이 하나님의 뜻임을 보여준다. 이 언약과 약속은 축복을 받기 위해 꼭 지켜야 할 하나님의 조건들을 담고 있다. 그 조건이란 하나님의 말씀과 부르심, 그분의 준비에 대해 우리가 응답하는 것이다. 하나님의 약속들은 성취될 것이다. 하나님이 그렇게 정하셨기 때문이다. 그러나 우리는 먼저 자신을 겸손하게 하고 하나님의 얼굴을 구하며 적극적인 순종의 발걸음을 내디뎌야 한다.

부흥의 역사는 하나님의 자녀들에게 기도와 순종이라는 두 가지 특별한 역할이 있음을 보여준다. 순종은 많은 것을 포함할 수 있으나 늘 기도는 빠지지 않는다. 때로는 감춰질 수도 있지만 항상 존재해야만 하는, 부흥에 이르는 만능열쇠가 있다면 그중 하나가 기도다. 기도의 순종이 있으면 자연스럽게 다른 것들도 순종하게 된다.

개인의 영적 부흥을 위해 기도해야 할 때

우리에게 영적 부흥이 필요한 때를 어떻게 알 수 있는가? 하나님께 새로운 축복과 활기를 얻기 위해 열심히 기도해야 할 때라는 것을 어떻게 알 수 있는가? 언제 그런 기도를 해야 하는지 알려줄 몇 가지 신호를 소개한다.

- 영적인 무관심을 느낄 때, 즉 하나님 말씀과 기도, 교회의 교제를 영적으로 갈망하지 않는다고 느낄 때.
- 말씀이 진정으로 축복이 되지 못할 때, 말씀을 읽고 섭취하기 위해 더 많은 시간을 내야겠다는 영적 갈급함이 별로 없을 때, 말씀을 읽을 때 성령님이 말씀하고 계시다는 사실을 별로 느끼지 못할 때.
- 진정한 겸손과 참된 감사, 사랑의 인내가 결핍되었음을 인식할 때.
- 고통과 궁핍 가운데 있는 자들을 향해 진정한 동정심이 결여되어 있을 때, 그리스도가 없는 자들에게 참된 관심을 느끼지 못할 때, 지교회나 한 단체에 하나님의 임재와 축복이 있기 위해서는 자신에게도 책임이 있다는 의식을 별로 느끼지 못할 때.
- 기쁨이 아닌 의무감으로 기도하는 경우가 많을 때, 기도가 필요한 사람들을 하나님이 별로 생각나게 하지 않으실 때, 기도할 때 하나님의 임재를 실제적으로 느끼지 못할 때.

공동체의 영적 부흥을 위해 기도해야 할 때

우리가 속한 공동체나 지교회의 진정한 새로운 부흥을 위해 깊이 기도해야 할 때를 어떻게 알 수 있는가?

- 구성원들의 기도에 생명력이 없을 때, 구성원들이 서로 기도 인도를 미룰 때, 하나님이 하고 계신 일에 관해 찬양을 드리지 않거나 드린다고 해

도 건성으로 드릴 때.

✚ 단체나 교회의 예배에 하나님이 직접 임하셔서 인격적으로 각 회중에게 말씀하신다는 의식이 별로 없을 때, 예배에 자발성과 기쁨, 넘치는 감사가 결여된 것처럼 보일 때, 갓 결혼한 젊은 부부와 청년이 현저히 줄고 노년층만 있을 때.

✚ 구성원들이 죄의 심각성을 무시하거나 윤리적이고 도덕적인 책임감을 보이지 않을 때, 교회가 비전을 잃고 주변 공동체와 새로운 사람들을 그리스도께로 인도하는 데 깊은 관심을 보이지 않을 때.

✚ 구성원들이 성령님의 인도를 받아 복음을 전하고 어려운 자들을 도우며 고난에 처한 자들을 위로하지 않을 때, 하나님의 사역을 위한 일을 기쁨 없이 하거나 마지못해 하거나 제대로 하지 않을 때, 하나님이 그들에게 단체로서 하기 원하시는 것에 대한 비전이 결여되어 있을 때.

✚ 구성원들 사이에 불화나 당파심, 증오 등이 만연할 때.

기도가 부흥의 길을 예비한다

우리는 새로운 영적 각성과, 하나님의 성령이 그 백성 위에 실제로 임하시는 영적 부흥, 진정한 부흥의 열매인 도덕적, 영적 갱신을 위한 길을 준비하는 데 일익을 담당할 수 있다. 다음의 간략한 제안들과 감동적인 예화들이 큰 도움이 될 수 있을 것이다.

영적 갈망을 더욱 심화시켜달라고 성령님께 간구하라. 하나님의 백성이 그분의 새로운 임재와 능력에 갈급함을 느낄 때, 하나님은 항상 한두 사람의 마음속에서 부흥으로 향할 준비를 시작하신다. 하나님이 그 백성을 축복할 계획이 있으시면 교회를 불러 기도하게 하신다는 말이 있다. 우리가 하나님의 백성 가운데서 하나님이 역사하시는 것을 보고 싶은 영적 갈급함이 있다면 그 거룩한 열망은 성령님에게서 나온 것이다. 우리 자신의 생애, 우리가 속한 교회와 단체, 우리가 기도하도록 성령께 인도받은 세계 그 어느 곳에서나 하나님의 역사가 있기를 바라는 영적인 갈급함이 더욱 깊어지도록 하나님께 간청하라.

영적 부흥을 위한 기도 부담감을 달라고 간청하라. 기도 부담감은 하나님이 그분의 목적을 성취하시기 위해 우리에게 주신 하나님의 보배로운 은사다. 우리 마음이든 교회든 선교지든 영적 부흥을 위한 기도라면 하나님은 즐거이 그분의 중보기도자들에게 특별한 영적 책임을 맡기신다.

수십 년 전 영국에 한 경건한 그리스도인이 있었다. 그 형제는 하나님의 숨은 중보기도자였다(사 62:6-7). 그는 중국에서 활동하는 많은 선교단체 가운데 한 선교단체의 사역을 위해 계속 기도했다. 그가 죽은 후, 그의 일기에서 중국의 선교지 이름이 스무 군데 넘게 발견되었다. 그 아래에는 하나님이 그 지역의 영적 부흥을 위해 믿음의 기도를 하도록 능력을 주셨다는 주가 달려 있다. 조사해 본 결과, 그가 성령의 강한 역사를 위해 믿음의 기도를 하도록 하나님이 허락하셨다는 선교지 이름이 적힌 순서대로 각각 수년 동안 영적 각성이 있었다는 사실을 발견할 수 있었다. 그가 죽기 전까지 아무도 그 기도 용사를 아는 자가 없었다. 그러나 하나님은 그것을 잊지 않고 기록해 두셨다. 기도에 힘쓴 하나님의 자녀들이 특별한 상급을 받을 때 하늘은 얼마나 거룩한 놀라움으로 가득 차겠는가!

믿음으로 요구할 수 있는 약속을 달라고 간청하라. 하나님은 언약을 반드시 지키신다. 또한 하나님의 약속은 진실하시다. 영적 부흥을 위해 기도할 때 믿음으로 그 위에 굳게 설 수 있는 약속을 마음속에 확고히 심어달라고 하나님께 간청하라. 이런 경우에 거듭 사용할 수 있는 약속이 역대하 7장 14절 말씀이다. 그러나 하나님의 말씀에는 그 밖에도 놀라운 약속이 많다. 성령님은 이 약속들 가운데 하나를 우리 마음에 확고히 심어주신다.

기도할 때 하나님 앞에서 마음을 겸손하게 하라. 이런 필요를 요구할 만큼 우리는 가치 있는 존재가 아님을 하나님께 고백하라. 하나님은 그분의 보좌 앞에서 자신을 겸손케 하는 자들에게 큰 은혜와 부흥을 베푸신다(사 57:15).

기도 동역자를 달라고 기도하라. 그리고 합심하여 기도하라. 우리의 관심이 깊어지면 하나님은 이미 우리와 같은 비전과 기도 부담을 품은 사람이나 우리와 쉽게 영적으로 하나 될 수 있는 사람을 보내기도 하신다. 하나님의 자녀들이 합심하여 기도할 때(마 18:19), 하나님의 응답은 촉진된다(24장을 참조하라).

이 세상에서는 하나님이 영적 부흥을 준비하기 위해 자녀들의 기도를 어떤 방식으로 사용하시는지 완전히 알 수 없다. 스코틀랜드 교회의 목사이자 수년간 에든버러에 있는 대학 Faith Mission Training Home and Bible College의 학장이던 내 친구 덩컨 캠벨 목사는 "루이스 각성 운동"이라고 알려진 놀라운 헤브리디스 부흥 운동이 어떻게 시작되었는지 들려주었다.

루이스 섬의 바르바스 마을에 사는 나이 많은 두 여인이 그 마을에 부흥을 일으켜 달라고 하나님께 구하기로 결정하고 밤에 기도를 시작했다. 밤마다 그들은 하나님께 나아가 중보기도를 했다. 몇 달 후 그들은 알지 못했지만, 그 마을 반대편에서도 경건한 청년 몇 명이 부흥을 위해 밤마다 모여 기도하기 시작했다. 노인들이 계속 기도하자 하나님은 그들에게 유명한 덩컨 캠벨 목사가 그들을 인도하기 위해 바르바스 마을에 올 것이라고 가르쳐주셨다. 이에 그들이 캠벨 목사에게 편지를 썼지만 그는 계획이 꽉 차 있다면서 정중하게 그 초대를 거절했다. 이에 그들은 "목사님은 못 오겠다고 하시지만, 하나님은 목사님이 오고 계신다고 말씀하셨습니다"라고 답장을 보냈다.

그로부터 얼마 후, 그 지역의 장로교 목사인 제임스 맥케이 목사가 영국 제도 대회에 참석했는데, 그곳에서 피치 박사가 캠벨 목사를 모셔다가 특별 집회를 여는 것이 어떻겠느냐고 제의했다.

1949년 12월, 덩컨 캠벨은 마침내 부흥 집회를 인도하기 위해 헤브리디스 열도에 도착했다. 여러 날 밤 집회가 열렸고, 그 마을에 하나님이 강하게 임재하여 죄를 통회하며 자복하는 일이 일어났다. 그곳에서 시작하여 마을에서 마을로 부흥이 확산되었다. 그렇게 해서 1953년, 모든 공동체가 변화될 때까지 계속 부흥이 일어났다. 집에 있다가 갑자기 성령님께 강하게 죄를 지적받고 꼬꾸라져 하나님 앞으로 나온 사람이 한둘이 아니었다. 어떤 이들은 길을 가다가 성령에 감동되어 그 자리에서 무릎을 꿇고 기도했다. 어느 날 밤에는 많은 사람이 경찰서 밖에 모여 기도하는 바람에 경찰 간부들이 내무장관과 캠벨 목사를 불러야 했다.

술집들은 영업이 되지 않아 문을 닫았고, 버스들이 집회 장소로 군중을 나르기 위해 섬 각지에서 속속 도착했다. 때로 집회는 새벽 2-3시까지 계속되었으며, 주일 아침 예배에 신자가 4-5명밖에 참석하지 않던 교회들이 매주 차고 넘쳤다. 여러 지역에서 기도회가 마을 생활의 중심이 되었다. 부흥은 하나님에게서 오는 것이다. 그러나 인간이 알 수 있는 영역 안에서는, 하나님이 두 할머니를 합심하여 기도하도록 인도하셔서 부흥이 시작되었다고도 말할 수 있다.

부흥을 위한 특별 기도에 동참하도록 다른 사람들에게 권유하라. 하나님의 얼굴을 구할 목적으로 기도 모임을 열 수 있다. 이럴 때에는 하나님이 응답하실 때까지 중보기도 모임에 동참하도록 먼 곳에 있는 사람들에게도 편지를 보낼 수 있다.

중국 북경에서는 동양선교회 선교사들이 6주 동안 날마다 점심을 금식하면서 기도한 후에 부흥이 일어났다. 중국의 대표적인 목회자들에게 그 기도에 참여하길 권유했고, 부흥이 일어난 것이다. 처음에는 북경의 도시 교회로 부흥이 확산되더니 나중에는 시골 마을 교회까지 번져나갔다.

1857-1858년에 미국을 휩쓴 대부흥 운동은 "연합 기도 모임의 부흥"이라고 알려져 있다. 이 운동은 뉴욕 시의 네덜란드 개혁 북교회에서 1857년 9월 23일 정오에 한 사람이 다른 사람들과 연합하여 기도하면서 시작되었다. 그 후 점점 많은 사람이 그 기도 모임에 동참하기 시작했다. 그 기도 모임 소식이 가까운 도시들로 퍼져나가자 다른 기도 모임들도 생겨났.

그로부터 6개월 뒤, 뉴욕 시에서만 매일 정오에 기도하는 실업가가 10,000명이나 되었다. 그 결과 그 다음 해 5월까지 뉴욕 시에서 15,000명이 회개하고 하나님께 돌아왔다. 연합 기도 모임은 뉴잉글랜드를 넘어 오하이오 계곡을 거쳐 텍사스와 서부 해안까지 확산되었다. 나중에는 이 연합 기도 모임으로 생겨난 중보기도 정신이 미국과 캐나다의 많은 지역으로 퍼져나갔다.

감리교단에서는 한 주에 8,000명의 새신자를 얻었다고 보고했으며 침례교단에서는 3주 동안 무려 17,000명이 회개하고 하나님께로 돌아왔다고 보고했다. 결국 2년 동안 미국 전역의 교회에서 매주 평균 10,000명의 신자가 증가한 것이다. 2년 만에 당시 총 인구 3,000만 명 가운데서 적어도 100만 명이 그리스도께로 돌아왔다. 그 운동은 범국가적인 부흥 운동이었다. 사람들을 기도하도록 부르시고 그 기도에 능력 있게 응답하신 하나님의 주권적인 사역이었다. 그러나 인간적인 관점에서 볼 때, 그 부흥 운동은 한 사람이 한 도시에서 부흥을 위해 기도하면서 시작된 것이다.

낙심하지 말고 계속 기도하라. 한 지역이나 국가의 부흥을 위한 기도는 완전한 응답이 있기까지 여러 달 또는 여러 해 계속해야 할 수도 있다. 포기하지 말라. 우리가 인내하면서 기도에 힘쓰면 하나님의 때에 부흥이 임할 것이다

(갈 6:9).

그러나 우리는 하나님이 부흥을 일으키시는 방식을 선택할 수 없다. 하나님이 누구를 선택하셔서 부흥을 일으키게 하실지 미리 알 수도 없고, 우리가 스스로 정할 수도 없다. 그러나 하나님은 인간을 통해 역사하신다. 우리는 하나님이 부흥을 준비하시며 쓰신 인물들을 다 알 수 없다. 그러나 한 가지 사실만은 분명하게 확신할 수 있다. 사람들에게 죄를 깨닫게 하고 그들을 회개하도록 만드는 것은 언제나 하나님의 뜻이라는 사실이다. 영적인 축복과 부흥으로 그 백성을 새롭게 찾아가시는 것이 하나님의 변함없으신 뜻이다. 부흥을 위한 하나님의 통로가 되고 싶은가? 그렇다면 하나님이 말씀하시는 것은 무엇이든지 행하라. 하나님이 축복해 주실 것이다.

28장 기도의 본보기, 예수님과 바울

예수님은 이 땅에 계실 때 당시 세계를 향하신 관심 그대로 오늘날 우리 세계에 관심을 갖고 계신다. 예수님의 관심은 바로 추수할 곡식이 추수되어야 한다는 것이다. 예수님은 제자들에게 아직 추수의 비전이 없다는 것을 알고 계셨다. 게다가 그들이 복음을 듣지 못한 자들에게 나아가기보다는 자기 자신에게 집착하는 경향이 많다는 것도 아셨다. 결국, 예수님의 제자들은 만나는 사람들을 그리스도의 관점에서 보지 못했다.

그러나 예수님은 인간들을 있는 모습 그대로 보시고 사랑하셨다. 그리스도의 사랑은 모든 이에게 미치는 사랑으로, 세상 끝까지 구속의 복음을 전하셔서 그 사랑을 실증해 보이기 원하셨다. 궁핍한 인간들의 절박한 필요에 연민을 느끼신 예수님은 그들에게 도움의 손길을 펼치셨다. 예수 그리스도를 바라보라. 그리고 우리의 사랑이 다른 이들에게 이르기를 그분이 얼마나 고대하시는지 배우라.

베드로의 장모가 병에 걸려 누워 있는 것을 보신 예수님은 그 여인의 손을 만지시고 병을 고쳐주셨다. 문둥병자가 예수님 발 앞에 엎드려 고쳐달라고 했을 때에도 손을 내밀어 그를 고쳐주셨다. 두 소경이 자비를 베풀어달라고 간청했을 때에도 그들의 눈을 만지셔서 보게 해주셨다. 예수님은 듣지 못하는 자의 귀와 말하지 못하는 자의 혀를 만지셔서 낫게 해주셨고, 과부의 아들이 누워 있는 관을 만지셔서 그 소년을 소생시키셨다. 베드로가 대제사장의 종의 귀를 칼로 잘라버렸을 때에도 그 귀를 만져서 고쳐주셨다.

예수님은 말씀만으로 병을 고치고 생명을 주기도 하셨다. 그러나 특별히 손을 내밀어 만지셔서 사랑을 확증해 보이셨다. 예수님은 어린아이들을 팔에 안으셔서 하나님의 사랑을 확증하셨다. 성령님은 우리 삶을 통해 이 사랑을 다른 이들에게 전하기 원하신다(요 7:38).

예수님은 하나님이 허락하신 이 권세들을 결코 사적인 유익에는 사용하지 않으셨다. 사마리아인들이 예수님께 환대 베풀기를 거절했을 때 야고보와 요한은 모욕을 느꼈고 그 보복으로 하늘에서 불을 내려 그 마을을 멸하길 원했다(눅 9:54). 그러나 예수님은 성부께서 사마리아인들을 사랑하신다고 생각하셨으며, 그중 일부 죄인들을 위해 목숨을 바쳐야 한다는 것을 알고 계셨다. 예수님은 그들도 수확해야 할 곡식으로 여기신 것이다.

예수님은 우리가 추수의 비전을 갖길 바라신다

이발사나 미용사는 항상 머리를 의식한다. 그들은 사람을 볼 때 머리부터 본다. 치과 의사는 항상 치아에 신경 쓴다. 마찬가지로 그리스도인도 항상 사람들을 신경 써야 한다. 궁핍한 사람이 누군지 살펴보고, 항상 추수에 관심을 기울여야 한다. 예수님은 늘 그러셨다. 한 청년이 예수님을 찾아왔을 때, 예수님은 그를 사랑하셨다. 그리고 주님을 따르기만 한다면 그가 삶에서 성취할 수 있는 무한한 가능성을 눈여겨보셨다. 어부를 보셨을 때는, 그가 사람 낚는 어부가 될 수 있음을 눈여겨보셨다. 죄를 지은 여인을 보셨을 때에도 회개하면 순결한 하나님의 자녀가 될 수 있을 것이라고 보셨다.

예수님의 제자들은 장차 추수가 있을 것이라는 사실을 알고 있었지만, 그들이 만나는 사람들이 추수할 곡식이라는 것은 깨닫지 못했다. 그러나 예수님은 다르셨다. 그분은 추수 때가 임했다고 말씀하셨다. 우리에게 보는 눈이 있다면, 추수할 곡식은 항상 우리와 함께 있다는 것을 볼 수 있을 것이다. 예수님은 사마리아인들이 오는 것을 보시고는 "눈을 들어 밭을 보라 희어져 추수하게 되었도다"(요 4:35)고 말씀하셨다. 사마리아인은 이 세상이라는 추수할 밭의 일부분일 뿐이다. 예수님은 사실상 이렇게 말씀하신 것이다. "사람들을 추수할 곡식으로 봐라! 항상 추수를 의식하여라. 이 땅의 모든 사람을 볼 때, 영적인 추수 가능성에 항상 초점을 맞추라."

예수님은 추수에 관해 세 가지를 말씀하셨다.

1. 사람들을 추수 대상으로 보라. 항상 눈을 크게 뜨고 다니라. 사람들을 바라보고, 그들의 필요에 눈뜨라. 그들을 추수 대상으로 보라.

예수님이 제자들에게 지적하신 사마리아인들은 제자들이 모르는 자들이었다. 제자들은 그들의 이름이나 신상에 대해 전혀 아는 것이 없었다. 그러나 예수님은 말씀하셨다. "보라! 이들도 추수할 곡식이다."

예수 그리스도가 필요한 사람을 볼 때, 그리스도 안에서 그들이 지닌 가능성과 예수님 나라에서 그들이 지닌 의미를 바라보라. 그들을 볼 때는 그리스도께서 목숨을 바칠 만큼 사랑하신 존재라는 사실을 항상 염두에 두라. 그러고 나서 그들을 사랑하고 그들을 위해 기도하라(요 4:35).

2. 추수를 위해 기도하라. 우리가 보고, 만나고, 접촉하는 모든 사람을 위해 기도하라. 사업이나 일상사, 여행 등에서 우리를 돕는 사람들을 위해 기도하라. 거리에서 노는 아이들과 교통 신호를 기다리는 옆 차 운전자, 줄을 서서 기다리는 옆 사람들을 위해 기도하라.

추수 대상이 우리 생각과 다르다는 사실을 염두에 두면 추수 대상은 항상 바로 우리 옆에 있다는 것을 알게 된다. 우리가 구입하거나 사용하는 수입품들을 볼 때마다 그곳에 사는 사람들을 위해 기도하라는 부르심으로 여기라. 외국에서 분쟁이 있다는 소식을 들을 때마다, 굶주린 아이들의 사진을 볼 때마다, 세계 곳곳에서 온갖 뉴스가 들려올 때마다, 그곳 사람들과 그들의 필요를 위해 기도하라는 하나님의 부르심으로 생각하라. 항상 추수에 관심을 두라.

세계에 관심을 기울이는 세계적인 그리스도인이 되라. 세계 비전을 가지라. 세계 중보기도자가 되라. 사랑의 폭을 하나님의 사랑만큼 확대하라. 하나님은 세상을 사랑하신다. 그렇다면 당신도 지금 하나님을 위해 세상을 사랑하지 않겠는가? 우리가 사람들을 위해 기도할 때 성령님이 우리를 통해 하나님의 사랑을 쏟아 부으시게 하라. 이론적으로만 세상을 사랑하지 않도록 하라. 실제로 세상 사람들을 사랑하라. 단지 "전 세계에 축복이 있기를 기도합니다"라는 말을 반복하는 것으로 세상을 향한 기도 책임을 다했다고 생각하지 말라. 세상 사람들과 다른 민족들, 다른 국가들까지 사랑하라.

"인도를 축복하소서", "브라질을 축복하소서", "중국을 축복하소서", "러시아를 축복하소서", "이집트를 축복하소서" 등 이런 짧은 기도도 참기도일 수 있다. 그리스도의 사랑을 표현하려는 진정한 마음에서 나왔다면 강력한 기도가 될 수 있다.

3. 다른 이들도 추수의 비전을 갖게 해달라고 기도하라. 예수님은 제자들에게 "추수할 밭을 바라보라. 그리고 열심히 일하라"고 말씀하지 않으셨다. 주님은 기도하라고 말씀하셨다. 오순절 후 몇 달이 지나지 않아 사도들은 추수할 곡식을 거두어야 했다. 그러나 수확하기 전에 기도가 필요했다.

"예수께서 모든 도시와 마을에 두루 다니사 그들의 회당에서 가르치시며 천국 복음을 전파하시며 모든 병과 모든 약한 것을 고치시니라 무리를 보시고 불쌍히 여기시니 이는 그들이 목자 없는 양과 같이 고생하며 기진함이라 이에 제자들에게 이르시되 추수할 것은 많되 일꾼이 적으니 그러므로 추수하는 주인에게 청하여 추수할 일꾼들을 보내주소서 하라 하시니라"(마 9:35-38).

예수님은 제자들이 기도할 때, 수확의 비전이 그들 마음에 열정의 불을 붙이리라는 것과 그들이 연민의 감정에서 무슨 일이든지 할 것임을 알고 계셨다. 참된 수확의 비전과 기도의 부담을 느끼는 자라면, 하나님이 새로 문을 여실 때 그곳을 향해 나아간다. 참된 중보기도를 하게 만드는 실제적인 비전은 한 개인이나 장소에 대한 우리의 관심과 사랑을 심화시키고, 어떤 방식으로든(주는 것이든 가는 것이든 섬기는 것이든) 그들을 도우려는 열정을 일으킨다. 위험이 있다면 우리가 단지 일하는 데만 바쁜 나머지 충분히 기도하지 않는 것이다.

예수님이 그분의 교회에 요청하신 유일한 기도는 수확을 위한 것이었다. 아흔아홉 마리 양이 우리 안에 있는 것을 하나님께 감사하라. 그러나 한 마리가 밖에 그대로 내버려져 있다면 그 양을 찾아 우리 안으로 무사히 데려올 때까지 쉬지 말라. 지금 있는 그곳에서 섬기라. 그러나 아직 복음의 손길이 닿지 않은 자들을 결코 잊지 말라.

> 우리가 다른 가까운 마을들로 가자 거기서도 전도하리니 내가 이를 위하여 왔노라(막 1:38).

예수님은 갈릴리와 주변 지역을 돌아다니시며 많은 사람에게 구원의 손길을 뻗치셨다.

> 또 이 우리에 들지 아니한 다른 양들이 내게 있어 내가 인도하여야 할 터이니 그들도 내 음성을 듣고 한 무리가 되어 한 목자에게 있으리라(요 10:16).

예수님의 눈으로 세계를 보기 시작하면 세계 수확을 위한 기도가 중보기도에서 우선순위를 차지할 것이다.

바울도 우리에게 기도로 도우라고 요청한다

바울은 그가 세운 교회나 단지 소문만 들은 교회(로마 교회와 골로새 교회)에 편지를 보내 항상 같은 기도를 부탁했다. 바울은 그 기도를 거듭 요청했는데, 비록 그때마다 다르게 표현했지만 내용은 늘 같았다. "너희도 우리를 위하여 간구함으로 도우라 이는 우리가 많은 사람의 기도로 얻은 은사로 말미암아 많은 사람이 우리를 위하여 감사하게 하려 함이라"(고후 1:11).

바울은 모든 그리스도인이 자신의 사역을 위해 기도해 주길 바랐다. 기도하는 그리스도인 수와 기도의 양이 많을수록, 그 기도가 응답되면 더 많은 사람이 축복받을 것이고, 더 많은 사람이 하나님을 기뻐하며 찬양할 것이다.

바울은 로마 교인들을 한 번도 본 적이 없었으나 "항상 내 기도에 쉬지 않고 너희를 말한" 것에 하나님이 증인이 되신다고 적고 있다(롬 1:9-10). 바울은 그들에게 "너희 기도에 나와 힘을 같이하여 나를 위하여 하나님께 빌어"주길 요청했다(15:30). 바울은 고린도 교인들에게 그들 때문에 늘 하나님께 감사하고 있으며, 항상 그들이 온전해지길 기도한다고 썼다(고전 1:4, 고후 13:9). 그리고 그들에게 기도로 자신을 도우라고 요청했다(고후 1:11).

바울은 에베소 교인들에게 그들의 믿음에 대해 들은 후부터 그들로 인해 하나님께 감사하는 것과 기도할 때 그들을 기억하는 것을 결코 중단해 본 적이 없다고 편지했다(엡 1:15-16). 그리고 그들에게 몇 가지 특별한 기도를 부탁하면서 자신을 위해 기도해 달라고 요청했다(6:19-20). 바울은 빌립보 교인들에게 자신이 그들을 기억할 때마다 하나님께 감사하고 있으며(빌 1:3-4), 자신이 그들의 기도에 의존하고 있다(1:19)고 전했다. 또한 한 번도 본 적 없는 골로새 교인들에게 그들에 대한 소문을 들은 뒤부터 그들을 위한 기도를 쉬지 않고 있으며(골 1:9), 그들과 라오디게아 교인들을 위해 기도에 힘쓰고 있다(2:1)고 말했다. 바울은 그들에게도 기도를 부탁했다(4:3).

바울은 데살로니가 교인들에게 자신이 그들을 위해 기도한 것을 말하면서

"항상", "끊임없이"(살전 1:2-3, 살후 1:11)라는 단어를 사용했다. 두 서신에서 바울은 그들에게 기도 지원을 요청했다(살전 5:25, 살후 3:1). 디모데에게는 "내가 밤낮 간구하는 가운데 쉬지 않고 너를 생각하여"(딤후 1:3)라고 썼으며, 교인들이 어떻게 기도해야만 하는지를 가르쳤다(딤전 2:1-3, 8). 바울은 빌레몬에게 보낸 서신에서도 기도할 때 그를 기억했으며(몬 4, 6절) 그의 기도에 자신이 의존하고 있다는 사실(22절)을 언급했다.

바울은 역사상 최대의 선교사다. 그렇다면 하나님이 그의 사역을 축복하신 비결은 무엇인가? 바로 하나님의 자녀들의 기도였다. 바울은 중보기도가 반드시 필요했다. 그는 교회를 세우는 유일한 방법이 자신의 기도와 금식, 그의 사역에 영양을 공급하는 동료 그리스도인의 기도뿐이라는 사실을 잘 알고 있었다.

수확에는 별다른 방법이 없다. 바울이 우리 교회를 방문했다고 가정해 보자. 그가 우리에게 무슨 말을 하겠는가? 그는 분명 이렇게 말할 것이다.

"수확을 위해 기도하십시오. 추수하는 일꾼들을 위해 기도하십시오. 새신자들을 위해 기도하십시오. 여러분은 기도로 세계 수확에 기여할 수 있습니다."

29장 기도로 세계를 수확하라

하늘나라의 가장 절박한 관심사는 오늘날 교회가 세계 복음화의 임무를 완수하는 것이다. 하나님은 그분의 아들과 신부인 교회의 혼인 잔치에 손님이 가득하길 원하신다(마 22:1-10, 눅 14:16-23). 전 세계의 모든 백성이 복음을 들을 때까지 그리스도의 재림은 연기될 것이다. 우리의 증거와 추수 활동이 충분하지 못해서 그리스도의 재림이 연기될 수도 있는 것이다(마 24:14).

세계 복음화의 과제는 주로 복음 증거와 기도에 의존한다. 세계 복음화의 길을 예비하려면 기도가 있어야 한다. 세계 복음화 사역에 영양을 공급하기 위해서는 기도가 필수다. 복음화의 열매인 새신자들을 양육하고 보존하는 데도 기도가 있어야 한다. 교회가 기도할 때 세계 복음화와 세계 수확에 몸을 던지는 추수꾼이 많이 나타날 것이다(마 9:38).

세계 수확과 관련하여 복음의 노력이 엄청나게 낭비되고 있다. 단지 소수의 하나님 백성만 씨 뿌리는 일에 참여하고, 뿌려진 씨앗 가운데 적은 일부만 싹트고 있으며, 싹튼 씨앗의 일부만이 성장하여 열매를 맺고 있다. 또한 실제 수확의 일부만 완전히 이용되고 있다.

이번 장에서는 기도가 이 과제에서 핵심 역할을 담당할 수 있는 전략적 방안을 살펴보려고 한다.

우리는 세계 수확에 참여할 수 있다

우리는 하나님의 곡식을 수확하는 데 멋진 역할을 해낼 수 있다. 그런데 실제로는 하나님의 백성 가운데 소수만 씨를 뿌리고 물을 주며 경작하고 더 많은 추수꾼을 준비하고 있다. 어쨌든 우리는 누구나 여태껏 꿈꿔온 것보다 더 깊이 이 세계 수확에 참여할 수 있다.

우리는 기도를 통해 세계 수확에 밀접하게 관여할 수 있다. 물론 기도가 복음을 증거하고 돕는 우리 의무를 면제하는 것은 아니다. 그러나 우리는 기도를 통해 세계 수확에 폭넓은 영향력을 행사할 기회를 얻을 수 있다.

기도를 통해 우리는 하나님이 사용하시는 어떤 팀에도 참여할 수 있다. 어떤 팀에 참여하고 싶은가? 빌리 그레이엄 전도단? 러시아와 중국과 이슬람권에 하나님의 진리를 전파로 쏘아 보내는 방송 선교 팀? 아니면 국내 방송 선교 팀? 그러나 주변 상황과 자신의 재능, 그 밖에 여러 이유로 원하는 것을 하지 못할 때도 있다. 그리고 이런 전도 팀에 속해 있어도 우리는 한 시점에 오직 한 장소에만 있을 수 있다.

그러나 놀라운 소식이 있다. 기도를 통해서라면 우리는 한 선교 팀 또는 모든 선교 팀에 참여할 수 있다! 빌리 그레이엄이 청중 앞에 나서기 위해 강단에 올라설 때마다 그 옆에 설 수 있다. 나는 수년간 그를 위해 날마다 기도해 오고 있다. 가끔은 그가 복음을 전할 때 내가 바로 그 옆에 서 있는 것만 같다. 빌리 그레이엄은 내가 그의 팀의 일원이라는 것을 아마 모를 것이다. 그러나 자신을 위해 기도하는 사람들이 수천 명에 이른다는 사실은 알고 있다. 그 수가 배로 늘어난다고 생각해 보자. 그렇다면 결과도 배로 늘지 않겠는가?

수년 전 뉴질랜드의 파머스톤노스에서 사역하고 있을 때다. 예배가 끝나자 한 부인이 다가와 자신이 날마다 새벽 4시에 무릎을 꿇고 나를 위해 기도한다고 말했다. 그 말에 나는 매우 크게 감동했다. 그 부인은 그 말을 하려고 겨울밤에 혼자 수 킬로미터를 온 것이다.

몇 주 뒤 오스트레일리아의 한 농촌에서 예배를 마쳤을 때, 80세쯤 되어 보이는 노부부가 다가와 말했다. "듀웰 형제, 우리는 날마다 새벽 4시에 일어나서 당신을 위해 기도해 왔습니다. 오스트레일리아에, 그리고 바로 이 교회에 형제를 보내달라고 수년간 하나님께 기도해 왔습니다!"

그 순간 나는 내가 그런 대우를 받을 자격이 없다고 느꼈다. 내가 누구라고 그러한 기도의 축복을 받는단 말인가? 그 말을 듣고 나서야 비로소 한 도시 교회의 새 목사가 우리에게 알리지도 않고 그날 밤 모임을 취소하고 나를 이 시골 교회로 보낸 이유를 깨달았다. 그 목사는 이 노부부의 기도에 대해 아무것도 몰랐다. 그러나 하나님은 알고 계셨다. 그들은 내 팀원이었던 것이다. 그들은 오스트레일리아 원주민을 대상으로 선교했던 은퇴한 선교사들이었다. 그러면서 동시에 인도에서 활동하는 내 선교 팀의 팀원이기도 했다.

기도로 우리는 어떤 설교자를 통해 설교할 수도 있고, 어떤 나라에서 라디오로 메시지를 전할 수도 있으며, 기독교 서적이나 찬송시를 쓸 수도 있고, 어떤 선교사나 동역자와 함께 사역할 수도 있다. 기도를 통해 이 모든 일에 동역할 수 있다. 우리는 시간이나 공간의 제한을 받지 않는다. 기도로 돕기 원하는 기관이나 사역자가 누구인지 가르쳐달라고 하나님께 기도하라.

우리 기도가 추수에 필요한 물을 댄다. 파종기와 추수기 사이에 가장 중요한 것은 아마 "비"일 것이다. 영적으로 볼 때 씨앗은 하나님의 말씀이다(눅 8:11). 이 씨앗은 복음 증거나 문서 선교, 말씀 봉독, 선교 방송을 통해 뿌려진다. 뿌려진 씨앗은 자라기까지 때로 오랫동안 잠복해 있을 수 있다. 며칠이 걸릴 수도 있고, 몇 달이 걸리기도 하며, 때로는 몇 년이 걸리는 경우도 있다.

그 후에는 성령님이 이적적인 방법으로 씨앗에서 싹이 나게 하신다. 경건한 삶을 본받거나, 말씀을 받아들인 자의 특별한 체험이나, 또 다른 하나님의 말씀과 접촉한 것이 촉매제가 되어 싹을 틔울 수 있다. 그러나 뿌려진 모든 씨앗이 결실하는 것은 아니다.

예수님은 씨앗을 받아들이는 토양에 따라 추수가 달라진다고 가르치셨다. 어떤 민족, 어떤 지역은 다른 민족, 다른 지역보다 더 자갈이 많은 불모지일 수 있다. 수많은 사람이 거친 인생과 편견의 여파로 마음이 단단해져 길가가 되기도 한다. 또 어떤 이들은 좋은 씨앗에서 싹이 났으나 사탄이 뿌린 가라지에 눌려 자라지 못하는 경우도 있다(마 13:24-28).

수분이 부족해서 상대적으로 불모인 토양도 있다. 이때에는 관개 시설을 통해 물을 대면 훨씬 많이 수확할 수 있다. 그런데도 수분이 충분하지 않아 수확하지 못하는 경우가 상당하다.

수백만의 사람을 그리스도께 인도할 만큼 이미 씨앗은 충분히 뿌려졌다. 하나님의 말씀은 진실하며 능력이 있다. 씨앗에는 아무런 문제가 없다. 문제는 물이다. 그런데 추수에 이를 곡식에 물을 대는 길, 때때로 그 길은 기도가 유일할 때가 많다.

성경에서 물은 성령을 상징한다. 생명수의 강이 신자인 우리 삶을 통해 흘러나와야 한다(요 7:38). 그러면 어떻게 해야 하는가? 방법은 여러 가지일 것이다. 경건한 삶의 영향력을 통해서도 할 수 있고, 삶에 나타난 성령의 열매를 통해서도 할 수 있으며, 복음 증거를 통해서도 할 수 있다. 그러나 무엇보다 가장 주된 방법은 기도하는 것이다.

기도는 영적으로 메마르고 건조한 지역을 관통하는 하나님의 대로를 예비하도록 하나님이 공인하신 방법이다. 기도는 메마른 삶들에 성령의 물을 신선하게 공급하도록 하나님이 정하신 방법이다. 우리가 많이 기도할수록 성령의 강물은 더 풍성하게 흐른다. 많이 기도할수록 그만큼 씨앗에 물이 더 많이 공급된다. 우리가 드리는 기도는 어떤 메마른 마음이나 건조한 사막도 하나님의 동산으로 바꿀 수 있다.

복음 선교 방송을 통해 우리는 어떻게 수확할 수 있는가? 선교 방송을 위해 부단히 기도하여 거둘 수 있다. 추수하는 양은 씨앗을 적시는 기도 양에 따라 판가름 난다.

어떻게 복음화 운동의 효과와 수확을 높일 수 있는가? 모임을 갖기 전이나 모임 도중, 그 후에 충분히 기도하여 높일 수 있다. 한 지역의 선교집회를 마치고 선교 팀이 다른 지역으로 가고 나면, 그 지역의 새신자들이 생명력을 지속시킬 비를 갈구하고 있는데도 그들을 위한 기도가 급속히 줄어드는 것을 종종 볼 수 있다. 지금은 기도를 통해 씨앗에 물을 대야 할 때다.

문서 선교단체들은 엄청난 양의 훌륭한 기독교 문서를 발행하고 있다. 해마다 수백만 권의 성경이 전 세계에 뿌려지고 있다. 이렇게 뿌려진 씨앗의 십 분의 일만 수확해도 엄청난 결실을 볼 것이다. 그런데 이런 결과를 얻는 데에는 한 가지 부족한 것이 있다. 바로 추수에 필요한 물을 대주는 충분한 기도다. 그러나 우리가 원한다면 이 일을 위해 무엇인가 할 수 있다.

우리 기도가 추수할 곡식을 가꾼다. 씨앗이 뿌려지고 충분한 수분이 공급되면, 이제 작은 싹이 돋기 시작한다. 이때 역시 매우 중요하다. 양육 기도에 따라 수확의 양이 결정되기 때문이다. 예수님은 돌밭이나 가시밭에 뿌려진 씨앗들이 환난과 핍박, 세상 염려와 재리의 유혹 때문에 열매를 맺지 못할 수 있다고 경고하셨다(마 13:20-22).

앞서 언급했듯이 믿지 않는 가족이나 친구가 말씀을 믿는 것을 방해하는 경우도 많다. 가족 관계와 전통을 신성시하는 사회에서는 그리스도를 믿으려면 심한 박해를 무릅써야 한다. 집에서 추방되는 것은 물론 교육 기회마저 박탈당하고 심지어는 직업마저도 잃을 수 있다. 의복과 소유를 빼앗기고 강탈당하는 경우도 있다. 일부 이슬람 국가와 공산주의 사회에서는 그리스도의 제자로 알려지면 투옥되고 목숨을 잃기도 한다.

우리는 그런 상황에 처한 사람들을 강력한 힘으로 도울 수 있다. 그들을 위해 날마다 기도하는 것이다. 다른 방법으로도 도울 수 있지만 무엇보다 그들을 보호해 달라고 하나님께 간구하라. 새 생명이 이러한 위기에 처했을 때, 우리는 기도로 그들을 격려하고 힘을 북돋아주며 보호해 줄 수 있다.

우리 기도가 통치자들의 태도를 바꾼다. 정부의 법이나 결정이 선교와 예배의 자유를 빼앗아가고 그리스도인들을 박해하는 것을 허용하거나 심지어 지시하는 경우도 있다. 정부의 외부 힘으로는 이러한 상황을 변화시킬 수 없기 때문에 종종 우리는 완전히 무력해지기도 한다. 그러나 기도를 통해 그들이 눈치 채지 못하게 정부 당국자나 지도자들의 숨은 고문(상담자)이 될 수 있다. "왕의 마음이 여호와의 손에 있음이 마치 봇물과 같아서 그가 임의로 인도하시느니라"(잠 21:1).

바사 왕 고레스의 마음을 움직여서 포로로 살던 유대인들에게 고국으로 돌아가라는 조서를 내리게 하신 분은 바로 하나님이다(스 1:1). 그로부터 16여 년 후 주변 국가의 지배자들이 성전 건축 공사를 방해했을 때, 다리오 왕의 태도를 변화시켜 성전 건축 공사 재개를 허락하고 주변 국가들이 방해하지 못하게 하신 분도 하나님이다(6:22).

느헤미야가 금식하며 기도했을 때, 하나님은 이미 20여 년 동안 바사를 지배해 온 아닥사스다 왕의 마음을 변화시키셨다. 이에 왕은 신하였던 느헤미야에게 휴가를 주고 예루살렘에 가서 성벽을 재건하도록 허락했다(느 1:4, 6).

에스더 왕후와 모르드개와 수산성에 살던 수백 명의 유대인이 3일 동안 금식하며 기도하자, 하나님은 아하수에로 왕이 잠을 이루지 못하게 하시고(에 6:1) 유대를 보존하게 만든 조치들을 취하게 하셨다.

하나님이 다니엘의 새 친구를 구해 주시고 느부갓네살 왕을 박해자에서 보호자로 변화시키신 것도 다니엘이 기도했을 때라고 확신할 수 있다(단 3장).

과거와 마찬가지로 오늘날에도 많은 나라의 통치자가 그리스도인과 교회를 핍박하려고 음모를 꾸미고 있다. 선교 사역을 제한하고 복음 증거를 방해하며 신자들의 세례를 금지하고 교회 건축을 제한하며 예배 집회를 방해하는 법들이 속속 제정되어 선포되고 있다. 세계의 일부 지역에서는 그리스도인들을 투옥하고 박해하며 고문하는 일이 아직도 자행되고 있다. 그러나 하나님께 감사하라. 아무리 심한 박해도 감히 교회를 무너뜨리지는 못한다 (마 16:18).

그런데 오늘날 교회는 정치 지도자들의 태도와 그리스도인을 학대하는 자세를 변화시키는 데 기도의 특권과 권세를 충분하게 행사하지 않고 있다. 하나님이 거듭 그 백성을 돕고 보호하기 위해 간섭하실 때, 교회가 러시아와 중국, 이란과 에티오피아 등 기독교를 박해하는 나라의 정부를 위해 합심하여 날마다 진지하게 기도한다면 어떤 일이 일어날지는 누가 알겠는가!

자녀들이 모든 고난을 피하는 것만이 하나님의 뜻은 아니다. 또한 선교사들의 비자 발급 신청이 모두 허락되는 것만이 하나님의 뜻은 아니다. 그러나 왜 우리는 하나님이 우리의 기도를 중단시키실 때까지 합심하여 기도하면서 영적 전투를 하지 않는가? 왜 세상 지배자들의 태도를 변화시키기 위해 합심하여 기도하며 믿음의 명령을 사용하지 않는가? 사탄은 우리가 기도로 일으킬 수 있는 이적들을 생각하는 것을 원하지 않는다. 사탄을 대적하고 하나님의 추수할 것을 수확하기 위해 거룩한 뜻을 품고 분연히 일어서라!

30장 기도는 결코 사라지지 않는다

하나님의 뜻과 조화를 이룬 기도는 결코 사라지지 않는다. 하나님은 그런 기도들을 기록해 두시며, 언젠가 상급을 베푸신다. 영적인 전쟁과 그분의 크신 역사에 기도로 일조한 이들에게 충분한 상급으로 보상해 주실 것이다.

성경은 응답받지 못한 기도들이 언젠가 응답받을 것이라는 사실을 극적으로 보여주는 예언을 상징적으로 묘사한다.

> 일곱째 인을 떼실 때에 하늘이 반시간쯤 고요하더니 내가 보매 하나님 앞에 일곱 천사가 서 있어 일곱 나팔을 받았더라 또 다른 천사가 와서 제단 곁에 서서 금향로를 가지고 많은 향을 받았으니 이는 모든 성도의 기도와 합하여 보좌 앞 금 제단에 드리고자 함이라 향연이 성도의 기도와 함께 천사의 손으로부터 하나님 앞으로 올라가는지라 천사가 향로를 가지고 제단의 불을 담아다가 땅에 쏟으매 우레와 음성과 번개와 지진이 나더라(계 8:3-5).

이 상황을 머릿속에 그려보라. 향연은 성부 우편에 앉으셔서 항상 중보하시는 예수 그리스도의 중보기도를 모형으로 보여주는 것 같다(롬 8:34). 하나님 나라가 임하고 하나님 뜻이 이루어지게 해달라는 하나님 백성의 기도에 그리스도의 향기로운 중보기도가 힘을 더하는 것이다. 제단 위의 불은 성령의 강한 능력을 상징하는 것으로, 그리스도와 성도의 연합된 기도에 힘을 더하여 땅에 부어진다.

이 말씀 뒤에 일곱 나팔에 관한 기록이 이어진다. 이런 무서운 하나님의 능력의 역사는 극적으로 하나님의 뜻이 이 땅에 성취되는 것과 사탄이 완전히 패배당하는 것을 가속화한다. 하늘에 보관된 이 기도들은 결코 상실될 리가 없다. 많은 성도가 하늘에 이런 기도를 많이 저장해 놓고 있다.

우리가 하나님의 뜻과 일치된 기도를 하고 있다는 사실을 안다면, 우리 신앙은 크게 강화될 것이다. 다니엘은 이스라엘이 포로로 지낼 햇수를 알고 있었다. 더욱이 유대인이 예루살렘으로 돌아갈 날이 가까웠다는 것을 알자 더욱 절실하게 하나님의 얼굴을 찾았다. "내가 금식하며 베옷을 입고 재를 덮어쓰고 주 하나님께 기도하며 간구하기를 결심하고"(단 9:3).

다니엘은 자신과 이스라엘 백성을 동일시하면서 하나님께 중보기도를 드렸다(단 9:4-23). 다니엘의 기도는 매우 강력했으므로 하나님은 천사장 가브리엘을 보내셔서 직접 기도에 응답하게 하셨다. 비록 다니엘은 기도가 실제로 성취되는 것을 보지 못했으나, 그가 죽은 직후에 그 기도는 완전히 실현되었다. 다니엘의 기도는 죽지 않았으며, 결코 소실될 수 없는 것이었다. 그 기도는 하나님의 뜻에 합한 기도였기 때문이다.

하나님의 뜻에 합한 기도

하나님의 뜻에 합한 기도라고 확신할 수 있는 기도들이 있다. 가장 강력한 기도는 예수님이 우리에게 가르쳐주신 "주님의 뜻이 이루어지이다"라는 기도다. 특정 상황에 대해 어떻게 기도해야 할지 모를 때면 그렇게 기도하면 된다. 영적 전투에서 사탄을 패배시키는 무기 가운데 주님의 뜻대로 해달라는 기도만큼 강력한 무기는 없다.

축복을 비는 기도. 이런 기도는 매우 일반적이지만, 특별히 강조해서 깊은 내용으로 다른 사람을 축복하는 기도를 드릴 수 있다. 이런 기도는 모든 사람에게 복 주기 원하시는 하나님의 심정을 표현한다. 물론 사람마다 필요한 것이 다를 수 있다. 그러나 몇몇 축복은 모든 필요에 대한 응답이 된다.

동양선교회 중국 지부장이던 해리 우즈 목사는 중국이 공산화된 뒤에도 중국 교회를 지키기 위해 얼마 동안 북경에 남아 있었다. 그러나 자신이 중국인들에게 부담스러운 존재가 되고 있다는 사실을 느끼기 시작했다. 그래서 그는 출국을 요청했다. 그러자 그의 출국을 의심한 중국 경찰이 그를 조사했다. 그때 우즈 목사는 "나는 중국을 사랑합니다. 중국을 위해 매일 기도하고 있습니다. 주석인 모택동을 위해서도 날마다 기도합니다"라고 말했다. 그러자 경찰이 물었다. "도대체 무슨 기도를 하고 있습니까?"

"하나님께 그를 축복하시고 그에게 이 거대한 나라를 다스릴 수 있는 지혜를 주시라고 기도합니다." 우즈 목사는 결국 출국을 허락받았다.

그 밖에도 늘 하나님의 뜻에 합한 기도는 다음과 같은 것들이다. "주님 뜻대로 행하여 주시옵소서", "주님을 그들에게 보이시옵소서", "주의 영을 쏟아 부어주시옵소서", "주 예수님, 어서 오시옵소서." 성경에 따르면 이 밖에도 항상 하나님의 뜻에 합하는 기도는 참으로 많다.

그리스도의 교회를 세우길 간구하는 기도. 예수님은 "내가 이 반석 위에 내 교회를 세우리니"라고 말씀하셨다(마 16:18). 특정 마을이나 특정 도시에 지역 교회를 세우는 것이 늘 하나님의 때와 일치하지 않을 수도 있지만, 하나님의 교회를 세우는 것은 분명 그분이 바라시는 바다. 늘 하나님의 뜻에 합한 기도로 다음을 들 수 있다. 새신자 공동체를 세우는 일, 기성 교회의 성장, 특별한 그룹(어린이, 청년부, 장년부, 가난한 자 등)을 향한 사역에 하나님의 축복을 구하는 일, 교회의 연합, 복음을 전하고 영혼을 살리려는 비전과 열정의 증가, 신자들의 자기희생적인 헌신과 훈련, 십일조를 드리는 헌금 생활, 기도 정신의 배가, 건전한 교리 확립 등을 위한 기도는 "늘" 하나님의 뜻에 합치한다.

교회 안의 영적 부흥을 위한 기도. "우리를 다시 살리사 주의 백성이 주를 기뻐하도록 하지 아니하시겠나이까"(시 85:6). "지극히 존귀하며 영원히 거하시며 거룩하다 이름하는 이가 이와 같이 말씀하시되 내가 높고 거룩한 곳에 있으며 또한 통회하고 마음이 겸손한 자와 함께 있나니 이는 겸손한 자의 영을 소생시키며 통회하는 자의 마음을 소생시키려 함이라 …… 나는 시온의 의가 빛같이, 예루살렘의 구원이 횃불같이 나타나도록 시온을 위하여 잠잠하지 아니하며 예루살렘을 위하여 쉬지 아니할 것인즉 …… 예루살렘이여 내가 너의 성벽 위에 파수꾼을 세우고 그들로 하여금 주야로 계속 잠잠하지 않게 하였느니라 너희 여호와로 기억하시게 하는 자들아 너희는 쉬지 말며 또 여호와께서 예루살렘을 세워 세상에서 찬송을 받게 하시기까지 그로 쉬지 못하시게 하라"(사 57:15, 62:1, 6-7).

하나님에 대한 새로운 깨달음과 경외감, 하나님의 능력이 나타나기를 바라는 간절한 소망, 공중 예배의 새로운 풍요함(생명력, 축복, 능력), 회개로 인한 새로운 증거(하나님 앞에서의 겸손, 용서를 구하는 태도, 보상하는 자세), 영적 부흥(한 지역이나 국가의 영적 각성) 등을 간구하는 기도는 "늘" 하나님의 뜻에 합치한다.

하나님의 추수꾼들을 위한 기도. "그러므로 추수하는 주인에게 청하여 추수할 일꾼들을 보내주소서 하라 하시니라"(마 9:38). 젊은이들과 그 밖의 사람들을 향한 하나님의 분명한 소명, 하나님이 부르신 기독교 사역자들의 훈련, 사역지에 대한 하나님의 인도 등을 위해 간구하는 기도는 "늘" 하나님의 뜻에 합치한다.

영적 수확을 위한 기도. "너희 눈을 들어 밭을 보라 희어져 추수하게 되었도다"(요 4:35). 성경 보급, 문서 선교, 라디오와 텔레비전 방송 선교, 특정 계층(청년, 학생, 죄수, 군인, 유대인, 무슬림, 힌두교도) 선교, 복음 선교단, 평신도 선교, 새신자

양육, 죄에 대한 각성, 새신자들의 완전한 복음 이해 등을 간구하는 기도는 "늘" 하나님의 뜻에 합치한다.

한 사람의 구원을 위한 기도. 믿지 않는 한 사람의 구원을 위해 드리는 기도는 늘 하나님의 뜻 안에 있는 것이다. 예수님은 자신을 모든 사람의 대속물로 주셨다(딤전 2:5-6). 누구든지 목마른 자는 예수님께 나아올 수 있다(계 22:17). 성령님의 죄의 지적, 복음을 이해시키시는 성령님의 조명, 하나님의 사랑이 계시되는 것, 사탄의 속박에서 해방되는 것, 하나님의 은혜가 나타나는 것, 구원의 확신을 간구하는 기도도 "늘" 하나님의 뜻에 합치한다.

한 나라에 하나님의 축복이 임하길 간구하는 기도. "내게 구하라 내가 이방 나라를 네 유업으로 주리니"(시 2:8). 하나님께 특정 나라를 우리의 기도 몫으로 달라고 간청하라. 나는 지금도 어머니께서 날마다 기도하시며 중국을 위해 눈물 흘리시던 모습을 생생하게 기억하고 있다. 최근 중국에서 거둬들인 영적 수확은 부분적으로 어머니는 물론 그와 비슷한 기도 부담을 지닌 수많은 사람의 기도 응답이다. 한 나라의 축복, 그 나라 지도자들의 축복(그들의 지혜와 성실성), 국민을 위한 충분한 음식과 주택, 복음 사역자들의 기름 부음과 풍성한 결실, 교회의 축복과 성장, 복음 전파, 복음의 자유 확대 등을 위한 기도도 "늘" 하나님의 뜻에 합치한다.

사탄의 결박과 패배를 간구하는 기도. "그를 대적하라"(벧전 5:9). "우리의 씨름은 혈과 육을 상대하는 것이 아니요 통치자들과 권세들과 이 어둠의 세상 주관자들과 하늘에 있는 악의 영들을 상대함이라 …… 모든 기도와 간구를 하되 항상 성령 안에서 기도하고"(엡 6:12, 18).

사탄의 계획이 패배하기를, 사탄이 질책받기를, 사탄의 흑암이 사라지기를, 사탄의 죄와 악한 풍습의 사슬이 깨어지기를, 사탄이 닫은 문이 열리기를, 귀신들이 쫓겨나기를, 사탄의 노예가 해방되기를 간구하는 기도는 "늘" 하나님의 뜻에 합치한다.

하나님 뜻에 달린 기도

몇몇 기도는 하나님의 뜻일 수도 있고 아닐 수도 있다. 이런 것들을 위해 기도할 때는 전적으로 성령님의 인도에 의존해야 한다. 그리고 늘 "하나님의 뜻이라면"이라는 말을 붙여야 한다. 우리는 담대하게 하나님께 요구할 권리를 갖고 있다. 게다가 하나님의 약속을 거듭 내세우며 끈질기게 요구할 권리도 있다. 그러므로 성령님이 특정한 간구를 그치라고 하시지 않는다면 하나님이 응답하실 때까지 계속 기도하라. 성령님은 마음에서 그 기도에 대한 욕구나 갈망을 제거하셔서 그것이 하나님의 뜻이 아니라는 강한 확신을 심어 주시며 그 기도를 그만두라고 인도하실 수도 있다. 그러나 그 전까지는 믿음을 갖고 계속 기도하라.

물질의 축복을 바라는 기도. "너희가 악한 자라도 좋은 것으로 자식에게 줄 줄 알거든 하물며 하늘에 계신 너희 아버지께서 구하는 자에게 좋은 것으로 주시지 않겠느냐"(마 7:11).

하나님은 우리를 몹시 사랑하셔서 우리를 돕기를 즐거워하신다. 하나님이 우리에게 물질의 축복을 베풀기 원하지 않으시는 때는 죄에 대한 심판을 내리실 때, 백성을 훈련하실 때, 크신 지혜로 그런 축복이 그 시기에 맞지 않는다고 판단하실 때다.

때때로 하나님께 요구하는 특정한 축복을 받는다면, 우리가 경계심을 늦추고 자족하거나 하나님 없이도 잘 지낼 수 있다고 생각하기 쉽다. 하나님은 우리를 위해 더 좋은 것을 심중에 생각하시거나, 가장 적절한 때에 주려고 기다리실 때도 많다. 오히려 우리가 원하는 대로 들어주지 않으시는 것이 하나님의 가장 큰 사랑을 드러내시는 것일 수도 있다. 하나님의 길은 우리의 길보다 높기 때문이다.

환난과 문제, 난관을 제거해 달라는 기도. 환난은 우리에게 큰 영적 축복의 원인이 될 수도 있고, 영원한 큰 상급을 가져다줄 수도 있다(벧전 1:6-7). 현재의 고통은 영원한 영광에 이르는 준비 단계일 수도 있다(고후 4:17). "생각하건대 현재의 고난은 장차 우리에게 나타날 영광과 비교할 수 없도다"(롬 8:18).

일반적으로 힘든 일이 건강에 이로운 것처럼, 환난과 문제와 압력 등은 영적인 체력과 활력, 우리의 신앙과 인내심, 그 밖의 영적 미덕을 강화시킬 수 있다.

"다만 이뿐 아니라 우리가 환난 중에도 즐거워하나니 이는 환난은 인내를, 인내는 연단을, 연단은 소망을 이루는 줄 앎이로다 소망이 우리를 부끄럽게 하지 아니함은"(롬 5:3-5).

"이는 너희 믿음의 시련이 인내를 만들어내는 줄 너희가 앎이라 인내를 온전히 이루라 이는 너희로 온전하고 구비하여 조금도 부족함이 없게 하려 함이라"(약 1: 3-4).

"그가 비록 근심하게 하시나 그의 풍부한 인자하심에 따라 긍휼히 여기실 것임이라 주께서 인생으로 고생하게 하시며 근심하게 하심은 본심이 아니시로다"(애 3:32-33).

하나님은 그 누구라도 고통하는 것을 보시면 마음 아파하신다. 그러나 하나님은 우리의 영원한 유익을 우선으로 생각하신다. 그렇기 때문에 시편 기자는 이렇게 고백할 수 있었다. "고난당하기 전에는 내가 그릇 행하였더니 이제는 주의 말씀을 지키나이다 …… 고난당한 것이 내게 유익이라 이로 말미암아 내가 주의 율례들을 배우게 되었나이다"(시 119:67, 71).

병의 치유를 위한 기도. 하나님은 인간이 영적으로나 육체적으로 건강하기를 원하신다. 그러나 특정 상황에서 병을 고치시는 것이 늘 하나님의 뜻은 아니다. 하나님은 심지어 유전자와 염색체까지 이용하셔서 우리에게 은혜를 베푸신다. 육체적 질병이든 박해든 박탈이든 만행이든 하나님은 고통을 기뻐하지 않으신다. 인간이 생명에 유익한 의약품과 의학 기술을 발전시키는 것을 기뻐하신다. 따라서 우리는 우리 자신과 다른 사람들의 육체적, 정서적, 정신적 질병을 고쳐달라고 하나님께 담대하게 요구해야 한다. 우리는 하나님이 병을 고쳐주시는 것이 하나님의 뜻이 아니라는 사실을 알려주시거나 기도하지 못하도록 저지하시기 전까지는 계속 끈질기게 기도해야 한다. 병이 나을 것이라는 믿음이 클수록 하나님을 더욱 기쁘시게 할 수 있다.

선교지에서는 하나님이 질병을 고치시는 일이 허다하다. 그리스도께서는 이방의 무능하고 헛된 신들과 달리, 살아 있어 기도에 응답하는 존재라는 사실을 입증하셔야 하기 때문이다. 기도가 응답되면 결국 그리스도께 영광이 돌려지기 마련이다. 복음의 빛을 체험한 우리는 초자연적 세계가 존재한다는 별다른 증거가 필요하지 않다. 하나님은 어제나 오늘이나 영원토록 동일하시다(히 13:8). 이것은 하나님의 지혜와 긍휼히 여기심, 사랑, 능력, 기도에 즉각 응답하시는 성품도 언제나 동일하시다는 뜻이다.

환난과 고통은 때로 그것을 당하는 자나, 제3자로서 지켜보는 자 모두에게 축복을 가져다주기도 한다. 하나님은 그것을 통해 영광을 얻으시기 위해 질병을 허락하실 때도 있다(요 11:4).

대부분의 주석 학자들은 바울의 육체의 가시(고후 12:7-10)를 특정한 육체적 질병(아마도 안질)으로 추측한다. 그런데 신기하게도 바울은 그 병 때문에 갈라디아에 교회를 세울 수 있었다(갈 4:13). 갈라디아 교인들은 바울을 매우 사랑한 나머지, 할 수만 있다면 그들의 눈까지도 기꺼이 빼주려고 했다(갈 4:14-15). 바울은 병을 낫게 해달라고 간청했다. 그것도 무려 세 번이나 간청했다.

하나님이 병을 고쳐주시거나 그 요청을 거부하실 때까지 바울이 병 낫기를 간청한 것은 잘한 일이다. 결국 바울의 요청은 거절되었지만 말이다(고후 12:8-10).

수명 연장을 위한 기도. 하나님의 뜻과 완전히 일치하지 않아도 하나님이 우리에게 중요한 교훈을 가르치시기 위해 우리의 요구를 들어주시는 일이 종종 있다. 예를 들어 히스기야는 수명 연장을 위해 지나치다 싶을 정도로 집요하게 기도했다(사 38:1-6). "그때에 히스기야가 병들어 죽게 되었으므로 여호와께 기도하매 여호와께서 그에게 대답하시고 또 이적을 보이셨으나 히스기야가 마음이 교만하여 그 받은 은혜를 보답하지 아니하므로 진노가 그와 유다와 예루살렘에 내리게 되었더니"(대하 32:24-25).

하나님은 히스기야의 수명을 15년 더 연장시켜주셨다. 이 연장된 기간에 므낫세가 태어났다. 므낫세는 부친의 뒤를 이어 왕위에 올랐으나 부친과는 정반대였다. 잔학성과 피 흘리기를 좋아하는 성격으로 유명한 그는 온 나라가 우상을 숭배하게 해서 유대 나라에 큰 누를 끼쳤다. 결국 유대 나라는 그의 치하에서 멸망당했다. "이 일이 유다에 임함은 곧 여호와의 말씀대로 그들을 자기 앞에서 물리치고자 하심이니 이는 므낫세의 지은 모든 죄 때문이며"(왕하 24:3). 히스기야가 수명을 연장시켜달라고 기도하지 않았다면 역사가 얼마나 달라졌을까?

할 수 있다면, 수명을 연장하고 싶은 것이 인간의 본성이다. 수명을 연장시키는 것이 하나님의 뜻인 경우도 있다(예를 들어, 아직 자녀가 어린데 부모의 생명이 위태로운 경우나 중요한 직책을 맡은 기독교 지도자들의 경우). 하나님이 제지하지 않으시는 한, 우리는 자유롭게 하나님의 종들의 수명을 연장해 달라고 기도할 수 있다. 그러나 우리는 무엇보다 하나님의 뜻을 위해 기도해야 한다.

31장 가장 크고 영원한 투자, 기도

기도는 하나님과 교제하며 하나님께 도움을 받는 길일 뿐 아니라 영원한 투자다! 천사들은 하늘나라의 기록을 세심하게 작성하고 있다. 하나님은 우리 일을 잊으실 만큼 불의한 분도, 우리가 남들을 돕는 것으로 드러내 보인 사랑을 무시하는 분도 아니다(히 6:10). 그분은 우리의 거룩한 열망과 중보기도, 눈물을 잊지 않으신다. 자기중심적인 기도는 참된 기도가 아니며 응답받지 못할 것이다. 또한 잘못된 동기에서 나온 기도도 하나님 앞에서 실효를 거둘 수 없다(약 4:3).

다른 이들의 구원과 그리스도의 교회 건축, 하나님 백성의 영적 부흥과 세계 복음화를 위한 중보기도는 모두 영원하다. 하나님의 거룩하신 뜻은 영원하다. 이러한 기도는 하나님의 뜻과 조화되고 우리 기도의 아멘이신 대제사장 예수 그리스도께 칭찬받는다(계 3:14). 또한 성령의 굶주림과 능력과 중보가 그 기도의 원동력이 된다. 이러한 기도는 하나님의 거룩하신 뜻에 이를 정도로 충만해지기까지 결코 사라지지 않는다. 이 모든 기도는 영원한 투자인 것이다.

기도는 개인적이고 집중적인 사랑의 투자다

기도를 통해 우리는 우리의 사랑, 즉 우리 자신을 어떤 사람이나 어떤 민족, 어떤 나라에도 줄 수 있다. 기도는 결코 저지되거나 거부될 수 없는 사랑의 표현이다. 기도를 통해 우리는 사랑하는 사람은 물론 우리를 모르는 사람에게도 사랑을 전할 수 있다. 우리를 거부하는 자들의 삶을 사랑으로 감쌀 수도 있다. 그들이 그 사랑을 받아들이지 않을지 모르나 그것을 파괴할 수는 없다. 이 사랑은 하늘의 보고와 하나님의 기억 속에 모두 저장된다.

이것을 성경으로 증명할 수는 없다. 그러나 죽기까지 하나님의 선하심과 은혜를 모조리 거부하는 사람이라도 그를 위해 기도하면 그 기도가 그 가족이나 지역 사람들, 그 나라 사람들에게까지 영향을 끼칠 수 있다. 예를 들어, 한 공산당 지도자를 위해 기도했는데 끝내 그가 무신론자로 세상을 떠났다고 하자. 그렇다고 해서 그가 우리 기도나 하나님의 은혜에 전혀 영향을 받지 않았다고 말할 수는 없다. 하나님은 그분이 맡으신 역할을 하면 되는 것이고 우리는 우리가 맡은 역할을 하면 되는 것이다.

한 나라의 지도자는 그 나라를 대표하므로 어떤 의미에서 그 사람을 사랑하는 것은 그 나라를 사랑하는 것이다. 따라서 하나님이 그를 사랑하듯 우리가 그를 사랑한다면, 언젠가 우리는 그 상급을 받을 것이다. 중보기도할 때 우리는 그리스도를 닮아야 한다. 우리가 기도하면, 언젠가 하나님이 우리의 기대 이상으로 하나님을 영광스럽게 하는 방법(어쩌면 범국가적인 영적 각성 같은 방법)으로 응답하실지 모른다. 그런 기도는 그 나라를 위한 기도 가운데 응답되지 않은 기도를 모아놓은 하나님의 저장 창고에 보관된다. 그런 기도는 결코 쓸모없는 기도가 아니다.

내 부모님은 일주일에 한 번씩 시골의 한 학교에서 성경 공부와 기도 모임을 인도해 달라는 초청을 받았다. 부모님은 그곳에 갈 때마다 하나님이 특별히 임하시고 축복하시는 것 같다고 말씀하셨다. 언젠가 부모님이 그 이야기를 모임에서 나누었는데, 참석한 자들이 이렇게 말했다고 한다. "수년 전 바로 이곳에 오래된 침례교회가 있었는데, 모르셨나요?" 수년이 지난 후에도 그 전에 드리던 기도가 계속 응답되고 있다는 것이 과연 불가능한 일일까?

기도는 축복을 쌓을 수 있다

부모가 자녀들을 위해 드린 기도는 그 부모가 죽은 지 오랜 후까지도 놀라운 축복을 끼칠 수 있다. 교회와 선교단체의 창설자나 지도자들의 경건한 기도는 수십 년이 넘도록 계속 응답된다. 참된 기도 용사들이 드리는 기도 역시 그들이 천상의 교회에 합류한 후에야 비로소 응답되기도 한다.

성령 안에서 드린 기도는 하나님의 목적을 이룰 때까지 결코 사라지지 않는다. 하나님의 응답은 때로 그 내용과 시기가 우리가 기대한 것과 다를 수 있다. 그러나 하나님은 우리가 생각하거나 요구한 것보다 넘치게 채우신다. 하나님은 우리의 의도를 이해하시고 응답해 주시거나, 하늘의 기도 창고에 보관하신다(계 8:2-5). 진지한 기도는 결코 사라지지 않는다. 우리가 드린 힘과 시간과 사랑과 열정은 영원한 투자로, 결코 낭비되거나 보상받지 못하는 경우가 없다.

예수 그리스도께서는 중보기도로 교회를 축복하신다. 바울도 기도로 교회를 축복했다. 신구약의 수많은 성도와 지도자도 마찬가지였다. 그 전에 완전히 응답되지 않은 거룩한 기도들 덕택으로 우리는 천년 왕국과 새 하늘과 새 땅에서 하나님의 성령의 크신 충만함을 누릴 것이다.

기도가 즉시 응답되지 않아도 낙심하지 말라. 기도를 통해 우리는 하나님의 자비와 성령의 사역, 천사의 도움과 보호의 축복을 남들에게 베풀 수 있다. 계속 기도하라. 기도는 결코 헛되지 않다.

기도는 길이에 제한이 없다

일상 속에서 다른 사람을 위해 기도할 때, 마음에서 솟아오르는 모든 거룩한 열망은 곧바로 우리의 기도 투자를 증가시킬 수 있다. 하루 종일 순간마다 한두 문장의 짧은 기도로 하나님께 부르짖으라. 그런 기도도 하나님 앞에 중요한 의미가 있다. 날마다 기도할 수 있는 시간이 조금은 있을 것이다. 그런 귀중한 짧은 시간을 결코 낭비하지 말라. 단 1분이라도 무시하지 말라. 우리가 기도하면 아무리 짧은 1분도 영원한 가치가 있다.

기도 책임을 율법적 속박으로 생각하지 말라. 우리가 쉬고 다른 사람과 잡담하며 하나님이 만드신 아름다운 자연과 음악을 즐기고 가족이나 친구들과 함께 시간을 나누어서는 안 된다고 생각하지 말라. 단지 우리가 보통 하잘것없는 일로 수많은 시간을 낭비한다는 사실을 기억하라는 것뿐이다. 그 시간들을 기도에 투자하라.

기도하려는 마음만 있다면 짧은 기도에 투자할 수 있는 기회는 많다. 혼자 차를 몰 때마다 라디오에 귀를 기울이거나 집에 가자마자 텔레비전을 켜고 매 순간을 쓸데없는 일로 보낸다면, 우리는 영원한 가치를 우선적으로 생각하지 않는 것이다. 우리는 그런 시간들을 무심코 낭비할 수도 있다. 그러나 그러면 그 시간들은 영원히 사라져버린다. 짧지만 그 시간들을 사랑의 마음으로 중보하는 데 사용한다면 축복받는 시간이 될 것이다. 선택은 바로 우리에게 달려 있다.

계획적으로 더 많은 시간을 기도에 투자한다면 그보다 좋은 일이 어디 있겠는가! 30분이나 1시간, 또는 그보다 오랜 시간을 기도 시간으로 정해 놓고 문을 잠그고 하나님과 둘만의 시간을 가지라. 기도 시간에 집에서 기도할 만한 장소가 없다면 상황에 따라 적당한 곳을 물색하라. 트럭 운전사라면 장시간 운전할 때를 기도 시간으로 활용하라. 하루 종일 침대에 누워 있는 환자라면 시간을 기도의 날개 위에 실어 날려보내라. 농부라면 값으로 측정할 수 없는 고귀한 기도의 씨앗들을 뿌리라.

은퇴가 가져다주는 큰 축복은 오랫동안 기도할 수 있는 시간적 여유가 생긴다는 것이다. 뉴질랜드의 웰링턴 외곽 지역에 사는 한 형제는 내게 자기 기도실을 보여주며 기쁨에 찬 목소리로 이렇게 말했다. "보시는 대로 나는 은퇴했습니다. 그래서 하루 종일 기도하며 보낼 수 있지요. 세수하고 아침 식사를 하고 나면 방에 들어와 기도하며 시간을 보낸답니다. 내 기도 공책 좀 보세요." 그는 동양선교회 선교사와 동역자들의 사진과 여러 나라의 지도, 그리고 그와 비슷한 것들이 가득 담긴 공책을 보여주었다. "보시다시피 나는 매일 기도로 세계 일주를 하고 있습니다!" 그가 받을 상급이 지금쯤 하늘에 얼마나 쌓였겠는가! 그는 기도 투자에서 나오는 배당금을 영원히 받을 것이다.

기도 투자 지역을 전 세계로 넓힐 수 있다

한 사람이 재정으로 선교회나 단체를 돕는 데는 한계가 있다. 그러나 기도를 통해서는 투자 영역을 무한정 확대시킬 수 있다. 아마도 특별히 기도를 투자하고 싶은 어린이나 청년이 있을 것이다. 또한 아직 구원받지 못한 가정이나 선교단체 한두 곳을 위해 기도를 투자하고 싶은 마음도 있을 것이다. 그리고 우리가 다니는 교회를 위해 기도하고 싶은 마음도 있을 것이다. 하나님이 특별히 우리 마음에 하나나 둘 이상의 나라를 생각나게 하시면 그곳을 위해서도 기도 투자를 할 수 있다. 우리는 직접 본 적이 없는 민족과 나라를 위해서도 기도할 수 있다.

수년 전, 북아일랜드에서 버스를 타고 여행하면서 그날 밤 한 시골 마을에서 열릴 집회를 위해 기도한 적이 있다. 인도를 위해 기도할 사람을 더 모집해야겠다는 생각으로 가득 차 있었는데, 갑자기 시를 쓰고 싶었다. 나는 시를 쓰느라 골몰해 있었기 때문에 스쳐가는 경치나 함께 여행하는 동료들도 잊고 있었다. 그때 내 이름을 부르는 소리에 깜짝 놀라 고개를 들어보니 한 여인이 통로에 서 있었다. 그 여인은 내게 이렇게 말했다. "선생님이 여기 앉아 계시는 것을 우연히 보게 되었습니다. 선생님이 발행하는 선교 회보에서 선생님 사진을 본 적이 있어서 금방 알아볼 수 있었습니다. 제가 매일 선생님과 부인 베티 여사를 위해 기도해 오고 있다는 사실을 말씀드리고 싶어서 이렇게 선생님을 부른 것입니다." 나는 하나님이 나와 내 가족을 위해 기도하고 있는 사람을 은혜로 만나게 해주신 것에 감사해 눈물이 핑 돌았다.

한번은 차를 타고 서부 버지니아를 혼자 여행하고 있었다. 그런데 몹시 피곤하고 졸려서 더 운전하다가는 사고가 날 것만 같았다. 그래서 나는 간단한 음식과 커피를 먹을 수 있는 곳에 이를 때까지 졸지 않게 해달라고 하나님께 간구했다. 그러고 나서 얼마 안 가 "심야 영업"이라고 적힌 간판이 눈에 띄었다. 나는 그 음식점 앞에 주차시킨 후, 식당으로 들어가 구석에 유일하게 남아 있는 빈자리에 앉았다. 내 오른편에 앉아 있던 사람이 말을 걸어왔다.

"저는 술을 팔지 않는 곳이라고 해서 이곳에 들어왔습니다."

이 말에 놀라서 그를 바라보았다. "저도 그렇습니다. 저는 선교사입니다."

"선교사시라고요? 절 따라오십시오."

그는 탄성을 지르며 자리에서 일어났다. 나는 약간 의아해하면서 그를 따라갔다. 그는 카운터 끝에 앉아 식사하는 사람에게 가서는 어깨를 두드렸다. 그런데 식사하던 사람이 뒤를 돌아다보더니 나를 알아보는 것이었다. "저는 당신을 위해 매일 기도하고 있습니다." 우리는 그날 서로 다른 목적지를 향해 수백 킬로미터를 여행하고 있었다. 그런데 하나님의 섭리로 교차 지점에서 나를 격려하는 말을 해준 그 기도 투자자를 만나게 된 것이다.

기도 투자로 우리 삶을 축복하고 사역을 도와주는 자들을 하늘나라에서 만날 생각을 하면 무척 기쁘다. 천사들이 그 대화에 참여하여 누군가가 우리 삶의 결정적인 순간에 우리를 위해 기도했다는 것을 알려준 것이라고 해도 놀랄 일이 아니다.

누군가를 위해 기도했는데도 그들이 살아 있는 동안 그리스도를 영접하지 않았다고 해서 기도한 것을 후회하지 말라. 인도의 네루 수상과 만나 악수를 나눈 적이 있는데, 그때 나는 무슨 말을 해야 할지 약간 걱정스러웠다. 그 순간 내가 그를 위해 날마다 기도하고 있다고 말할 수 있었다면 얼마나 좋았겠는가?

누군가를 사랑한다면 그를 위해 기도하라. 교회와 목사를 사랑한다면 그들을 위해 희생적으로 기도하라. 나라를 사랑한다면 비판하기보다는 나라를 위해 기도하라. 위정자들을 위해 기도하지 않는다면 우리는 그들을 비판할 권리가 없다. 기도를 통해 세상을 사랑하라. 세계 곳곳에 기도로 투자하라. 그리고 많은 배당금이 나올 것을 기대하라.

기도는 가장 큰 투자다

하나님은 사람이 아닌 하나님을 기쁘시게 할 목적으로 하나님만을 위해 봉사하는 자들을 특별히 축복하신다. 하나님은 이런 자들을 이 땅에서 물질로 축복하셔서 다른 이들이 그것을 보고 칭찬할 수 있게 하신다. 우리는 하나님 말씀에 격려받아 더 신실하고 충성스러운 종이 되어야 한다. 그러면 하나님이 우리를 공개적으로 축복하실 것이다. 그러나 우리가 상을 바라며 기도하는 것은 아니다. 단지 하나님이 우리에게 그렇게 하라고 당부하시기 때문에 기도하는 것이다.

하나님이 우리에게 축복을 약속하셨지만, 우리로서는 하늘의 보상과 기도의 배당금이 얼마나 될지 알 길이 없다. 한 가지 분명한 것은 하나님의 길은 우리의 길과 다르다는 것이다. 그것도 하늘이 땅보다 높은 것만큼이나 다르다(사 55:9). 이 말씀에는 하나님의 상급에 관한 사상도 포함된다. 이와 비슷하게 예수님은 하나님이 자녀들에게 무엇을 주어야 할지 가장 잘 알고 계시는 전지한 분임을 강조하셨다(마 7:11).

기도의 상급은 이 세상 어떤 투자에서 나오는 배당금과도 비교할 수 없을 만큼 크다. 성경은 하나님을 부인하는 죄인은 어리석은 자라고 가르친다. 그리스도인은 어리석은 자로 분류되어서는 안 된다. 거의 늘 "……을 주십시오"라고만 기도하는 자기중심적인 그리스도인, 신문은 1시간씩 읽으면서도 성경은 단 5분도 읽지 않는 그리스도인, 하루에 평균 2시간씩 텔레비전을 보면서 단 1시간도 기도하지 않는 그리스도인은 가장 어리석은 자들이다.

그들은 하나님의 능력과 하늘의 영광, 영원한 세계, 하나님의 상급의 확실성 등을 알고 있는데도, 영원에 비추어볼 때 전혀 가치 없는 것들에 인생의 정력을 낭비하고 있다. 그것은 이 세상의 시간을 낭비하는 것은 물론 영원한 상급마저 잃어버리고 마는 것이다. 그러한 삶의 투자는 대부분 우리 모두 언젠가 서게 될 그리스도의 심판석 앞에서 단숨에 불타버리고 말 것이다(롬 14:10-12, 고후 5:9-10). 이런 그리스도인은 비록 구원은 받을지 모르나 그리스도 위에 나무나 풀, 짚으로 집을 세운 신세가 되고 말 것이다(고전 3:11-15). 바울은 이런 자들이 "해를 받을 것"이라고 했다.

기도는 시간을 영원한 상급으로, 이 땅의 시간을 영원한 축복으로 바꿀 절호의 기회다. 기도는 이 땅의 존재가 참여할 수 있는 가장 경건한 행위이자 성자와 성령의 계속적인 행위이기도 하다. 성자와 성령과 동역하는 데 사용된 시간은 가장 지혜롭게 쓰인 시간이다.

> 그런즉 너희가 어떻게 행할지를 자세히 주의하여 지혜 없는 자같이 하지 말고 오직 지혜 있는 자같이 하여 세월을 아끼라 때가 악하니라 그러므로 어리석은 자가 되지 말고 오직 주의 뜻이 무엇인가 이해하라(엡 5:15-17).

부록

기도 목록 작성법

중보기도에 부름 받은 그리스도인은 기도할 항목을 마음속에만 품고도 진지하게 기도할 수 있다. 그러나 기도 목록을 작성하면 중보기도를 크게 강화할 수 있다. 하나님이 우리를 기도 목록에 기록된 사람들에게 인도하실 것이기 때문이다.

어떤 기도자는 기도 목록을 여러 개 가지고 있다. 하나는 날마다 사용하고, 또 하나는 일주일마다 돌아가며 사용하는 식이다. 어떤 사람은 많은 시간, 즉 주일이나 그 밖의 날에 사용할 긴 기도 목록을 가지고 있다. 기도 목록을 작성할 때 다음과 같이 범주를 나누면 매우 유익하다.

정부 지도자. 그리스도인들은 정부 지도자를 위해 기도하라는 명령을 받았다(딤전 2:1-4). 즉 대통령, 장관, 도지사, 시장 등을 위해 기도해야 한다. 원한다면 국회의원이나 대법원 판사를 포함시킬 수도 있다. 그러나 이 밖에 다른 공무원들, 특히 실무를 맡고 있는 사람이나 정책 결정에 중요한 역할을 담당한 사람들을 위해서도 반드시 기도하라.

교회 지도자. 우리가 출석하는 교회의 모든 지도자, 즉 목회자와 주일학교

교사, 장로, 집사 등을 위해 날마다 기도하는 것은 우리의 영적 책임이다(살전 5:12-13).

그 밖의 기독교 지도자. 영향력 있는 기독교 지도자들을 위해 기도하라. 부흥사, 성경 교사, 작가, 편집자, 복음 성가 가수 등을 위해서도 기도하라.

선교. 주님이 재림하시기 전까지 교회에 맡기신 최우선 임무가 세계 복음화라는 점과 아직도 세계 많은 지역이 복음화되지 않았다는 점을 고려할 때, 하나님은 모든 그리스도인이 선교를 위해 기도할 것을 기대하신다고 볼 수 있다(마 24:14, 28:18-20, 요 20:21, 행 1:8). 선교를 위해 기도할 때는 특별히 다음과 같이 구분 짓는 것이 좋다.

- **선교사.** 하나님이 인도하시는 대로 날마다 함께 기도할 수 있는 선교사를 적어도 한 명 이상 선택하라.
- **국가.** 하나님께 특별히 기도하길 원하시는 나라를 가르쳐달라고 간구하라(시 2:8).
- **선교단체.** 모든 선교단체를 위해 일반적으로 기도하라. 특별한 필요가

생기면 그 선교단체를 위해 집중적으로 기도하라.

✚ **다른 나라의 그리스도인.** 다른 나라의 목회자나 평신도 사역자 한두 명을 위해 기도하라.

다른 기독교 단체. 라디오와 텔레비전 선교단체, 복음 전도단, 감옥 선교단, 청소년 선교단, 도시 선교단, 기독교 출판사 등은 모두가 사탄의 주요 공격 대상이므로 특별히 중보기도해야 한다.

사랑하는 가족. 구원받은 가족이든 그렇지 못한 가족이든, 기도 부담을 느끼는 사람들을 기도 목록에 넣으라.

구원받지 못한 사람들. 구원받지 못한 사람들을 특별히 기도 대상으로 지적해 달라고 하나님께 간청하라. 그리고 그 사람이 그리스도께 나아올 때까지 날마다 기도하라. 그리스도인의 관심과 사랑을 보여주거나 복음을 전할 기회를 주실 때 그것을 잘 이용하라. 하나님은 우리가 직접 복음을 전할 기회가 전혀 없는 사람을 위해서도 중보기도하라고 요구하시기도 한다.

특별한 필요. 성령님이 즉시 중보기도해야 할 긴급한 필요성을 깨닫게 하실 때도 있다. 이때는 필요에 따라 기도 목록이 정해질 것이다. 우리는 신문이나 뉴스를 통해 기근, 국제회의, 법원 판결, 사건, 질병, 국민 사이의 내분 등을 접할 수 있으며, 그 가운데서 우리가 기도해야 할 필요성을 절감하게 된다.

기도 목록 사용 방법

작은 수첩이나 노트에 기도 목록을 작성하라. 셔츠나 웃옷 주머니, 핸드백에 넣을 수 있는 작은 기도 목록표를 만들라. 낮에 여유가 있을 때마다 기도 목록에 적힌 사항을 놓고 기도하며 묵상하라.

대학 시절에는 매일 선교사와 기독교 지도자 수백 명을 위해 기도했다. 그런데도 기도 목록을 이용해 기도할 수 있는 시간을 충분히 마련할 수 있었다. 구내식당에서 줄 서서 기다릴 때나, 우체국에서나, 강의 시작 전에도 기도 목록에 적힌 항목을 놓고 기도했다.

성령님은 짧은 기도도 크게 사용하실 수 있다. 그리스도인으로서 우리의 사랑과 관심, 열정을 보여주는 이 순간적인 기도는 주로 "전보기도", "번개기도", "순간기도"라고 불린다. 그러나 이 기도는 "하나님의 축복을 비는 기도"라고 부를 수도 있다. 하나님은 이런 기도도 들으신다. 기도하는 사람들은 이 기도로 하나님의 직접적인 관심사를 알아낸다. 우리가 하나님께 축복하시고 인도하시며 고치시고 보호하시며 사랑해 달라고 간청해야 할 사람은 매우 많다. 구체적으로 그들이 어떤 필요에 직면해 있는지는 몰라도 하나님이 누군가를 기도 목록에 올려놓고 기도하라고 강권하실 때가 있다. 그러므로 항상 성령님의 인도하심을 의지하라.

기도 목록을 항상 가까운 데 두라. 설거지할 때나 요리할 때 언제라도 찾아볼 수 있도록 부엌 싱크대 같은 곳에 짧은 기도 목록을 비치해 두라. 식사할 때 필요하면 찾아볼 수 있도록 식탁 위에 두어도 좋다. 면도할 때나 화장할 때 쉽게 눈에 띌 수 있도록 기도 목록을 화장대 거울에 붙여놓으라. 날마다 경건의 시간을 가질 때 쉽게 찾아볼 수 있도록 기도 목록표를 성경 책갈피 꽂이로 이용하라.

매일의 사건을 기록되지 않은 기도 목록으로 사용하라. 교회 옆을 지나칠 때면 그 교회 목회자와 교인들을 위해 기도할 수 있다. 학교를 지나칠 때면 교직원과 학생들을 위해, 물건을 살 때는 점원을 위해, 식당에서는 손님을 접대하는 직원을 위해 기도할 수도 있다. 전화를 끊고 나서는 방금 통화한 사람을 위해 기도하고, 편지를 부칠 때는 편지 받을 사람을 위해 기도하면 좋을 것이다. 목사님이 설교할 때는 성령님이 기름 부으시고 크게 사용하시도록 기도하는 것이 좋다. 누군가가 예배 시간에 찬송을 부르면 하나님이 그와 그의 찬송을 축복해 주시기를 기도할 수 있다. 신문의 머리기사를 읽을 때는 기도가 필요한 자들을 위해 "하나님의 축복을 비는 기도"를 하면 좋을 것이다. 이런 식으로 기도하면 하루 종일 쉬지 않고 기도할 수 있다(살전 5:17).

사명선언문

너희가 흠이 없고 순전하여……세상에서 그들 가운데 빛들로
나타내며 생명의 말씀을 밝혀 _ 빌 2:15-16

1. 생명을 담겠습니다
만드는 책에 주님 주신 생명을 담겠습니다.
그 책으로 복음을 선포하겠습니다.

2. 말씀을 밝히겠습니다
생명의 근본은 말씀입니다.
말씀을 밝혀 성도와 교회의 성장을 돕겠습니다.

3. 빛이 되겠습니다
시대와 영혼의 어두움을 밝혀 주님 앞으로 이끄는
빛이 되는 책을 만들겠습니다.

4. 순전히 행하겠습니다
책을 만들고 전하는 일과 경영하는 일에 부끄러움이 없는
정직함으로 행하겠습니다.

5. 끝까지 전파하겠습니다
모든 사람에게, 땅 끝까지, 주님 오시는 그날까지
복음을 전하는 사명을 다하겠습니다.

서점 안내

광화문점 서울시 종로구 새문안로 69 구세군회관 1층
02)737-2288 / 02)737-4623(F)

강남점 서울시 서초구 신반포로 177 반포쇼핑타운 3동 2층
02)595-1211 / 02)595-3549(F)

구로점 서울시 동작구 시흥대로 602, 3층 302호
02)858-8744 / 02)838-0653(F)

노원점 서울시 노원구 동일로 1366 삼봉빌딩 지하 1층
02)938-7979 / 02)3391-6169(F)

일산점 경기도 고양시 일산서구 중앙로 1391 레이크타운 지하 1층
031)916-8787 / 031)916-8788(F)

의정부점 경기도 의정부시 청사로47번길 12 성산타워 3층
031)845-0600 / 031)852-6930(F)

인터넷서점 www.lifebook.co.kr